쌀의 인류학

–일본인의 자기 인식

KOME NO JINRUIGAKU
(쌀의 인류학)
by Emiko Ohnuki

Originally published in Japanese
by Iwanami Shoten, Publishers, Tokyo, in 1995.

한림신서 일본학총서 55

쌀의 인류학

—일본인의 자기 인식

오누키 에미코 지음 | 박동성 옮김

小花

한림신서 일본학총서 55

쌀의 인류학 – 일본인의 자기 인식

초판발행 ▪ 2001년 2월 28일
2쇄발행 ▪ 2006년 8월 31일

지 은 이 ▪ 오누키 에미코
옮 긴 이 ▪ 박동성
발 행 인 ▪ 고화숙
발 행 처 ▪ 도서출판 소화
등　　록 ▪ 제13-412호
주　　소 ▪ 서울시 영등포구 영등포동 94-97
전　　화 ▪ 677-5890(대표)
팩　　스 ▪ 2636-6393
홈페이지 ▪ www.sowha.com

ISBN 89-8410-163-X
ISBN 89-8410-105-2 (세트)

잘못된 책은 언제나 바꾸어 드립니다.

값 6,000원

차례

서문

이 책은 실로 여러 가지 도움 속에서 완성되었다. 특히 스탠퍼드의 행동사회학고등연구소(Center for Advanced Study in the Behavioral Science)에서 보낸 1989년에서 90년까지의 1년간은 마음껏 연구에 몰두할 수 있었다. 그리고 국립과학재단(National Science Foundation, No.BNS8700864) 및 위스콘신대학 대학원에서도 여러 귀중한 연구 성과를 받았다. 이에 감사드린다. 특히 위스콘신대학 대학원의 윌리엄 F. 윌러스 기금의 풍족한 자금 지원에는 특별히 감사드린다.

귀중한 충고와 가르침을 주신 여러분도 열거하자면 한이 없지만 그중에서도 미야타 노보루 씨의 비판은 큰 도움이 되었으며 그와 의견 교환을 하며 중요한 점에서 많이 시사받았다. 얀 반시나 씨는 초고 단계에서 거의 전 페이지에 걸쳐 상세한 코멘트를 해 주셨다. 나의 해석과 분석에 대해 매우 건설적인 조언과 지지를 보내주신 것도 그분이다. 도날드 킨 씨는 특히 천황 및 천황제에 관한 장에서 귀중한 비평과 조언을 주셨다. 그분 덕에 초고를 고치는 데 실로 유용한 힌트와 통찰을 얻을 수 있었다. 또 일본 고고학, 일본 역사 전사에 대해 많은 가르침을 주신 체스터 S. 차드 씨에게도 이 장을 빌려 마음으로부터 감사를 드린다. 이상의 여러분 외에도 실로 많은 분에게서 조언과 시사 및 귀중한 정보를 얻었다. 모든 분들의 이름을 열거할 수는 없기 때문에 여기서는 몇 분에게만 대표로 감사를 드리겠다.

그들은 아미노 요시히코 씨, 조셉 나주 씨, 스티븐 굿맨 씨, 켄지 티어니 그리고 애석하게도 고인이 되신 로버트 M. 복 씨이다. 이 책은 이 모든 분들의 협력으로 이루어진 것이다.

기시마 다카코 씨에게는 특별한 감사의 마음을 표한다. 오랜 시일에 걸친 그와의 의견 교환은 내 연구에 큰 자극이 되었다. 그리고 연구 주제에 귀중한 자료를 항상 제공해 주셨으며 프린스턴대학에서 출판한 영어판을 기본으로 일본 독자를 위해 이 책을 다시 쓰는 단계에서 전면적인 도움을 주셨다. 그분의 도움이 없었다면 이 책의 완성은 불가능했을 것이라고 생각한다.

이 책을 집필하는 중에 여러 연구 기관과 학회의 초대를 받아 이 책을 부분적으로 발표할 기회를 가졌다. 출석하신 분들로부터 매우 유익한 비평과 가르침을 받았고 이는 원고를 마무리하는 단계에서 더없이 귀중한 참고가 되었다. 미네소타대학 인류학부 주최의 연구회(1992), 하버드대학 세계종교연구센터(1991), 하와이의 East-West Center(1991), 런던 스쿨 오브 이코노믹스의 사회인류학부(1990), 스탠퍼드대학의 동아시아 연구 프로그램(1989) 및 여기서는 이루 다 말할 수 없는 많은 발표의 기회를 주신 주최자 분들에게 다시 감사를 드린다.

파리에서 신세를 진 분들께도 감사드린다. 1992년 4월 파리 사회과학고등연구소(École des Hautes Études en Sciences Sociales)의 세미나에 초대받아 이 책의 일부를 발표할 기회를 가졌는데 이 세

미나에서 출석한 여러분들과 실로 귀중한 의견을 교환했고 그 의견들은 초고를 수정할 때 큰 도움이 되었다. 그중에서도 마크 오제 씨에게 특별히 감사드린다. 그의 덕택에 자극적이고 활기에 넘친 토론에 참가할 수 있었을 뿐 아니라 그가 시사해 준 'L'espace' 개념 덕분에 일본의 논이 가진 상징적 의미의 중요성을 새롭게 재파악할 수 있었다. 그 외에 음식과 신체에 대해 흥미있는 토론을 교환한 프랑수아 엘리티에 오제, 성스런 왕권 · 왕위에 대해 얘기를 주고받은 장 바장, 쌀의 화폐로서의 가치 및 의미에 대해 시사를 준 모리스 고들리에, 산 제물을 둘러싼 논의에 신바람이 났던 프란시스 짐머만, 음식과 사회 계층에 대해 마음껏 의견을 교환할 수 있었던 클로드 메이야스 등에게도 감사를 드린다.

마지막으로 피에르 부르디외 씨와의 음식과 권력 관계에 대한 의견 교환에는 시간이 흐르는 것도 잊을 만큼 몰두했다. 그와의 토론은 일본만으로 대상을 한정하지 않고 세계 각지의 사회 · 문화도 충분히 망라했으며, 덕분에 새로운 각도에서 재해석을 시도할 수 있었다. 파리에서의 성과는 이 책 8, 9장에 살렸다.

『일본인의 질병관(日本人の病氣觀)』을 출판할 때부터 항상 도움을 주고 자극적인 이야기를 해 주신 이와나미 서점의 나가무라 고지 씨, 또 이 책을 출판할 때 도움을 주신 가와하라 유코 씨에게 깊이 감사한다.

마지막으로 지금은 고인이 되신 고베 고난 초등학교의 은사였던 후지타 아키라 선생께 이 책을 바친다. 종전이 가까워졌을 때 고난 초등학교 학생들은 산속의 절에 소개(疏開)되었다. 식량 사정은 소개처에서도 매우 나빠서 쌀알이 몇 톨 든 팥죽이면 좋은 편이었고, 때로는 소금 친 조그만 감자알 두세 개가 식사인 적도 있었다. 그 절에서는 매일 아침 전원이 불경을 외는 것이 일과였는데 그것이 끝나고 방으로 돌아오면 학생들은 "마하반야 배고프다, 배고프다"를 합창했다. 매일 감자뿐인 식사 때문에 내 위장은 감자를 전혀 받아들이지 못하게 되어 아무것도 먹지 않는 것이 오히려 나았다. 이를 본 후지타 선생은 집에 보관해 두었던 귀중한 쌀을 일부러 가지고 와서 먹여 주셨다. 종전되고 고베에 돌아와 보니 고난 초등학교는 폭격으로 흔적도 없어졌다. 그런 폐허 속에서 초등학교는 재건되었다. 어느 날 우리들 모두는 후지타 선생을 따라가서 퀴리 부인의 전기 영화를 보았다. 과학에 헌신하며 항상 간소한 검은 드레스를 입던 퀴리 부인의 이미지에 감동하여 그날 밤 잠을 이룰 수 없었던 것을 기억한다.

다음날 후지타 선생을 찾아가 나도 퀴리 부인처럼 되고 싶다고 하면서, 나름대로 깊이 생각한 과학 실험 계획을 선생께 이야기했다. 과학 선생이었던 후지타 선생은 열심히 들어 주셨을 뿐 아니라 다음날 방과후부터 매일 내 실험을 지도해 주셨다. 애석하게도 그 실험은 실패로 끝났다. 그러나 지금 생각하면 종전 직후의 일본에서 후지타 선생처럼 한 여학생의 희망을 진정으로 북돋워 주는 선견성을 가진 사람은 거의 없었다. 귀중한 쌀밥을 먹게 해 준, 한 여학생의 학구열을 따뜻하게 북돋워 주신 후지타 선생, 그분에 대한 추억에 이 책을 바친다. 내가 연구의 길로 들어선 것도 후지타 선생과 고난 초등학교에 의지하는 바가 크다. 당시의 고난 초등학교는 쓰쓰미 쓰네야 교장의 지도하에 자유롭고 개방적이며 학생의 개성을 충분히 살리는 환경이었다. 그 속에서 나는 배움의 진정한 즐거움을 처음으로 맛볼 수 있었다.

1992년 7월 9일

위스콘신 주 메디슨에서

오누키 에미코

한국어판 서문

이번에 졸저 『쌀의 인류학』이 한국어로 출판되어 더없이 기쁘다. 이 책은 두 가지 점에서 필자가 해 온 지금까지의 연구와는 다르다. 첫째, 이 책에서 처음으로 일본 사회 · 문화의 소위 '중심부'를 파고들고자 했다. 나의 문화인류학 연구는 먼저 가라후토(樺太)의 아이누 연구에서 시작되었다. 그때는 아이누 연구가 아직 일본 연구로 여겨지지 않았던 때였다. 그래서 '동료'라면 세계 각지의 수렵민족 연구자들을 말하는 거였다. 『일본 문화와 원숭이(日本文化と猿)』(平凡社)에서도 소위 일본 사회에서 주변화된 사람들의 연구가 중심이었다. 그러나 주변부를 이해하기 위해서는 역시 중심부 이해가 필요하다는 것을 깨닫고 '농경 문화=일본'이라는 '신화'에 도전하기로 했다. 결과적으로는 일본 사회 속의 마이너리티(minority), 일본과 다른 아시아 제국(諸國)의 관계 등을 역사적으로 이해하는 데 매우 좋은 공부가 되었다. 이런 의미에서도 한국 독자가 일본의 사회 · 문화를 이해하는 데 작으나마 도움이 되었으면 한다.

둘째, 필자의 오랜 연구 과제는 문화인류학, 특히 상징인류학의 역사화였지만 이 책은 이제까지 쓴 책과 달리 가능한 한 비교문화론의 입장을 취했다. 일본의 쌀을 예로 들어 주식이 상징하는 테마가 밀(빵)을 주식으로 하는 사람들, 옥수수를 주식으로 하는 사람들에게도 적용될 수 있도록 쓴 것이다. 한편 쌀을 주식으로 하는 사람들 사이의 공통성과 차이를 연구 주제로 삼아 몇 개국 연구자와 공동 연구를 꿈꾸고 있다. 따라서 이 책에 대해 다른 미식(米食) 문화 사람들이 어떻게 반응하는가 하는 데에 매우 흥미를 가지고 있다. 이 책이 나오고 최초로 번역을 의뢰한 것은 역시 쌀을 주식으로 하는 지역이 많은 이탈리아의 출판사였지만 필자는 다른 아시아 미식 문화와의 비교에 흥미가 있었다. 그래서 번역 건으로 박동성 씨 전화를 받았을 때 뛸 듯이 기뻤다.

다른 아시아 제국 중에서 특히 한국과의 비교는 문화인류학적인 면에서뿐만 아니라 다른 여러 가지 의미에서 중요하다고 생각한다. 한국의 사회 · 문화와 일본의 사회 · 문화는 어떤 면은 아주 비슷하며 어떤 면은 매우 다르다. 그런 면에서 이 책이 한국어로 번역되어 독자들로부터 여러 가지 비판과 반응을 얻는다면 필자에게 매우 큰 공부가 되리라 생각한다. 이 책이 계기가 되어 한국의 여러분과 많은 의견을 주고받는 것이 꿈이다.

박동성 씨가 이 책의 번역을 해 주시는 것은 필자에게는 커다란 행운이다. 박동성 씨는 우수한 인류학 연구자이며, 한국 문화 연구의 제일인자인 도쿄대학 문화인류학 연구실의 이토 아비토(伊藤亞人) 교수의 지도 아래 한국과 일본의 문화에 대해 통찰력 있는 작업을 하고 있다. 그가 번역을 담당해 주는 것은 불감청(不敢請)이언정 고소원(固所願)이다.

1997년 6월 25일

오누키 에미코

제1장

자기 은유로서의 음식

역사를 더듬어 보면 세계 어느 지역에서나 교역, 종교 활동, 전쟁 등을 매개로 민족간의 왕래는 많이 있었다. 사실 타문화, 타민족으로부터 완전히 고립된 상태로 존재해 온 민족이란 거의 없다. 직접적이든 간접적이든 물자와 정보를 매개로 타민족과 접하는 것은 '타자' 와의 관계에서 '자기' 에 대한 인식을 깊게 만든다.

그중에서도 음식은 자기와 타자에 대한 인식을 깊게 하는 데 다이내믹한 역할을 한다. 이것은 역사인류학적으로 고찰할 만한 가치가 있다. 파리(Parry 1985 : 613)는 힌두 문화를 설명하면서 "인간은 그 사람이 먹는 음식 그 자체이다. 음식을 먹음으로써 육체가 만들어질 뿐 아니라, 음식이 정신까지 규정한다"라고 말한다. 브로델(Braudel 1973 : 66)은 비슷한 유럽의 여러 가지 속담을 소개하면서 "뭘 먹는지 알면 어떤 인물인지 알 수 있다"는 속담은 "사람은 그가 먹는 음식의 산물이다"라는 독일 속담과 비슷한 내용이라고 지적한다.

이렇듯 음식이란 사람들이 어떤 생활을 하는가라는 문제뿐 아니라 타자(타지 사람)와의 관계에서 어떻게 자신들을 인식하는가를 보여 주는 것이기도 하다. 어떤 민족의 요리법이나 특정 음식은 자주 사회 집단의 일원인 자기와 타자를 구별하는 표시, 타집단의 인간을 차별하는 근거가 된다. 예를 들어 아이누는 오랜 시간 동안 조리하는 '문명적인' 방식을 자랑으로 여기며, 날것을 좋아하는 이웃 일본인이나 길랴크(Gilyak)의 '야만적인' 방식과 자신들을 구별 짓는다. 또한 일본인은 전부터 조선인이나 중국인이 일본 요리에서는 쓰지 않는 마늘을 사용하는 것을 '그들'과 '우리'를 구별하는 근거로 삼았다. 이렇게 어떤 민족이든지 자신들의 요리에는 강하게 집착하면서 거꾸로 타자의 식사법에 대해서 혐오감을 갖는 경우가 많다(Ohnuki-Tierney 1990a).

오늘날 세계 여러 도시에서 민족 음식이 인기를 끌고 있다. 음식이 정말 국제화된 것 같다. 오늘날 영국에서는 일상 요리로 구 식민지(아프리카, 인도, 서인도, 파키스탄, 중국, 홍콩 등) 출신자들이 소개한 음식 외에 이탈리아의 피자, 미국의 햄버거라든지 '아메리칸 스테이크' 등이 사람들의 식생활에 침투하고 있다. 몇 년 전 런던 남부에서 재미있는 것을 발견했다. 어떤 가게에서 'fish and chips'에 '전통적인'이라는 형용사를 붙여 팔고 있었다.

일본의 경우 맥도날드라든지 A & W, 켄터키프라이드치킨 등 패스트푸드가 외식산업을 석권하기 이전부터 수많은 외국 음식이 들어와 있었다. 그중에는 라면, 카레라이스 등 일본인의 식생활에 깊이 뿌리를 내린 것도 있다.

그리고 전세계에 걸쳐 음식의 국제화가 진행되는 한편 민족적 · 종교적인 축제와 민족 고유의 먹을거리, 식사법을 되찾자는 움직임이 계속되고 있다. '민족 재생(ethnic revival)' 이라고도 할 수 있는 이러한 현상은 자주 '전통의 창조' 라고 일컬어진다(Hobsbawm and Ranger, eds. 1986).[1] 이것들은 오늘날 스코틀랜드 고지 문화의 전통으로 알려진 킬트처럼 후세에 만들어진 것(여기에는 요리도 포함된다)이면서도 '본래의 근거있는 전통' 으로 여겨지는 것이다(Trevor-Roper 1983). 현재 일본은 국제적인 정치 · 경제적 · 사회 · 문화적인 영향하에 국가 자체가 커다란 변모를 경험하고 있다. 그에 따라 전통적인 일본식으로 돌아가는 현상이 일어나고 있다. 스코틀랜드의 고지 문화도 마찬가지로 스코틀랜드가 영국에 통합되는 과정에서 만들어진 것이다. 이러한 '창조' 는 일본과 스코틀랜드 모두에게 스스로의 아이덴티티를 재정의하지 않으면 안 된다는 긴급한 필요에서 나온 것이다. 마찬가지로 세계 각지의 '민족적' 또는 '문화적' 재생 현상도 '자기의 은유' 로서 음식에 투사한 자기의 표현 · 재표현이라고 해야 한다.

여기서 중요한 것은 음식을 매개로 한 자기 대 타자의 인식 · 재인식 과정에서 유효하게 작용하는 것은 특정 음식이며, 음식이라고 아무 음식이나 그렇다는 것은 아니다. 어떤 특정 음식, 특히 주식이 그에 해당하는 경우가 많다. 예를 들면 밀이 주식인 북부 인

1) 유감스럽게도 '전통의 창조(The Invention of Tradition)' 라는 말은 지나치게 안이하게 쓰이거나 본래의 의미가 흐려져 버린 경향이 있다. '전통의 창조' 란 역사적으로 어떤 시기에 깊이 뿌리내린 문화적 현상을 재인식하는 것이지 역사적 · 문화적 틀이 완전히 다른 곳에서 갑자기 나타나는 것은 있을 수 없다.

도인들에 대해 쌀이 주식인 남부 인도인, 일찍이 유럽에서 검은빵을 주식으로 해 온 농민에 대해 표백한 흰빵을 주식으로 했던 상류계급, 나아가 쌀이 주식인 아시아 여러 민족에 대해 빵이 주식인 유럽 여러 민족 등의 구도가 있다.

이 책에서 다루는 내용은 일본인과 쌀의 관계이다. 쌀은 일본인이 역사상 중국인, 서양인이라는 여러 '타자'와 만나 교류하는 과정에서 일본인의 자기 인식 · 재인식에 중요한 역할을 해 왔다. 쌀과 함께 논도 중요한 역할을 해 왔다는 사실 또한 간과할 수 없다. 쌀의 상징적 중요성은 둘도 없는 '우리 음식'이며 '우리 국토'인 논과도 연결된다. 이 두 측면이 상호 관련되어 쌀의 상징적 중요성을 더해 왔다.

이제까지 "일본인의 주식은 쌀이다"라고 일반적으로 폭 넓게 인식되어 왔다. 그러나 조사를 시작하는 단계에서 제2차 세계대전 후의 연구가 이에 대해 깊은 의문을 제기해 온 사실을 알게 되었다. 역사를 통해 보면 쌀이 '양적'으로 반드시 주식으로서의 지위를 점하지는 않았다(제3장 참조). 그렇지만 상징적 중요성의 관점에서 보면, 쌀이 일본인에게 옛날에도 지금도 가장 중요한 음식이라는 점에는 전후(戰後 : 제2차 세계대전 후—역주)의 연구자들도 거의 일치된 견해를 보인다. 즉 쌀의 중요성은 자기 은유의 의미에서 나온다. 쌀은 결코 공복을 채우기 위한 음식이 아니었는데도 일본인의 가장 중요한 자기 은유의 하나였던 것이다.

지면의 제한으로 여기서 충분히 논의할 수 없지만 본론에 들어가기 전에 이 책에서 사용하는 '은유' 및 '중요한(dominant)'이라는 두 단어의 의미에 대해 설명해 두는 것이 좋겠다. 일반적으로 일상 대화에서 사용하는 은유라는 말은 라코프와 존슨(Lakoff and Johnson 1980)이 저서의 표제에서 사용했던 것처럼 "생활 속의 은유"로, 사용하는 사람이 꼭 확실히 자각하고 쓰는 것은 아니다. 빵을 예로 들면 빵에는 많은 의미가 숨겨져 있다. 어떤 경우는 음식 일반을 가리키는 말로 쓰이기도 하고 어떤 경우에는 그리스도의 은유로 쓰인다. 우리는 그 말을 쓰면서도 이렇게 여러 층으로 감추어진 의미 하나하나를 모두 자각하는 것은 아니며, 동시에 그 여러 의미들이 서로 어떤 관련을 갖고 있는지에 대해서도 신경을 쓰지 않는다. 상징인류학에 커다란 공헌을 한 빅터 터너는 '중요한 상징(dominant symbol)'은 항상 다의적이라고 역설하면서 그 의미 중 하나에 "인포먼트가 제공하는 의미(exegetical meaning)"가 있다고 강조했다(Turner 1967 : 20, 30, 33, 50). 아이누 및 일본인에 관한 필자의 연구 경험에 비추어 볼 때 상징의 의미는 그것을 사용하는 당사자에게는 단지 '관습' 정도로밖에 자각되지 않는다고 보는 것이 보다 타당하다. 한 가지 더 말해 두고 싶은 것은 은유는 문화적 엘리트뿐 아니라 누구나 일상적으로 사용한다는 점이다. 문화적 엘리트의 은유 사용은 오히려 은유의 새로운 창조이며, 새롭게 상징의 의미를 끌어내는 것이다(이 점에 관한 상세한 내용은 Ohnuki-Tierney 1990c 참조).

다음으로 이 책에서 자주 쓰는 '중요한' 상징이라는 표현에는 두 가지 의미가 있다. 하나는 말이든 사물이든 어떤 하나의 상징이 아주 쉽게 눈에 띄며, 많은 사람들이 사용하고, 그에 대해 지식을 가지고 있는 경우이다. 또 하나는 문화의 '창'과 같은 기능을 가진 상징을 가리킨다. 이 상징은 문화의 바탕에 숨어 있는 것을 보고 그 문화를 파악할 수 있게 해 준다. 어떤 문화에나 이러한 '중요한' 상징은 반드시 존재한다. 일본 문화에는 산과 바다, 벚꽃을 비롯하여 수많은 상징이 존재하며 그 하나하나가 일본 사회 · 문화의 본질을 파악하는 중요한 단서를 제공한다.

이 책에서는 일본인의 자기 인식이 여러 가지 타자와의 관계 속에서 어떻게 변화하여 오늘에 이르렀는가를 보고, 자기의 형성 · 재형성에 쌀과 논이 '자기의 은유'로 결정적 기여를 해 왔다는 것을 밝히고자 한다. 물론 앞에서 말한 것처럼 쌀과 논이 가진 은유로서의 의미를 당사자인 각 시대 사람들이 확실히 자각했던 것은 아니다. 이 점도 내용이 진행됨에 따라 더 명확해질 것이다.

어떤 민족이 타자와 접촉할 때 어떤 식으로 자신들을 통합된 집단으로 인식하는가를 이해하는 것은 어렵지 않지만, 어떤 특정한 상징이나 은유가 어떻게 해서 우수한 영향력을 가지게 되는가를 밝히는 것은 매우 어렵다. 동시에 존재하는 상징이나 은유가 무수히 많을 뿐만 아니라, 어떤 집단이든지 그 내부에 다양성을 포함하기 때문이다. 이것은 근래의 포스트 모던 인류학에서 강조되는데 동질성을 강조하는 경향이 강한 일본의 사회 · 문화에도 역사적으로 꾸준히 다양성이 존재해 온 것은 졸저(Ohnuki-Tierney 1987)에서도 자세히 고찰했다. 따라서 일본인의 자기 은유인 쌀에 대해 생각할 때 일본 사회 · 문화 내의 다양성—즉 벼농사 농경 이외의 직업에 종사해 온 사람들, 쌀 이외의 여러 가지 곡물이 주식인 사람들이 존재한다—에도 불구하고 왜 쌀이 일본인의 가장 중요한 자기 은유가 될 수 있는가에 대한 해답을 제시하지 않으면 안 된다.

다시 말해서 이 물음은 자각하건 안 하건 간에 어떤 특정한 은유가 그것을 사용해 온 당사자들에 의해 어떻게 해서 중요한 은유로서의 힘을 가지게 되었는가 하는 물음이다. 그리고 하나의 은유가 중요한 지위를 차지하는 과정에서 문화 내의 다양성과 어떻게 조화되어 왔는가 하는 물음이다(제6장 참조). 왜 어떤 특정 상징이나 은유가 그것을 사용해 온 사람들에게 '당연한 것', '자연스러운 것'으로 느껴지는 것일까? 여기서 말하는 '당연한 것', '자연스러운 것'은 바르트, 부르디외, 푸코 등의 자연화(naturalization) 개념에 가깝다. 즉 어떤 문화적 가치나 규범이 역사적 변천을 거치면서 점점 그 문화에 당연한 것으로 깊이 침투한 상황을 말한다(이 점에 관해서는 부르디외 1977 : 164를 비교 참조). 예를 들어 여성의 월경을 '부정'하다고 보는 가치관은 전세계에 광범하게 퍼져 있다. 월경의 피를 '원초적인' 오염으로 여겨 여성의 참가를 금하는 종교도 세계 각지에 상당히 많다.

권력자가 어떤 목적을 가지고 특정한 상징이나 은유의 사용 · 언급을 모색하며 그것을 일반인들이 맹목적으로 받아들였다는 단순한 해석은 학계에서 설득력을 잃어 왔다. 이미 '허무 의식', '신비화', '패권', '자연화' 등의 단어를 이용하여 해석하면, 근본적인 의문에 대한 답을 제시할 수도 없고, 여러 문화의 특유한 의미 구조 및 그 역사적인 변천 과정에 대한 연구도 할 수 없다.

또한 일본 사회 · 문화의 어떤 시점을 택하여 그것을 역사적 과정의 틀과 분리시켜 분석해서는 결코 답을 찾을 수 없다. 문화의 근본에 관한 물음은 유구한 시간의 흐름, 즉 역사 과정의 틀 속에서 행하지 않으면 안 된다. 이것이 역사인류학의 기본 자세이다.[2] 역사인류학에서는 의미의 구조 변화를 세 단계로 나누어 생각한다. 제1층(short-term)은 표면적인 사회 변화나 역사적 사건을 연구하기 위해 단기적 관찰을 하는 것이다. 제2층인 중간층(middle-range)은 표층보다 약간 장기간, 반세기에서 1세기 정도의 기간에 걸친 변화를 연구 대상으로 한다. 제3층(long-term)에서는 대상이 되는 기간이 수천 년 정도가 된다. 아날학파의 브로델(Braudel 1980)이 최초로 이러한 3단계의 역사 과정의 분석틀을 제창하여 여기에 기상 조건, 자연 환경, 지리적 조건의 변화 등을 문화의 역사적 변천에 관한 제요소 속에 포함시킨 것은 주지의 사실이다.[3]

---

2) 근래 역사학과 인류학의 접근이 학계의 현저한 경향이며 또 그래야 한다. 역사학도 인류학과 마찬가지로 "자기를 객관적으로 본다"(Braudel 1980 〈1958〉 : 37)는 기본 자세를 갖고 있다. 다른 점은 역사학이 '시간적 타자'를 보는 데 대해 인류학은 '공간적 타자'를 연구한다는 것이다(Cohn 1980, 1981; Lévi-Strauss 1967〈1958〉, 17, 1983 : 36 참조).

3) Braudel은 역사 과정 3단계의 시간적 흐름을 계량화시켜 보였는데 Braudel의 독자적인 역사관 자체는 프랑스 아날학파 내외에서 다양한 논쟁을 일으키고 있다. Braudel이 말하는 2단계(conjuncture)에서는 국경을 넘는 접촉 · 교류 및 그것에 의해 촉진되는 역사적 변화도 연구 대상이 된다. Braudel 등의 공동 연구는 16세기의 광범한 지역을 대상으로 한다. Braudel은 "베니스, 리스본, 앙트와프, 세비야, 리용, 밀라노는 말할 것도 없고 발트해 연안 지역 일대의 경제, 지중해에서 대서양, 이베리아해에 이르는 전역의 해상 교역을 망라하며, 이에 더하여 중국의 정크(범선)까지 언급해도 아

현재 역사인류학의 주류는 이 3단계 중 2단계 또는 1단계를 대상으로 한다. 이런 연구의 장점은 역사상의 여러 개인의 생활, 행동, 태도 등을 생생하게 포착하여 그것이 여러 역사적 사건이나 현상과 어떻게 상호 관련되는가를 밝힐 수 있다는 점이다. 개인이나 집단간 이해 대립이 해소되기까지 사람들이 어떤 역할을 하는가, 또는 현재와 미래의 형성을 위해 과거가 어떤 식으로 이용되는가, 더욱이 역사상 여러 개인과 문화적 규범 사이의 '다이내믹한' 상호 영향을 관찰할 수도 있다(역사인류학적 접근에 관한 견해로는 Moore 1986 ; Ohnuki-Tierney 1990c 참조).

한편 브로델의 제3층의 개념을 끌어 와서, 역사상 사람들의 사고 구조(mentality)의 변천을 대상으로 하는 연구도 시도되고 있지만 아직 이렇다 할 연구 성과물은 보이지 않는다(Chartier 1982 ; Hunt 1986. Bailey 1985 ; Santamaria and Bailey 1981도 참조). 이 책은 브로델의 입장에서 기상이나 지리적 조건에 관심을 두지는 않는다. 오히려 3단계의 최장기간을 대상으로 하는 이점을 충분히 살려 일본 사회 · 문화의 역사인류학적 분석을 시도한다.

브로델(Braudel 1980 : 3～4)이 말하듯 "단기적이고 급속하며 불안정한 작은 사건들의 역사"는 '인간적인 풍부함'이 있지만 '위험'(Furet 1972 특히 54～5. Le Coff 1972도 참조)시된다. 이 책에서는 제1층의 단기적 역사의 진자 운동 자체를 반드시 위험시하지는

직 모자라다"고 할 정도로 광범한 문화의 전파를 묘사한다(Braudel 1980 : 13～4. Braudel 1972 : 462～642도 참조).

않지만 그렇다고 해서 장기적 사회 문화 변동과 동일시하지는 않는다. 이 점에 대해 브로델은 장기적이고 지속적인 변동과 단기적인 작은 변화를 대비시켜, 후자가 문화 전체에 미치는 영향력이 표층적이고 일시적인 것에 지나지 않는다고 지적한다. 장기적 역사 과정을 분석할 때의 장점은 무엇보다도 대상 사회의 '라이프 코스'를 일련의 움직임 그대로 포착할 수 있다는 데 있다. 단기 또는 중단기 분석은 역사 과정의 스냅사진 같지만 장기변천은 plus ça change, plus c'est la même chose(변할수록 똑같아진다—역주)의 문제를 직시하도록 해 준다. 어떻든 이런 변화와 지속의 문제, 다른 식으로 말해 구조와 변동의 문제는 지금까지 큰 관심을 불러일으켰고, 문화의 장기적 변동이 주제인 연구도 다수 발표되었다. 중국의 음식에 대한 창(Chang 1977)의 연구를 비롯하여 탐비아(Tambiah 1976)에 의한 타이의 정치 체제 연구, 와트슨과 라우스키(Watson and Rawski 1988)의 중국의 사자(死者)에 대한 의례 연구 등이 그 예이다.

이 책도 장기적 역사 과정을 연구 대상으로 하는 점에서 위의 연구들과 비슷하지만, 여기서의 주안점은 어디까지나 문화의 구조적 변동이며 역사학 · 민족학적인 자세한 기술은 아니다. 역사 변천 과정에서의 개인의 역할도 충분히는 다루지 않는다. 이 책이 주로 관심을 두는 것은 일본국 안에서 다양한 사회 집단과 전체로서의 일본인이 어떻게 타자와 관련되어 왔는가 하는 점이다. 따라서 이런 입장에서 역사 과정을 연구하는 것이 의의있다는 점에는 독자들도 동의하리라고 생각한다.

최근 인류학의 연구 경향은 개인을 지나치게 중시하여,[4] 사회

---

4) 근래 인류학에서 다양한 개인을 연구 대상으로 삼는 경향이 강해지는 것은, 이제까지의 구조주의 영향이 개인을 그 사회 문화적 · 역사적 맥락에서 송두리째 제거해 버리는 지경에까지 이르렀다는 것을 생각하면 건전한 방향 전환일 수도 있다. 무어는 개인과 구조의 중간을 취하여 100년에 이르는 킬리만자로의 '관습법'을 연구했는데 그 속에서 "개인에 초점을 두어 문화의 변용을 연구하는 방법"의 '본질적 약점'을 다음과 같이 지적한다. "개인을 포함하는 맥락이 존재하는 것조차 잊어버리고 개인이 완전히 독자적으로 스스로의 운명을 선택할 수 있다고 한다"(Moore 1986 : 322 ; Ortner 1989 : 11~8 참조).

개인에 초점을 둔 연구 방법이 최근 크게 인기를 모으게 된 것은 Bakhtin (1981)의 dialogism 및 polyphony, 또는 부르디외(1977)의 practice 등의 이론과 사고법의 영향이 크다. Bakhtin도 부르디외도 개인의 존재가 사회의 불평등 구조에 깊이 연루된다고 파악한다. 허공에 뜬 개인이 아니다.

연구자들 사이에서는 개인, actor, agent 등의 단어가 각기 다른 의미로 쓰인다. 부르디외는 자신의 이론과 사고가 잘못 받아들여지고 있다며, 자신의 주요 관심은 agent이고 자신의 연구가 의도하는 것은 "레비 스트로스, 알튀세르 등 구조주의자가 일단 구조에 부수된 부차적 현상으로 정리해 버린 agent를 구조 속에 다시 자리매김 하는 것이다"(Bourdieu 1990 : 9~7)라고 말한다. 마찬가지로 고들리에도 사회와 개인 사이에는 확실한 질적 차이가 있다는 점을 인정하며, 개인의 역량에는 한도가 있어서 사회에 의해 구조적으로 구속된다는 것을 다음과 같이 지적하고 있다. "사회는 단순히 뿔뿔이 흩어진 개인의 집합으로 성립되는 것은 아니다. 문화는 살아 있는 언어와 비슷하다. 하나의 개인이 말을 발명하는 것이 아닌 것처럼 문화도 하나의 개인에 의해 만들어지는 것은 아니다. 중국어든 핀란드어든 어떤 개인에 의해 발명된 것은 결코 아니다"(Godelier 1994 : 103). 사회나 문화를 설명할 때 거기에 속한 인간의 수만큼 다종다양한 사고 방식과 가치관을 일일이 고려할 수는 없다. 즉 사회 구성원인 개인과 문화 구조 및 시스템은 서로 대체할 수 있는 것이 아니다. 어떤 곳에 더 비중을 둘 것인가는 개개의 연구 목적에

집단에 대한 관심이 적거나 부정적으로 취급된다. 한 사회 집단의 다양성만을 고려하면 구성원인 개인들이 주요 연구 대상이 되는 것은 당연하다. 그러나 개인을 개인이 속한 사회 · 문화 집단에서 완전히 분리된 존재로 취급할 수는 없다. 하나의 사회 집단으로 일반화하는 것을 비판하는 경향이 최근 현저하지만, 일반화를 완전히 부정하면 과연 연구 자체가 성립할 수 있을까? 통틀어 '일본인' 이라고 하지 않고 '다수의', '대부분의', '일부의', '소수의' 또는 더욱 '과학적인 타당성' 을 기해 '73.2%의' 일본인이라는 표현을 써도 이는 단순히 양적 분석이라는 색안경을 끼고 보는 것에 지나지 않는다. 따라서 이 책에서 '일본인' 이라는 단어를 쓸 때 그것은 모든 일본인 개인을 가리키는 것은 아니다. 그렇다고 해서 '일본' 또는 '일본인' 이라고 할 때 일본국 또는 일본인이 뚜렷한 형태를 가진 국가 · 민족 · 국민으로서 태고적부터 면면히 존재해 왔다고 주장하는 것은 결코 아니다. 국가의 탄생을 역사의 어느 시점으로 할 것인가 하는 문제 자체가 얼마나 어려운가는 앤더슨(B. Anderson 1991)이 근래의 저작에서 지적한 대로이다.[5] 한 가지 더 추가하고 싶은 것은 이 책에서 사용하는 '서양' 의 의미이다. 일본에서 보통 '외인(外人)' 이라고 할 때 구미인을 가리킨다. 아주 드물게 '서양인'[6]이

따라 좌우되겠지만 어떻든 양 방향 모두 중요하다.

5) 그렇다고 해서 저자가 뒤르케임이 사용한 의미의 '사회' 에 동의하는 것은 아니다. 인류학자는 이제까지 이 의미에서의 '사회' 를 다른 문화 · 사람들에게 적용해 왔다. 이 점에 대해서는 제6장의 주 57을 참조할 것.

6) Augé(1982 : 10~1)와 Cohn(1980 : 211)은 '서양인' 이라는 말이 서구 이외

라는 말을 쓰기도 하지만 일본인에게 외국인이란 대체로 '서양인' 이기 때문에 이 책에서도 연구 대상인 일본인의 단어 사용법에 따라 '서양'을 사용한다.

어떻든 역사학자나 인류학자가 하나의 사회나 문화를 세계의 커다란 흐름에서 완전히 고립된 것으로 다루는 경우는 없다. 모두라고는 할 수 없지만 대부분의 역사적 변천은, 사회라고 불리는 집단을 구분하는 경계의 안팎에서 발생하는 사건과 현상과 서로 관련되어 일어나는 것이다. 문화는 '사회'와 대조적으로 확실한 경계를 가지고 있지 않다(Leach 1965 : 282 ; 1982 : 41~3). 문화의 역사적 변동을 재촉하는 계기가 자본주의경제의 발전이든 교역의 세계적 확대이든 또는 종교의 전파이든 그것은 접촉 · 교류의 이야기이다. 브로델에 의한 16세기 유럽에 관한 연구(주 4 참조)를 비롯하여 하와이를 대상으로 한 샬린스의 업적(Sahlins 1985, 1988) 등이 이런 연구이다. 타자와의 피할 수 없는 접촉 · 교류에 의해 내부의 균형이 깨어져 혼란스런 상태가 되었을 때 사람들은 새로운 타자와의 관계 속에서 자기를 재인식할 필요에 부딪힌다. 집단적인 자기 인식은 동시대 타자와의 담론, 또는 역사적 변천 과정에서의 타자와의 관계를 통해 반복해서 정의해야만 한다(제7장 참조).

일본은 극동의 고립된 섬이라고 생각하기 쉬우나 실제로는 역

의 지역을 나머지 범위로 고정화하며, 또 '서양'이라는 말도 내부에 존재하는 문화의 다양성을 은폐한다고 지적한다. '오리엔탈', '아시아'에 대해서도 마찬가지다.

사를 통해 다양한 외국인, 즉 타자와의 접촉 · 교류를 계속해 왔다. 그리고 동시에 타자 대 자기의 재인식 과정에서 쌀은 일본인의 자기 은유의 역할을 해 왔다. 아이러니하게도 일본인은 아시아 대륙에서 타자가 소개한 쌀 및 논을 자기의 은유로 삼은 것이다. 이 사실 자체가, 일본인의 자기 인식이 타자와의 관계에 의해 생겼다는 것을 웅변한다. 그리고 그때 이래 쌀과 논은 일본인의 자기 은유로 자기 인식의 형성에 깊이 관계해 왔다. 중국인 · 서양인이라는 타자와 일본인과의 관계는 장립 중국미 대 단립 일본미, 서양의 육식 대 일본의 미식으로 대비된다. 또 현재 일본에서는 같은 단립미인 경우에도 외국 쌀과 국내 쌀을 대비적으로 인식한다(제7장 참조). 이 책의 주제는 이 '자기로서의 쌀'에 대한 것이다.

앞으로 내용이 진행됨에 따라 지배 계급과 일반인들을 포함한 일본인 전체의 상징적 세계 안에서 쌀이 얼마나 중요한 의미를 가져 왔는지 역사를 거슬러 올라가면서 밝힐 것이다. 확실히 일본인에게 쌀은 혼이고 신이며, 궁극적으로는 자기 자체였다. 고대 일본에서 인간의 생식과 농업 생산이 상징적으로 같은 의미였다는 것은 성적 교감을 나타내는 말과 햇볕의 따뜻함을 나타내는 말이 동일했다는 사실에서 알 수 있다. 그 시대에는 의례와 정치 체제 또한 같은 것이었다. 수확 의례는 일반인에게도 조정(朝廷)에서도 가장 중요한 사회 생활의 일부였고, 그 의례에서 쌀의 중요성은 끊임없이 활성화되어 새롭게 형성되어 왔다. 농경 의례는 일본의 상징적 세계에 없어서는 안 될 '선물(贈答)'이다. 신에게서 봄에 받은 볍씨에 대한 보답으로 수확기에 햅쌀을 신에게 바치는 것이다.

쌀에 혼이 있다고 생각했기 때문에 수확 의례 중 상징 '교환' 을 할 때 일본인은 자기를 쌀, 그리고 정액과 동일시하여 자기와 세계의 활성화를 도모했다(제4, 8장 참조).

또 쌀은 나누어 먹는 음식으로서 일본인에게 중요한 음식이다. 쌀은 신과 인간이 나누어 먹는 음식이고 일반 사람들이 나누어 먹는 음식이었다. 쌀과 쌀로 만든 식품을 나누어 먹는 행위, 나아가 그것이 일상 회화나 의사 소통중에 풍부하게 나타나는 것에서 쌀의 상징적인 힘을 엿볼 수 있다. 음식을 나누어 먹는 공식(共食) 행위는 가정의 식탁이든 옥스퍼드나 캠브리지대학의 테이블이든 어디든지 사회 생활에서 중요한 의미를 가진다. 같은 음식을 함께 나누어 먹음으로써 사람들 사이에는 '그들', '타자' 에 대한 '우리' 라는 자기 인식이 자란다. 그리고 그 나누어 먹는 음식은 그 사회 집단에서 자기의 은유가 된다.

일본인의 세계관에서 쌀이 결정적인 중요성을 갖는 또 하나의 이유는 쌀이 '정화(淨化)', 즉 오염되지 않은 돈으로 사용되고, 더욱이 쌀에는 미적 가치가 있다고 인식되기 때문이다(제5장 참조). 사실 쌀 및 음식 일반이 가진 미적 가치의 재평가에 관한 이 책의 연구에서 의외로 밝혀진 것이 있다. 즉 근대 이래의 '부르주아적 사고' 에서 음식이란 생존을 위한 양식이고, 돈은 자본주의에서 물신화의 상징이며, 부는 노력과 근면의 성과로 인정되어 온 데 대해, 이 책에서는 일본인에게 쌀이란 음식의 역할 이외에 그것을 사용하는 사람에게 깨끗한 돈, 신성한 돈으로 인식되어 왔다는 것을 밝힌다. 일벌레라고 불리는 일본인 사이에 사실은, 부는 땀흘려 이루어지는 것이라는 '부르주아적 사고'와 대조적으로, 부는 신이 내리는 것이라는 가치관도 존재한다. 소위 '경제적 인간'이 합리적 선택을 한다는 분석 모델로는 일본인이 갖고 있는 '부로서의 쌀'에 대한 이미지의 중요성을 이해하기 어렵다.

일본인에게 쌀이 어떤 문화적 · 상징적 중요성을 갖는가를 이해하지 못하면, 현대의 포스트 자본주의 사회에서 수입쌀에 대한 저항이 왜 이렇게 뿌리깊게 존재하는지 이해할 수 없다. 순수한 경제적 입장에서 보면 국내쌀과 맛도 모양도 거의 같은 캘리포니아쌀을 수입하는 것을 반대할 이유가 없다. 게다가 오늘날 일본의 가계 지출에서 쌀이 차지하는 비율이 작기 때문에 국산쌀이든 수입쌀이든 가계에 큰 영향을 준다고는 생각하지 않는다. 그러나 농가에 대한 보조금으로 자신들의 세금이 과다하게 쓰이고 있다고 불만스러워하는 도시의 소비자들도 쌀수입을 반대한다.

쌀이 일본인의 자기 상징으로 중요한 의미를 가지는 것에 못지않게 논도 중요한 의미를 가진다. 오늘날에도 논은 우키요에(浮世繪), 회화 그리고 여행 선전 포스터 등에서 단골 메뉴로 등장한다. 논을 주제로 한 관광 포스터가 '도회인'의 '고향'에 대한 향수를 불러일으키는 것은 잘 알려진 선전 수단이다. 무엇이든지 논을 찬미한다. 거기에 상징적으로 나타나는 것은 농업이고 고향이며 사계(四季)와 옛날이다. 일본인의 자기 은유로서의 논은 우리 선조의 토지, 우리 마을, 우리 지역, 결국 우리 국토, 일본 그 자체로까지 확장된다. 일본인에게 논은 근대화 · 서양화의 물결에 휩쓸리기 이전의 "순수한 자기" 시대를 나타낸다. 이처럼 일본인에게 논은 공간적 · 시간적인 일본의 상징이다. 논은 일본의 국토이며 역사이다(제6장 참조).

쌀과 논으로 표시되는 일본인의 자기 인식은 오랜 역사 과정에서 새로운 타자와 접촉하고 교류하면서 변해 왔다. 마찬가지로 쌀과 논이 은유로 사용된다고 해서, 고대 일본인의 자기 인식과 중세, 근세 및 현대 일본인의 자기 인식이 동일하다고 볼 수는 없다(제7장 참조). 그리고 주의깊게 살펴보면 일본인이 자기와 타자에 대해 가지는 개념의 변동을 둘러싼 흥미있는 두 가지 사실을 발견할 수 있다. 첫째, 어떤 역사적 시점에서 '우리'에서 또 다른 '우리'라는 자기가 형성되는 것은, 역사를 통해 끊임없이 접촉 · 교류하는 '타자'가 '우리'의 재정의를 강요하기 때문이라는 것이다. 또 하나 더욱 중요한 것은 '우리'가 몇 번이나 변용하는 과정은, 타자도 역시 변용하여 나타나는 과정이기도 하다는 것이다. 그것은 단순히 역사를 통해 반복해서 다른 타자가 나타난다는 것일 뿐만 아니라 어떤 종류의 타자가 주변화되는 과정이기도 하다. 국내에서는 농사를 짓지 않는 비정주민이 주변화되며, 국외에서는 과거 문화적 우위자의 지위를 잃어버린 중국인 · 조선인이 주변적인 존재가 된다. 그러므로 중국인이나 조선인은 일본의 쌀보다 열등하다고 인정되는 "외미"로 표상된다. 즉 쌀은 일본인 전체의 자기 은유이면서 동시에 외부 타자와의 사이에 서열을 만들며, 국내에서는 사회적 불평등을 형성하여 정착시키는 데 결정적인 역할을 해 왔다.

인류학적 연구는 문화의 특이성을 완전히 부정하고 전인류 공통의 문화만을 강조하는 것만으로도, 또 거꾸로 어떤 특정 문화를 세계적 교류의 틀에서 분리시켜 특이성을 강조하는 것만으로도 성립되지 않는다. 지금까지의 일본 문화 연구는 특이성을 강조하는 경향이 강했지만 일본 문화에서 쌀과 논이 가진 상징적 의미와 역할은 사실 별로 특이한 것도 아니다.

이 책에서는, 특히 제8장에서는 문화의 비교 연구를 시도한다. 대부분의 문화가 그렇지만, 풍경(도시 · 시골), 역사(과거 · 현재), 경제 활동(수렵 채집 · 농경 · 공업 생산) 등을 보면 거기에는 역사가 진행되는 과정에서 타자와의 관계로 형성된 문화로서의 자기가 깊이 침투해 있는 것을 알 수 있다. 세계적으로도 포스트 산업 사회에 농업 보호주의가 아직 뿌리깊이 남아 있는 것도, 농업을 우리 국토, 궁극적으로는 '우리'로부터 분리할 수 없기 때문이라고 할 수 있다(제8장 참조).

마지막으로, 이 책에서는 쌀과 벼농사 자체에 중점을 두지는 않는다. 따라서 벼농사에 대한 제2장과, "주식으로서의 쌀"이라는 제목의 제3장에서도 쌀의 현실적 여러 가지 문제에 대해서는 극히 간단히 소개하는 정도로 끝냈다. 이 책의 주안점은 쌀의 상징적 의미 · 문화적 중요성이다. 쌀의 상징적 의미를 연구할 경우 쌀과 일본인의 문화적 자기와의 관계에만 관심을 한정하는 것은 극히 어렵다. 상징으로서의 쌀은 다른 문화 현상과 복잡하게 얽혀 있다. 그 중에서 가장 두드러진 것이 천황제이다. 이 책에서는 천황제를 역사 과정 속에서 규명하려고 시도는 했지만 이 문제 역시 그 자체가 가진 복잡성 때문에 분석 범위를 제한하지 않을 수 없었다.

제2장

오늘날의 쌀과 벼농사

1. 일본의 쌀, 세계의 쌀

쌀은 밀, 옥수수와 함께 세계 3대 곡물로 꼽힌다. 1984년 시점에서 전세계의 경지 면적과 각 작물의 경작 면적을 살펴보면, 밀 31.8%, 쌀 20.2%, 옥수수 17.8%이다. 세계의 총 농업 생산고에 대한 비율로 살펴보면, 밀 29%, 쌀 26.1%, 옥수수 24.9%이다(祖田 1989 : 11). 그리고 쌀은 전세계 인구의 3분의 1 이상(34.9%, 1,166,474,000명)이 먹는 유일한 주식이다. 쌀을 옥수수와 감자 등 다른 곡물과 함께 먹는 사람들을 합하면 쌀을 먹는 인구는 38%가 되고, 더욱이 주식이 밀이고 쌀과 다른 곡물을 이용하는 사람들은 전세계 인구의 17.5%나 된다. 위의 숫자는 밀만을 주식으로 하는 사람들의 비율이 10.5%, 밀 외에 옥수수나 감자 등을 주식으로 하는 사람들이 단 3%에 지나지 않는 것과 현저하게 차이가 난다(渡部 1987 : 19).

벼농사의 기원에 대한 논쟁은 지금도 계속되고 있다. 기원을 열대 아시아, 즉 인도 대륙의 적도 지대에서 찾는 설이 전에는 유력했지만 근래에는 이 설에 대한 반론으로 아시아의 아열대 산간 지대, 동으로는 운남, 서로는 아삼에 이르는 일대에서 벼농사가 시작되었다고 보는 학설이 유력하다(渡部 1989 : 48 ; Bray 1986 : 8~9). 이 두 가지 설에 더하여 1992년 일본 국립민족학박물관 주최로 열린 심포지엄에서는 민족학, 생물유전학 전문가가 쌀의 기원에 관한 새로운 설을 제시했다(吉田 1992). 그들은 먼저 헤이안(平安) 시대 이전에 이미 열대 자포니카쌀이 존재했다는 것이 역사적 사실임을 지적하고, 운남-아삼 기원설에 의문을 던졌다. 생물유전학 전문가인 사토 요이치로(佐藤洋一郎)는 열대 자포니카쌀 및 인디카쌀의 기원이 확실히 판명되기까지 벼농사의 기원에 대해 최종적인 결론은 유보해야 한다고 주장했고 여기에 요시다(吉田)도 동의했다. 어떻든 쌀이 "아시아"에서 비롯되었다는 것은 틀림없다. 전세계 쌀의 90%가 아시아의 몬순 지대에서 생산되며, 이 중 64%가 동아시아 및 동남아시아에 집중되어 있다(Swaminathan 1984 ; Bray 1986 : 8에서 재인용. 쌀 및 벼농사에 관한 상세한 수량적 자료로는 Barker and Herdt 1985를 들 수 있다).

1986년도의 주요한 쌀생산국은 중국(36%), 인도(20%), 인도네시아(8%), 방글라데시(5%), 타이(4%), 일본(3.1%), 미얀마(2.7%), 한국(1.6%) 등의 순으로 이어진다. 아시아 이외의 쌀생산국으로는 일본계를 포함한 아시아계의 인구가 많은 브라질(2.1%) 및 미국(1.3%)을 들 수 있지만 아시아 여러 나라에 비해서는 미미한 양에 지나지 않는다(農林省白書 1987年版, 祖田 1989 : 13에서 인용).

아시아에서 재배되는 각종 쌀 '오리자 사티바(*Oryza sativa* : 쌀의 학명—역주)' 는 크게 2종류로 나뉜다.[7] 인디카종은 소위 장립미로 가늘고 길며 조리해도 달라붙지 않고 푸슬푸슬 흩어진다. 한편 자포니카종은 짧고 볼록하며 조리하면 반투명하고 찰기가 있다. 두 종류 다 멥쌀과 찹쌀이 있다. 일본에서 인디카종이 재배된 것은 극히 초기 시대뿐이었던 것 같다(城田 1989 : 79 ; 城田 1987도 참조). 자포니카종이 일본 벼농사 역사에서는 거의 유일한 종류라고 해도 무방하다.

밀이나 옥수수와 비교할 때 벼농사는 수고도 시간도 훨씬 더 들지만 조건만 갖추어지면 상대적으로 높은 생산성을 올릴 수 있고 탈곡도 비교적 용이하다(佐々木 1985 : 52). 일본의 벼농사는 먼저 못자리를 만든 다음 모내기를 한다. 브레이(Bray 1986)가 지적한 것처럼 이런 비능률적인 방법은 일견 '합리적' 인 '경제적 인간' 을 기본으로 하는 서구의 사회과학 이론으로는 이해하기 어렵다.

모든 곳에서 품종 개량을 위해 애써 왔기 때문에 쌀은 적잖이 변화해 왔다. 가장 현저한 성과를 올린 것은 필리핀 국제미곡연구소에서 개발한 키 작은 신종 벼이다. 이 품종은 바람이나 비에 강해서 잘 쓰러지지 않고 타품종에 비해 비료의 흡수율도 높다. 소위 '녹색혁명' 의 일환으로 태어난 품종이며, 개발된 이래 아시아 각국, 특히 인도에 널리 퍼졌다. 제3장에서 자세히 논하겠지만 일본은 '녹색혁명' 에 참가하지 않았다.

밀과 옥수수는 일단 가루를 만들고 다시 빵이나 토르티야

7) 일부 아시아, 특히 인도네시아에서 재배되는 쌀은 이 두 종류와도 다르다.

(tortilla : 멕시코인의 주식. 옥수수 가루로 둥글게 만들어서 설구운 음식—역주)의 형태로 먹지만 쌀은 그대로 조리해서 먹는다. 그래서 쌀을 주식으로 하는 사람들은 품종에 따른 쌀의 모양, 향기, 맛 등 미묘한 차이에도 극히 민감해서 자신들이 먹는 쌀에 대해 어느 정도 일가견을 갖고 있다. 맛은 문화적으로 '몸에 익은' 복잡한 미각으로 느끼는 것이기 때문에 일본 문화에서 자란 일본인은 장립미로 만든 푸슬푸슬한 밥은 맛이 없다고 느낀다. 그러나 아시아 여러 나라에서는 푸슬푸슬한 밥이야말로 맛있는 밥이라고 생각하는 사람들이 압도적으로 많다. 타이인은 타이미의 '자스민향 같은 냄새'를 자랑으로 여긴다. 조리법에 따라서도 쌀의 좋고 나쁜 것이 다르다. 일본인은 흰 쌀밥 그대로든지 아니면 초밥으로 먹을 때 맛있는 쌀을 좋은 쌀이라고 생각한다. 잡곡밥의 경우에도 일본인은 기름을 치지 않는다. 여기에 비해서 아시아 제국에서는 쌀을 흰쌀밥 그대로가 아니라 다른 재료와 함께 조리하기도 하고 기름에 볶아 먹는 경우가 많다. 일본인이 좋아하는 단립 자포니카 쌀은 쌀밥 그대로 먹으면 맛있지만 다른 것과 섞거나 기름에 볶아서 조리하는 데는 어울리지 않는다. 수분을 너무 흡수해서 끈적끈적하고 찰기가 너무 강하기 때문에 톡톡 떨어지는 가벼움과 향기를 내는 데는 적당하지 않기 때문이다.

벼에서 나오는 것은 쌀뿐 아니라 부산물로 볏짚과 왕겨가 있다. 이것들은 농가의 중요한 비료이다. 또 비젠(備前 : 옛날 오카야마현의 지역—역주)식 도자기는 가마에 넣어 굽기 전에 짚으로 그릇을 감싸서 직접 불이 닿지 않게 하여 독특한 비젠 도자기를 만든다.

짚은 가정에서는 기름이 낀 식기를 닦을 때 사용하였고, 붓을 만드는 공정에서도 털에서 기름을 뺄 때 없어서는 안 되는 것이었다. 이 외에도 짚은 모자, 짚신, 도롱이, 다다미 등을 만드는 데 광범위하게 이용되었다. 제5장에서 자세히 보겠지만 일상 생활의 도처에 사용되는 볏짚, 볏짚재 및 이와 관련된 도구나 물건은 일본 문화 속에서 점차 독자적인 미적 가치를 갖게 되었다. 그리고 이것이 일본인의 쌀과 벼농사에 대한 관념을 형성시켰다. 즉 일본 문화 속에서 쌀과 벼, 농업의 가치는 단순한 경제적 가치를 훨씬 넘어 미적 가치에까지 이르는 다차원적 특질이 있다고 할 수 있다.

2. 일본의 쌀의 종류

일본에 최초로 들어온 쌀은 기원이 어디든 분명히 온난다습한 기후에 적합한 것이었다. 원래 아시아 대륙에서 들어온 소위 적미(赤米)가 원조라는 설이 있지만, 어떤 특질 때문에 적미로 분류되는지는 명백하지 않다(渡部 1987 : 28). 적미는 의례용으로 특별한 의미가 있다. 현재는 남일본 지방의 신사에서 의례용으로 소량 재배된다(城田 1989 ; 渡部 1987). 경사 때 적반(赤飯)을 쓰는 습관도 의례용으로 쓰인 적미에서 근원을 찾아야 할지도 모른다(柳田 1981b : 208).

현대 일본인이 먹는 쌀의 종류는 여러 가지이다. 그 이유 중 하나는 남북으로 좁고 긴 일본 열도 각지에서 기후에 맞는 품종을 재배하기 때문이다. 또 하나는 일본의 농가에서는 집집마다 각각 볍씨를 보존하여 다음해 농사를 지어 왔는데 이 또한 쌀의 종류가 많은 이유가 된다. 자가 볍씨를 쓰는 습관은 정부가 장려한 사항이다. 그래서 미국 등지처럼 대기업이 균일종의 볍씨를 대량 생산하여 판매하는 현상은 일본에서는 볼 수 없다. 또 일본의 소비자는 가까운 지역의 농업 지대에서 쌀을 사는 데 비해 미국에서는 전국 네트워크를 가진 대기업이 전국의 소비자에게 균등한 품질의 쌀을 공급한다.

그러나 요즘 들어서는 일본과 미국의 이러한 대비도 그리 크지는 않다. 생활이 부유해지고 식생활이 변화함에 따라 쌀의 소비가 감소하고, 좀 비싸더라도 맛있는 쌀을 먹으려는 경향이 강해지고 있다. 그리고 어떤 특정 품목의 쌀에 인기가 집중된다. 이런 인기 품목은 니가타(新潟)에서 야마가타(山形), 아키타(秋田)로 이어지는 '쌀 산지' 에서 생산된다. 특히 니가타의 고시히카리, 미야기(宮城) · 야마가타의 사사니시키가 유명하고, 아키타의 아키타코마치도 다음으로 인기가 높다. 고시히카리와 사사니시키는 메이지 시대에 개발되어 그 후에도 품종 개량을 계속해 왔다(『朝日新聞』 1988. 11. 6). 이 두 종류가 전국에 보급된 것은 극히 최근이며 일부에서는 정부의 후원 때문이라고 보기도 한다(長谷川 1987).

여기서 중요한 것은 오늘날 일본인이 즐겨 먹는 쌀은 일본을 비롯하여 아시아 몬순 지대에서 들어온 쌀과는 전혀 다를 뿐 아니라 이제까지 각 지방에서 먹었던 쌀과도 다르다는 사실이다. 일본인이 오늘날 '일본의 쌀' 이라고 하는 것은 실은 벼농사가 전국에서 가장 늦었던 일본 동북부 지역에서 재배되는 쌀이다.

쌀이 이 같은 변천을 거쳐 온 것과 병행하여 정미법도 다양하게 변화되어 왔다. 오늘날 쌀이라고 하면 백미이지만, 일본인이 정백미를 먹게 된 것은 그리 오래된 일이 아니다. 대체로 17세기 말에서 18세기 초라고 본다. 그때까지는 현미[8]를 먹었다. 오늘날 건강식 붐을 타고 현미를 먹는 사람이 늘었지만 수적으로는 극히 소수에 지나지 않는다. 미국에서도 일찍이 농민이 먹었던 흑빵을 즐기는 사람이 늘고 있다. 영양학적으로 일본인이 현미를 먹지 않고 백미를 먹게 된 것은 썩 좋은 것은 아니다. 정미 과정에서 비타민 B[9]를 비롯한 귀중한 영양분이 떨어져 나가거나 파괴되기 때문이다. 단, 이에 대해 백미는 나름대로 영양분이 풍부한 식품이라는 반론도 있다.

3. 정부의 농업정책

오늘날 일본의 농업이 안고 있는 모순은 많다. 이를 이해하기 위해서는 정부의 농정을 살펴봐야 한다(농정에 대한 상세한 내용은 Donnelly 1978 참조). 일본 농업에 대한 정부의 개입은 전세계에서 가장 높다. 다음 장에서 보겠지만 중세에서 근세에 걸쳐 쌀은 지방

8) 보통 현미와 흑미(黑米)는 같다고 보지만 이시게(石毛 1985 : 132)는, 흑미는 7분도를 가리키기 때문에 현미와 다르다고 말한다.

9) 백미만을 먹으면 각기병에 걸리기 쉽다고 한다.

과 중앙에서 세금으로 징수되었다. 쌀은 시장에서 자유롭게 거래되는 물건이 아니었다.

이러한 쌀의 특별한 지위는 본질적으로 오늘날까지 계속되고 있다. 메이지 이후 중앙 정부는 그때까지 각 지방의 다이묘(大名)가 쥐고 있던 권한을 귀속시켜 농업 생산물, 특히 쌀의 관리 통제를 중앙에 집중시켰다. 이것이 소위 식산흥업정책(殖産興業政策)이다. 쌀값을 낮게 유지하여 산업 노동자에게 저렴하게 공급하고, 그에 따른 저임금제를 합리적으로 유지하고자 했다. 그리고 그에 따라 산업 자본가 계층이 수출로 막대한 외화 획득을 할 수 있는 상황을 만들어 주었다. 20세기 초, 정부는 생산된 쌀을 전부 구입하여 판매, 비축까지 완전히 통제하는 정책으로 이행한다.

쌀에 대한 통제가 시작된 것은 1920년이다. 1939년에는 쌀의 배급이 법적으로 규제되어 마침내 1942년에는 그 유명한(그보다 악명높다고 해야겠지만) 식량관리법이 발표되었다. 식량관리법에 의해 여러 종류의 식품이 정부의 통제하에 들어갔다. 전후가 되면서 거의 모든 식품이 식량관리법의 통제에서 해제되었지만 쌀, 밀, 보리는 그대로 남았다. 전후의 식량관리법은 원래 소비자를 보호하기 위한 것이었지만, 이제는 거꾸로 쌀의 생산자인 농민에 대한 '과보호' 정책이 되었다. 즉 농지 보조와 쌀생산 보조라는 이중의 보호가 주된 기능이 된 것이다(이 점에 대한 상세한 내용은 Calder 1988 : 241～4 참조). 1960년대의 고도 성장기에는 도시 산업 노동자의 임금 상승 수준에 농업 노동자의 수입을 맞추기 위해 정부는 몇 번이나 쌀값 상승을 실시했다. 농업정책의 주안점이 소비자 보호에서, 산업 발달에 뒤떨어진 농업 보조, 농민보호정책으로 전환된 것이 이 사례에서 분명히 드러난다(Reich, Endō and Timmer 1986 : 168).

그러나 역설적으로 농민 보호가 농정의 기본이 된 것과 같은 시기에 경제 성장으로 풍요한 생활을 향유하게 된 일본인의 식생활에서 쌀이 서서히 멀어지기 시작했다. 밥이 계속 '주식' 이라고는 하지만 실질적으로는 부식인 반찬을 듬뿍 먹게 되었다. 피자나 햄버거 등이 널리 퍼진 것도 쌀소비 저하의 하나의 원인이었다. 1990년도 추정 소비량은 약 1,000만 톤이지만 쌀의 생산량은 현재의 농지에서 최대로 생산할 수 있는 양을 어림잡았을 경우 1,400만 톤 정도로 예상된다(『朝日新聞』 1990. 5. 31). 이러한 과잉 생산은 몇 해 전부터 계속되었다. 특히 1968~71년과 1976~79년의 두 시기에는 정부가 대량으로 과잉 생산된 쌀을 수매하여 저장하기에 이르렀다(『日本經濟新聞』 1989. 2. 12 ; 大島 1984).[10]

매스컴이나 일반 사람들은 이러한 소위 '쌀생산 과잉 현상' 을 당연히 지속되는 현상이라고 받아들이고 있었는데, 1984년 쌀부족 시기에 정부는 농협 등의 집요한 반대에도 불구하고 한국과 타이에서 15만 톤의 쌀을 '몰래' 수입했다고 한다(長谷川 1987 : 16~20). 콜더(Calder 1988 : 131~2)는 이때 한국에서 수입한 쌀이 총액 7,000만 달러를 웃돈다고 보고했다. 어떻든 정부의 이런 움직

10) 쓰보이(坪井 1984〈1982〉: 63)에 의하면 쌀의 과잉 생산이 시작된 것은 1966년이라고 한다.

임은 장래의 쌀수입 해금을 향한 첫발이라고 해석할 수 있다(Calder 1989).

피폐해진 벼농사를 되살리기 위해 정부는 이중의 보호에다 두 가지 정책을 추가했다. 하나는 벼농사를 짓지 않기를 장려하는 정책으로 감소시킨 분만큼 농민에게 보조금을 지불한다(『朝日新聞』 1990. 5. 31). 이와 관련하여 1988년에는 감소율이 30%에 이르렀고(『朝日新聞』 1988. 1. 27) 전국의 논 면적 300만 헥타르 중 77만 헥타르가 감소정책으로 휴경지가 되었다(Kano 1987 : 40).

또 하나의 정책은 소비자에 대한 쌀소비 장려책이다. 쌀소비를 촉진할 수 있다면 농가는 생산을 줄이지 않아도 된다. 소비 확대의 방법으로는 학교 급식이나 양조시 쌀을 보다 많이 사용하는 것이 일반적이다(『朝日新聞』 1988. 1. 27). 또 주겐(中元 : 8월 15일을 전후한 시기—역주) · 연말 때 선물을 주고 받는 습관에 편승하여 쌀 소비 확대를 촉진하는 것도 권하고 있다. 그 일환으로 이제까지 농가가 생산한 쌀을 근린 지역에만 팔았던 규정을 고쳐 전국 어디에나 보낼 수 있게 했다. 1988는 도쿄 니혼바시(日本橋)에 있는 미쓰코시(三越)백화점에는 선물용으로 잘 포장된 니가타산 고시히카리가 진열되었다(『日本經濟新聞』 1988. 11. 20).

1986년 정부의 농업보조금 총액은 전년에 이어 1조 엔을 넘었지만 1987년에는 5,600억 엔으로 줄었다(*The Economist* 1987. 12 : 32).[11]

---

11) 조사에 의하면 정부의 보조액을 낮게 잡은 것도 있다. 예를 들면 C. Smith(1987)는 3,800억 엔이라는 숫자를 제시한다.

막대한 재정 적자로 고민하는 정부는 식량관리법의 완전 유지는 이미 불가능하다고 인정하고 쌀의 유통을 계속 자유화하였다. 1990년 봄부터는 종래와 마찬가지로 정부의 수매 · 판매 과정을 거치는 정부미에 현 단위에서 취급하는 자유 유통미, 자유 시장에서 거래되는 자유미가 추가되어 세 종류가 되었다.

4. 벼농사의 현황

메이지 초기 일본의 전인구 3,480만 명 중 약 80%가 농업 인구였다. 약 100년 후인 1985년에는 전인구 1억 2천만 명 중 3.5%인 430만 명이 농림업에 종사했다(佐原 1990 : 4).[12] 더욱이 실제로 농업만으로 생계를 유지하는 인구는 극히 적어서 쌀생산량의 85%는 겸업 농가에 의해 이루어졌다(*The New York Times* 1987. 4. 19). 농촌의 젊은 층은 일자리를 도시에서 찾기 때문에 농업은 노년층이 맡는 것이 농촌의 실정이다. 이런 피폐한 상황을 활성화하기 위해 민박 경영으로 전업하는 농가가 증가했다(Moon 1989). 이런 상태로 선조 대대로 물려받은 토지에서 가족이 농업을 경영하는 전통을 잇는다는 것은 쉽지 않을 것 같다.

근본적으로 농민의 커다란 정치적 영향력과 정부의 일관된 '과보호' 농정이 변함없이 계속된 것은 농촌 지역을 정치적 기반으로

12) 정부 조사에서는 항상 농업과 임업을 같이 다룬다.

하는 자민당이 1955년 결성된 이래 35년에 걸쳐 단독으로 정권을 잡아 왔기 때문이라고 한다. 켈리(Kelly 1985)도 지적하다시피 1960년대 말 이래 자민당은 생산자 쌀값의 상승과 도로 · 관개 시설 등 농업 토목 공사 계획을 점점 진행함으로써 전업 농민보다 겸업 농민을 강력한 지지 기반으로 만들어 왔다.

1985년 농민의 평균 수입은 730만 엔으로 도시의 산업 노동자보다 100만 엔 이상 높았다. 그렇지만 과반수는 농업 이외의 수입이 있었다(Yayama 1987 : 67). 평균 수입이 높은데도 농가의 생활이 그만큼 풍족하지 않은 것은 농업의 자체 비용이 매우 높기 때문이다. 농기구나 비료 등 그 외의 비용을 충당하지 못할 뿐 아니라 이자마저 제대로 갚지 못하는 농가가 전체의 16%를 넘었으며, 제대로 빚을 갚아 나가는 농가는 60%에 지나지 않았다. 전국 쌀의 약 10%를 생산하는 홋카이도의 농가는 물론 쌀산지들도 심각한 재정난에 봉착했다. 예를 들어 1990년 홋카이도의 벼농사 전업 농가 이토(伊藤)가의 경우 아버지와 아들이 농사를 짓고 있지만 6,200만 엔의 빚을 안고 있었다. 그중 4,500만 엔은 1988년에 구입한 6.5헥타르의 논값이며 나머지는 기반 정비 비용인 자기 부담분이다. 그리고 여기에 정부 보조금은 전혀 없다. 1989년 이토가의 수입은 2천만 엔이고 이 중 1,500만 엔이 쌀농사 수입이다. 농업 생산비로 쓴 비용은 1천만 엔이고 여기에 생활비 6백만 엔이 추가된다. 잔액은 빚을 갚는 데 쓰였다(『朝日新聞』 1990. 5. 31).

도시 사람들의 눈에 농민에 대한 정부의 정책은 어떻든 '과보호'로 비친다. 그러나 농가 입장에서 보면 '과보호'는커녕 오히려 보호가 부족하며, 농업 자체에 대해서도 스스로 직업으로서의 긍지를 가지지 못하는 것이 일반적인 현상이다. 아사히신문(『朝日新聞』 1990. 6. 12)에 58세의 농업 종사자 도쿠나가 아쓰요시(德永厚良) 씨는 러일전쟁 이래 선조 대대로 내려온 토지에 대한 이런저런 생각과 대대로 지켜 온 농업에 얽힌 감상을 정리했다. 대를 이어 농업을 계속해 주리라고 생각했던 딸이 도시의 샐러리맨과 결혼해서 나가 버렸을 때는 대단히 실망했다고 한다. 그러나 농업에 대한 희망이 없어진 지금 일찌감치 농업을 단념해 버린 딸의 선견지명이 오히려 기쁘다고 한다. 도쿠나가 씨 자신도 농업을 버리는 날이 올 것을 현실적으로 받아들이고 있다. 이런 심정을 글로 쓰게 된 것은 미국의 일본에 대한 쌀시장 개방 압력이 높아지는 가운데 이제는 침묵하고 있을 수만은 없기 때문이라고 한다. 도쿠나가 씨의 "쌀수입 용인, 시대의 흐름인가?"라는 제목의 글에는 오늘날 보통의 일본인이 쌀의 수입에 대해 갖고 있는 복잡한 감정이 정말 잘 표현되어 있다. 겉으로는 수입에 대해 절대 반대를 계속 표명하고 있지만 내심으로는 빠르든 늦든 수입은 피할 수 없다고 인식한다.

이러한 농민의 생생한 소리는 수없이 소개되었다. "자신의 아들에게 농업을 물려주기가 망설여진다"는 사람이 있는가 하면, 쌀농사를 그만두고 논을 유기농법 농장으로 바꾸어 토마토, 시금치 등의 야채뿐 아니라 꽃재배에 손을 대고 싶다는 사람도 있다(Thorson 1989).

저자가 쌀산지 도호쿠(東北) 각지에서 들은 농민들의 이야기도 마찬가지였다. 땅값이 적당히 올랐을 때 토지를 팔아 한꺼번에 거금을 만드는 것도 반드시 꿈만은 아니다. 그러나 결국 젊은이는 일자리를 찾아 도시로 나가고 농업은 부녀 · 노인에게 맡겨지는 형태의 노동 분담이 되고 만다. 농업에 대한 복잡한 감상은 아들, 딸의 미래에 대한 감정에도 나타나 있다. 이야기를 해 준 대부분의 농민들은 자신의 딸을 농촌에 시집보내고 싶어하지 않는 한편, 아들에게는 농업을 잇게 하고 싶다고 했다. 딸을 농촌에 시집보내고 싶지 않은 이유 중 많은 부분은, 먼저 일이 힘들고 농업의 장래가 밝지 않다고 보기 때문이다. 게다가 관례와 관습이 복잡해서 생기는 번거로움이나 이것저것 비용이 많이 드는 것도 농촌 생활의 마이너스 요인으로 거론되었다. 결혼식 하나만 들더라도 천만 엔 정도는 예상해야 하며, 그 외에도 여러 가지 행사, 경사 때 도시 생활에서는 생각도 못할 정도로 성가신 관례나 관습을 지켜야 한다. 그 하나하나에 드는 비용은 막대한 부담이 된다. 농촌 지역의 전통상 결혼식에 드는 비용은 거의 전액을 신부 쪽이 부담하기 때문에 딸 가진 집에서는 특히 부담이 가중된다. 도시에서의 결혼식이 매우 간단한 예식과 피로연으로 끝나며 비용도 그만큼 절약되는 데 비해 농촌 지역에서는 예식 자체가 길고 복잡할 뿐 아니라 신부 쪽이 초대해야 하는 사람들의 수도 매우 많다. 그 지역의 주민 모두를 초대하는 경우도 드물지 않다.

부모가 딸을 농촌에 시집보내기를 꺼리고 딸도 농촌에 시집가기를 싫어하면 농촌의 며느리 부족 현상이 심각해지는 것은 당연한 일이다. 이 문제를 해결하는 방책으로 필리핀, 타이 등 아시아에서 신부를 맞아들이는 경우도 있어 내외의 매스컴을 떠들썩하게 했다.

매스컴에서는 '이농'이라는 단어가 빈번하게 오르내렸다. 홋카이도의 후카가와(深川)시만을 보더라도 1986년에서 88년까지 3년간 136건의 이농이 있었다. 최대의 원인은 농지 확장을 위해 구입한 토지 대금과 농기구 구입 비용이 쌓여서 막대한 빚이 되었기 때문이다(『朝日新聞』 1988. 11. 20). 전국 조사에 의하면 전 농가의 3분의 1에서 60세 이상의 노인이 호주이며 이 중 40%는 후계자가 없다(『朝日新聞』 1988. 11. 20).

쌀농사의 난항을 타개하기 위해 농가에서도 여러 가지 새로운 시도를 한다. 규슈(九州)에서는 가장 맛이 있다는 상품 쌀은 재배하는 데 어려움이 많아 자가 소비 분량 정도만을 생산하는 방향으로 이행하고 있다. 홋카이도의 농가는 비용 절감에 최대의 노력을 기울이고 있다. 지금까지와 마찬가지로 좋은 쌀을 생산하는 데 주력하는 것은 각지의 쌀산지뿐이다(『朝日新聞』 1990. 6. 14).

이러한 농촌의 현실을 보면, 쌀생산 농민이 왜 농업에 끊임없는 애착을 가지는지 서양의 '합리적'인 '경제적 인간'이 기본인 이론으로는 설명할 수 없는 것이 당연하다. 도시에 사는 쌀소비자가 값싼 수입쌀이 들어오는 것에 왜 그토록 반대하는가를 '경제적 인간'의 논리로는 이해할 수 없다는 것은 앞에서도 보았다. 여기서는 농민의 태도, 사고방식도 마찬가지임을 다시 지적해 둔다.

쌀 다산지 현(300,000kg 이상)

(단위 : 톤)

전국 총생산량	9,888,000
홋카이도(北海道)	763,100
아오모리(青森)	327,900
이와테(岩手)	324,500
미야기(宮城)	379,100
아키타(秋田)	573,900
야마가타(山形)	454,500
후쿠시마(北島)	344,600
이바라키(茨城)	377,900
도치기(枥木)	319,700
지바(千葉)	323,100
니가타(新潟)	736,000

(農林水産省經濟統計情報部 편, 1990)

5. 소비자의 태도

일본의 쌀가격은 시장과는 전혀 다른 메커니즘에 의해 결정된다. 일본의 소비자 쌀가격은 세계 어느 나라보다 비싸다. 그 예로 미국의 5~7배나 된다. 다음 표는 1989, 90, 92년에 고베(神戶) 지역의 생활협동조합에서 조사한 각종 쌀가격 일람이다. 도쿄의 백화점 가격도 이것과 거의 일치한다.

쌀 10kg의 가격

(단위 : 엔)

	1989. 10	1990. 5	1992.10*
니가타산 고시히카리	5,800	5,980	6,600
미야기산 사사니시키	5,460	5,400	5,800
표준가격미	3,750	3,610	3,616

* 1992년의 금액은 5kg들이로 도쿄의 슈퍼마켓에서 파는 것을 기본으로 계산했다. 니가타산 고시히카리는 '백설미' 라는 이름을 붙여 판매하고 있다. 같은 니가타산 고시히카리도 '백설미' 이외의 종류는 5kg의 가격이 3,250엔이었다. 백화점에서는 같은 물건이 3,050엔이었다.

해외의 매스컴에서는 일본 쌀가격이 특히 비싼 이유를 정부의 식량관리제 때문이라고 지적하였지만, 실제로는 위 표에서 가격이 비싼 고시히카리와 사사니시키는 식량관리제의 범주에 들지 않는다. 소비자는 비싸도 가장 맛있다고 생각하는 쌀을 즐겨 산다. 그러므로 소비자가 정부가 시키는 대로 한다고 생각하지 않는 이상, 쌀가격이 비싼 이유를 정부의 정책 탓으로만 돌리는 것은 무리가 있다.

한 가족이 어느 정도의 쌀을 먹는가는 구성원의 수, 연령, 생활 습관 등에 따라 상당한 차이가 있다. 전후의 식생활은 놀라울 정도로 변했다. 특히 도시에서는 아침에 밥과 미소시루(된장국)가 아니라 토스트와 계란, 야채샐러드 등을 먹는 것이 일반적이다. 한편 지방에 사는 사람들이나 지방에서 도시로 이주한 사람들은 전과 마찬가지로 아침밥을 먹는 습관을 지켜 왔다. 그러나 요즘 쌀소비의

저하 상황은, 도시보다 지방에서 더 현저하게 보인다(『朝日新聞』 1989. 1. 11).

1987년 한 사람당 연간 쌀소비량은 72kg으로 이것은 전전(戰前)의 150kg에 비해 현저한 변화이다(大島 1984 : 121). 대충 계산하면 쌀 10kg을 4인 가족이 10일~2주간 먹는 양이다. 이것을 월액으로 환산하면 3~4인 가족이 쌀값으로 쓰는 금액은 약 1만 2천 엔이다. 물론 부식값에 비하면 미미한 금액에 지나지 않는다. 예를 들면 어떤 40대 부부의 경우 월수입 13만 8천 엔 중 부식비가 47,180엔인데 비해 쌀값은 5,800엔밖에 안 된다(『朝日新聞』 1988. 11. 13). 중상류 가정이 쌀값으로 지출하는 금액은 다른 식품값과 비교할 수 없을 정도로 낮다고 할 수 있다. 또 1989년 전국 조사에서도 가족이 평균 쌀값으로 지출하는 금액은 가계 전체의 2%에 지나지 않았다. 이런 현상은 물론 전후의 상황으로, 전전과는 완전히 다르다. 다이쇼(大正) 시대(일본의 연호, 1912~26년—역주)의 노동자는 평균 수입의 27%를 쌀값으로 지출했다고 한다(大島 1984 : 121).

오늘날 소비자물가 평균 수준에서 보면 월액 12,000엔이라는 쌀값 지출은 특별히 내세울 만한 것이 못 된다. 1990년 6월 필자가 인터뷰한 사람들도 대부분 쌀을 별로 먹지 않기 때문에 쌀값으로 지출하는 비용이 정말 얼마 안 된다고 했다. 설령 일본의 쌀이 미국 쌀값의 7배가 된다 하더라도 별로 문제가 안 된다는 것이다. 이것은 매우 비경제적인 이야기이지만 일본인으로서는 이치에 들어맞는 말이다. 일본인이 왜 가장 비싼 고시히카리나 사사니시키를 즐겨 구입하는지도 여기서 납득이 된다. 이 두 인기 품종은 극히 일부 지역에서만 재배되고 그 때문에 수요에 공급이 따르지 못한다. 그러나 부유층만 맛있고 비싼 쌀을 살까? 이 점을 조사하기 위해 도시, 열차 안, 상점가 등에서 별로 부유하지 않아 보이는 사람들에게 질문해 보았다. 그러나 이들도 거의 같은 의견으로, 즉 비싸지만 맛있는 쌀을 사 먹는다고 대답했다. 이와 관련하여 시장에 나와 있는 고시히카리나 사사니시키 등의 상품 쌀은 실은 표준미와 섞인 경우가 많기 때문에 믿을 수 있는 산지의 가게에서 직송해서 받는 사람들도 많다. 싼 표준미는 일반 식당 등에서 쓰이고 과자나 술 등을 만드는 데도 쓰인다. 필자가 롯폰기(六本木) 부근의 대중식당이나 요리점에서 스시 등 여러 가지를 먹어 보아도 밥맛이 아주 '나쁜' 데가 많았다.

도시에 사는 소비자는 맛있는 쌀이라면 좀 비싸더라도 상관없다고 생각하지만 동시에 한편으로는 농가 · 농민에 대해 적지 않은 반감도 갖고 있다. 미국의 매사추세츠 공과대학을 나와 맥킨지(McKinsey & Company) 도쿄 지사장을 맡았던 오마에 겐이치(大前研一) 씨는 베스트셀러가 된 저서 『신국부론(新國富論)』(1986)에서 이러한 도시인의 심정을 그리고 있다. 이 책은 아담 스미스의 『국부론』(*An Inquiry into the Nature and Causes of the Wealth of Nations*)을 부연설명한 것으로 오마에 씨는 일본의 국부를 더욱 증대하는 전략에 대해 말한다. 시대에 걸맞지 않는 정부의 농업정책도 공격의 대상이 된다. 현재의 농업정책은 40년 전 농업 인구의 비율이 4할이었던 때에 계획된 것이다. 오늘날 농업 인구는 6%까지 감소되었는데도 농민 표는 전체의 18%를 차지한다. 오마에 씨는 이러한 상황에 분개하며 '말없는 대중'인 도시 주민이 내는 세금의 상당량이 정부에 의해 농지나 쌀에 대한 농업 보조에 돌아가고 있다고 설명한다.

일본의 국토는 산지가 70%로 경지로는 부적절하다. 나머지 30% 중 도시가 2.9%를 점하고 여기에 1억 2천만 명의 인구가 복작거리며 살고 있다. 그리고 나머지 평지는 거의 논이다. 오마에 씨에 의하면 정부의 농업보호정책 때문에 도시의 주민은 좁은 토지의 토끼집 같은 좁은 아파트에서의 생활을 강요당하고 있다. 농민도 정부의 '과보호'에 온통 의존하여 이제는 자립 불가능한 상태가 되고 말았다. 1986년 부호 순위에서 100명 중 6~70명이 땅부자인 농민인 사실이 눈에 띈다. 도시 지역 땅값의 이상 상승에 대해서도 오마에 씨는 그 하나의 원인을 정부의 농정에서 찾는다. 즉 쌀값에 대한 보조 및 농지에 대한 과세 경감 등이 있기 때문에 농민은 토지를 세금이 무거운 택지용이나 상업용으로 바꾸지 않고 그대로 농지로 보유하여 땅값이 더 오를 때를 기다린다는 것이다. 이렇게 해서 주택용 토지는 만성적 공급부족 상태가 된다고 한다.

이상과 같은 오마에 씨의 의견에 동의하는 사람은 적지 않은 것 같다. 필자가 1989년 11월 일본 조사 여행을 떠날 때, 샌프란시스코에서부터 옆자리에 앉은 중년 남성은 자신은 물론 동료들도 모두 점심은 대체로 메밀국수, 스파게티 등의 면류를 먹고 저녁에만 밥을 먹는다고 자랑스러운 어조로 말했다. 아이들도 요즘은 밥보다는 빵을 더 좋아한다고 했다. 그러나 대화가 활기를 띠어감에 따라 보통은 빵을 즐겨먹는 아이들도 "운동을 할 때는 밥을 먹는다. 밥을 먹어야 힘이 나기 때문이다"라고 했다. 이윽고 나리타 상공에서 비행기가 하강하기 시작하자 그 사람은 창 밖으로 펼쳐지는 논을 가리키며 분노를 참을 수 없다는 듯이 "이 주변의 농민은 땅값이 오르기를 기다려 충분히 올랐을 때 땅을 팔아 막대한 돈을 주머니에 넣고 세계 여행을 떠나죠"라고 내뱉듯 말했다. 정부의 농가에 대한 '과보호'에 대해서도 반감을 감추지 않았다. 흥미있는 것은 이 중년 남성이 그런데도 쌀이야말로 힘의 원천이라는 확신을 갖고 있다는 점이었다. 여기에 관해서는 다시 논하기로 한다.

농업 문제를 토의할 경우 그것이 어떤 문제이든 간에 오늘날 일본에서는 도시의 주민 대 농민이라는 대립 구도가 된다. 여기서 유의할 것은 '일본인' 중에는 도시의 산업 종사자에도 농업 종사자에도 들어가지 않는 인구, 즉 수산업, 광업, 공예, 예술을 업으로 하는 사람들이 다수 있기 때문에 도시 샐러리맨과 농민만을 대상으로 할 수 없다는 것이다(이 점에 대해서는 제6장을 참조하기 바람). 수산업에 대한 정부의 보조는 농민에 대한 보조와는 비교할 수도 없다. 1989년 이시카와(石川)현의 가나자와(金澤)에서, 이전에 어업에 종사했던 택시 운전수를 만났다. 그는 정부가 농가만을 과보호하는 데 분개하며 쌀수입 자유화에 대찬성이라고 했다.

6. 수입 자유화를 둘러싼 여러 가지 문제

일본의 쌀이 외국보다 훨씬 비싼 것에 대해 여론이 이토록 고양된 원인은, 내외의 매스컴에서도 지적하다시피 수입 자유화를 요구하는 미국, 유럽의 외압이 커졌기 때문이다. 미국의 RMA(Rice Millers Association : 쌀제분업자협회)는 수입 자유화의 첫 단계로 먼저 첫해에 일본 쌀시장의 2.5%를 수입쌀에 할당하고 4년째에는 10%까지 올리라고 구체적으로 요구하였다(Darlin 1988 ; Takeuchi 1988). RMA의 요구는 1986년 10월 미국통상대표부(USTR)에 의해 일단 각하되었지만 1987년의 우루과이라운드 협의 사항 속에 들어갔다. 103개국이 참가하는 가트(GATT)의 우루과이라운드 농업 무역 문제 속에 쌀수입 자유화 요구도 들어간 것이다.

RMA의 요구가 일본인의 강한 반감을 살 거라는 예상은 했겠지만 그토록 과격하고 광범하리라고는 예측하지 못했다. 농협의 정치 조직인 전국농업협동조합중앙회[13]가 반대 운동의 핵심이 되었다. 정부도 초기 단계에는 절대 반대 입장이었다.

놀라운 것은 조사표에 나타나 있듯이 쌀수입 자유화에 소비자도 반대한다는 점이다. 자세히 보면 여성이 남성보다 수입 자유화에 반대하는 비율이 높다. 가계를 떠맡는 쪽이 대부분 여성임에도 싼 수입쌀이 들어오는 것에 반대하는 것은 흥미롭다. 또 젊은 층이 제한된 수입 자유화를 지지하는 데 비해 60세 이상층은 절대 반대 입장인 사람이 많은 것도 알 수 있다. 직업별로 보면 절대 반대가 가장 많은 것이 농업, 임업, 어업 종사자(58%)와 산업 노동자(36%)이지만 수입 자유화 지지자는 각 직업별로 거의 균등하게 나타난다. 즉 관리직(27%), 산업 노동자(22%), 상업 노동자(24%), 자유업자(24%)였다. 농림 수산업 종사자 중에는 자유화 지지자가 각 직업 집단에 비해 훨씬 적어서 12%에 지나지 않는다(『朝日新聞』 1990. 6. 4). 앞에서도 다루었지만 농업 종사자와 임업 및 수산업 종사자 사이에는 자유화에 대한 의견 · 태도의 차이가 확실히 있지만 애석하게도 이 3개의 여론 조사에서는 농림 수산업이 하나의 직업 집단으로 취급되었기 때문에 중요한 차이는 파악할 수 없었다.

13) 농협 산하에는 수많은 조합이 있지만 쌀수입 자유화 반대 운동의 핵심은 전국농업협동조합중앙회이다.

쌀수입 자유화에 대한 의견

(단위 : %)

	찬성 A	찬성 B	찬성 C	반대 A
완전 자유화	23	24	21	52
제한 자유화	41	60	44	33
절대 반대		16	30	

*찬성 A · 반대 A는 NHK에 의해 1988년 10월 22~23일 실시한 여론 조사 결과. 대상은 전국의 20세 이상 남성 18,000명.

*B는 니혼게이자이신문사가 1988년에 실시한 조사(『日本經濟新聞』 1988. 11. 26)

*C는 아사히신문사에 의한 여론 조사로 실시일은 1990년 5월 20~21일(『朝日新聞』 1990. 6. 4)

니혼게이자이신문사가 행한 여론 조사(『日本經濟新聞』 1988. 11. 26)를 보더라도 쌀수입 자유화 문제는 경제 문제만으로 파악할 수 없다는 것을 알 수 있다. 쌀수입 자유화 문제와 관련하여 이상적인 쌀정책의 방향에 대한 질문 항목을 보자.

"유기농법을 확대하고 품종을 늘린다" 46%
"가격을 싸게 한다" 23%
"비싸더라도 맛있는 쌀을 재배한다" 19%
그 외 · 회답 없음 12%

이런 결과에서 알 수 있듯이 경제적 이유, 즉 값싼 쌀을 요구하는 사람의 비율이 23%에 지나지 않으며 65%는 경제 이외의 조건에 더 관심을 갖는다. 1988년 11월 3일 방송된 NHK의 여론 조사에도 마찬가지의 결과가 나타났다. 쌀의 가격에 대한 회답이다.

"비싸다 · 비교적 비싸다" 33%
"싸다 · 비교적 싸다" 30%

쌀을 덜 먹기 때문에 쌀값이 비싸더라도 금액으로는 별로 부담이 되지 않는다고 느끼는 사람이 많은 것을 알 수 있다. 이것을 다른 각도에서 보면 설령 자유화되어 미국쌀이 들어오더라도 일본인은 '맛은 훨씬 낫고 사먹을 만한 가격의' 국내산 쌀을 사먹지 않고 미국쌀로 바꾸는 일은 없을 것이기 때문에 자유화가 그대로 미국의 경제적 이익으로 연결되지는 않을 것이라는 의견도 있다. 이런 논리에 따르면 값싼 수입쌀에 끌리는 것은 외식 체인점 정도라는 결론에 이르게 된다. 근래 캘리포니아쌀을 개인적으로 수입하려 했던 경우가 몇 건 보도되었는데 정부의 단속도 있었지만 결국 잘 팔리지도 않았다고 한다(Nagaoka 1987 ; Tracey 1988).

1992년 들어 쌀수입 자유화 문제는 약간 진정되었지만 캘리포니아쌀을 사용한 냉동 스시의 수입이 매스컴과 여론을 들끓게 했다. 이 사건은 약간의 소동을 빚은 후 결국 정부의 허가를 얻었다. 스시보이 체인의 마쓰모토(松本) 사장은 미국에 공장을 세워 하루 10만 개의 스시를 로봇으로 자동 제조한다. 이미 미국에서 성공하여 공급이 따라가지 못할 정도라고 한다(『朝日新聞』 1992. 10. 3). 마쓰모토 씨의 냉동 스시 수입에 최초로 제동을 건 것은 식량청이었다. 그러나 스시보이의 냉동 스시는 전 중량의 20%를 쌀 이외의 식품을 사용하고 있어서, 수입쌀을 사용한 조리품의 기준에 맞았기 때문에 정부도 허가할 수밖에 없었다. 덧붙여 1991년 일본에 수입된 쌀을 사용한 조리품은 1,300톤이 넘는다(『朝日新聞』 1992. 9. 30, 10. 3).

이 예에서 알 수 있듯이 쌀의 수입은 지금까지도 있었다. 즉 캘리포니아쌀 수입에 대한 반대는 일본인에게 '주의'의 문제일 뿐이다. 따라서 스시보이의 승리를 바로 쌀자유화의 시작으로 보는 것은 성급한 판단일 것이다.

그런데 수입쌀에 대한 일본인의 완고한 태도는 외제품 숭배, 외제를 선호하는 태도와 상당히 대조적이다. 미국에서는 싼 물건인 레블론 립스틱이 국산품의 몇 배나 되는 가격에 팔리고, 아이보리 비누가 호화 선물이다. 물론 프랑스제 와인, 꼬냑은 말할 것도 없고 폴로 제품, 구치 핸드백 등의 고급 수입품은 엄청나게 비싼데도 불티나듯 팔린다(Ohnuki-Tierney 1990b).

이런 고급품뿐 아니라 극히 일상적으로 먹는 수입 식품의 종류도 놀랄 만큼 많다. 1989년 수입 식품이 점하는 비율은 어패류 35.9%, 곡류 14.6%, 육류 14.8%, 야채 · 과일류 12.7%이다. 전통적인 일본식도 현실적으로 재료는 전부 외국산인 경우도 있다(通商産業省 편 1989 : 149~50 ; JETRO 1989 : 138~40). 이런 상황이기 때문에 소비자는 농산물 수입에 하나하나 흠잡을 필요도 없는 것이다. 1987년 미국에서 수입한 옥수수와 사료용 옥수수는 10억 달러를 넘었다. 이것은 일본의 가축용 곡류 수입 총액의 70%에 해당한다(Ashbrook 1988). 미일간 농산물 무역이 1960년부터 80년에 걸쳐 급격히 확대되었다는 것은 라이쉬 · 엔도 · 팀머의 연구(Reich, Endō and Timmer 1986 : 159)에도 나타나 있다(이 점에 대해서는 I. Yamaguchi 1978 : 40 참조). 1980년 미국에서의 농산물 수입은 일본의 총농산물 수입의 40%를 점했으며 이는 미국측 총농산물 수출의 15%에 해당한다. 일본은 미국 최대의 농산물 수출 지역이 되었다. 라이쉬 · 엔도 · 팀머(Reich, Endō and Timmer 1986 : 159)는 이러한 상황을 다음과 같이 설명한다.

> "요컨대 일본에게 미국은 최대의 농산물 수입처이며 미국에게 일본은 최대의 시장이다. 실제로 미국에서 일본에 수출하기 위한 농산물을 경작하는 토지의 총면적은 일본 전체의 농경지보다 넓다."

쌀값도 위의 사실을 토대로 생각해 보면 "소비자의 문제라기보다 세금과 국가 재정(대폭의 재정 적자)의 문제"이며, 적자 재정이기 때문에 "쌀값정책이 정치적 · 경제적으로 중요한 문제"가 된 것이라고 라이쉬 등은 결론짓는다(Reich, Endō and Timmer 1986 : 190).[14]

---

14) 아이러니하게도 찬성파도 반대파도 순수한 경제적 이유를 근거로 삼지는 않는다. 생산 과잉으로 쌀이 남는 일본은 원래 수요가 적기 때문에 시장 개방을 해도 큰 타격을 입지는 않을 것이다. 한편 미국도 일본 국내에서의 쌀수요가 적을 뿐 아니라 미국의 농산물 전체에서 쌀생산의 비율은 감자

쌀수입 자유화가 어떤 당에게도 농촌의 귀중한 표밭과 관련되기 때문에 중요한 정치 문제로 취급하는 것은 분명하다. 1990년 강한 외압 속에서 자민당은 수입 자유화의 타개책을 세우고자 했고, 사회당은 식량 자급을 기본정책으로 삼으면서 수입 자유화에는 절대 반대의 자세로 일관했다. 사회당은 이에 따라 도시와 농촌 양쪽에서 한꺼번에 지지를 얻었다. 공명당(公明黨)은 처음에는 "소비자의 목소리에 대답"하기 위해 수입 자유화에 찬성하는 입장이었지만 농촌 지역의 맹렬한 반대에 부딪혀서 태도를 뒤집었다(『朝日新聞』 1990. 6. 7). 농민의 정치적 영향력이 강한 것은 농협이라는 전국적인 조직을 활용할 수 있기 때문이다. 이에 비해 도시민에게는 농협에 견줄 만한 강한 조직이 전무하며 그 결과 정치적 영향력도 전자에는 비할 수 없다. 어쨌든 여기서 중요한 것은 쌀수입 자유화에 관해 도시민 중에도 농민과 보조를 맞추는 사람들이 적지 않으

나 옥수수에 비하면 하찮기 때문에 일본이 쌀시장을 개방하더라도 큰 이득은 없을 것이라고 생각한다. 일본의 쌀시장이 개방되어 이득을 보는 것은 세계 2대 쌀생산국인 중국과 타이, 혹은 파키스탄, 오스트레일리아일 것이다.

만약 그렇다면 미국의 쌀수입 자유화 압력은 단순한 경제적 득실의 관점에서가 아니라 더 시야를 넓혀 여러 해에 걸친 미일 무역 불균형 문제의 틀에서 파악할 필요가 있다. 미국이 특히 쌀문제를 들어 수입 자유화의 목소리를 높이는 것은 이것이 일본의 불합리하고 고루하기 짝이 없는 태도 때문에 무역 교섭이 얼마나 곤란에 처해 왔는지를 생생하게 드러내는 가장 효과적인 방법이기 때문이라는 견해를 미일 양쪽에서 발견할 수 있다. 일본의 종합상사가 무역 마찰 해소를 위한 하나의 수단으로 캘리포니아 쌀 수입의 현실화를 지지하는 것도 충분히 가능한 일이다.

며 쌀시장 개방 반대에 동조하는 사람들도 있다는 것이다.

7. 맺음말—쌀의 상징적 중요성

앞에서 본 것처럼 쌀과 벼농사에 관련된 여러 문제는 그 성격상 쉽게 결론지을 수 없다. 정부의 농업정책으로 '과보호'를 받고는 있지만 농가·농민들 사이에는 농업의 장래와 현실에 대한 불안과 불만이 뿌리깊다. 농업은 이미 장래를 기약하는 매력적인 직업도 아니고, 그렇다고 바로 그만둘 수 있는 것도 아니다.

한편 도시민들은 자신들의 높은 세금을 몰래 농가 보조로 돌려, 농민이 필요 이상의 과보호를 받는다고 느낀다. 그러므로 매년 부호 순위 상위에 땅부자 농민의 이름이 몇 사람이나 오르는 것을 보고 분개하는 사람도 많다. 토지 가격이 턱없이 오르기를 기다렸다가 땅을 팔아 쉽게 억만장자가 되는 농민에 대해, 도시민은 한 치의 '금싸라기' 땅도 살 수 없다는 불만을 토로한다. 그러나 그들은 싼 표준 가격미보다 비싼 쌀을 즐겨 사먹는다. 놀라운 것은 그들은 비싼 쌀에 불만을 품기는커녕 싼 수입쌀이 들어오는 것에 반대 입장마저 갖고 있다는 것이다. 순수하게 경제적 득실만을 고려한다면 도저히 이해할 수 없는 태도이다. 물론 모든 일본인이 쌀수입 자유화에 반대하는 것은 아니다. 산업·상업 부문에서는 미일 무역 불균형 시정을 위해 오히려 쌀수입을 환영하는 목소리가 높다. 사실 경단련(經團連)은 오래 전부터 정부의 농업보호정책에 반대 입장을 취해 왔다(Calder 1988 : 231).

어떻든 쌀의 문화적 측면을 이해하면 쌀은 일본인에게 단순히 공복을 때우는 음식이라기보다 훨씬 중요한 의미가 있다는 것이 명백해진다. 쌀수입 자유화 문제를 둘러싸고 밝혀진 일본인의 쌀에 대한 태도는 순수히 경제적 득실의 측면으로 보면 불합리하게만 보인다. 그러나 이 문제는 정치적인 동시에 쌀이 일본인에게 어떤 의미를 가지는가 하는 근본적인 문화적 문제인 것이다. 즉 쌀과 벼농사의 상징적 중요성과 의미가 형성된 문화적 · 역사적 과정을 깊이 있게 분석하지 않고 쌀을 이해한다는 것은 불가능하다.

제3장

주식으로서의 쌀—쌀은 일본인의 주식(主食)인가?

'주식' 이라는 단어는 극히 일상적이고 당연한 의미로 사용된다. 주식이라면 빵, 밥, 토르티야 등이 떠오른다. 그러나 도대체 주식의 기준은 무엇인가? 식탁에 오르는 횟수인가 먹는 양인가? 대다수 사람이 먹는 것이 주식인가, 또는 양에 관계없이 항상 식탁에 오르는 것이 주식인가?

일본어로 '매시' (또는 밥)는 조리한 쌀인 동시에 식사 일반을 가리킨다. "밥 먹었어요?"는 "식사를 끝냈습니까?"의 의미이다. 쌀, 밥, 음식 일반을 동일시하는 표현 방식은 중국에서 유래한 것일지도 모른다. 중국어로 chih fan(밥 먹는다)은 식사를 한다는 의미이지만 이 경우 fan(쌀)은 먹는 것 일반을 가리킨다(Anderson, E. 1988 : 139). 역사적으로 쌀이 일본인에게 중요한 의미를 가지는 음식이었다는 것은 의심할 여지가 없다. 이 장에서는 쌀이 어떻게 일본인의 유일한 주식이 되었는가 하는 역사적 과정을 고찰하겠다.

일본 선사 시대

시대구분	세부 시대 구분	기간
구석기	초기	약 B.C.50000 ~ B.C.30000
	말기	B.C.30000 ~ B.C.11000
조몬(繩文)	발단기	B.C.11000 ~ B.C.7500
	초기 전기	B.C.7500 ~ B.C.5300
	초기	B.C.5300 ~ B.C.3600
	중기	B.C.3600 ~ B.C.2500
	후기	B.C.2500 ~ B.C.1000
	말기	B.C.1000 ~ B.C.300
야요이(弥生)	초기	B.C.300 ~ B.C.100
	중기	B.C.100 ~ A.D.100
	말기	A.D.100 ~ A.D.250
고훈(古墳)	초기	A.D.250 ~ A.D.400
	중기	A.D.400 ~ A.D.500
	말기	A.D.500 ~ A.D.646

한반도를 거쳐, 아시아에서 규슈로 논벼가 전래된 것은 기원전 350년경이다. 그것이 점차 퍼져 도호쿠(東北) 지방까지 다다른 것은 기원전후경인 것 같다(국립역사민속박물관 편 1987 : 14). 벼농사의 전파와 함께 이루어진 사회정치적 발전은 오늘날의 일본이 형성되는 과정에서 벼농사가 담당한 역할의 중요성을 말해 준다. 세계 각지에서 볼 수 있는 이러한 변화 과정은 정주 생활로 이행하는 과정과 맞물린다. 정주 생활은 부의 축적을 가능하게 하고 인구를 집중시키며 결국 이는 국가의 탄생[15)]과도 연결된다. 일본에서

15) 국가의 형성에 농경이 중요한 역할을 한 것은 분명하다. 홋카이도의 아이누 민족과 북미 대륙 북서 해안 지역의 원주민 등 수렵 채집 경제 사회가,

논농사가 시작된 것은 야요이(彌生) 시대(B.C. 350년~A.D. 250년)이며 야요이 시대는 고훈(古墳) 시대(A.D. 250년~644년)로 이어진다. 이 시대 일본 중서부에 집중되어 있는 호족 중에는 광대한 영지를 소유한 자가 많았다. 이러한 호족 중에서 야마토(大和)국을 설립하는 사람이 나오며 현재 천황가의 선조도 여기에서 찾을 수 있다.

수렵 채집 생활에서 정주 농경 생활로, 그리고 국가 형성으로의 발전 과정은 극히 자연스러운 흐름이라고 생각하기 쉽지만 실은 그렇게 단순하지 않다(이 점에 대해서는 Ohnuki-Tierney 1974 : 2~7 및 1981 : 204~12 참조). 이제까지 일반적으로는 조몬(繩文) 시대의 수렵 채집민이 점차 농경 정주 문화로 이행한 것이 야요이 시대라고 알고 있다. 농경 문화가 전파되지 않았던 일본 열도 북부에서는 조몬기의 문화에 이어 수렵 채집에 기초한 아이누 문화가 형성되어, 이 문화가 홋카이도 · 가라후토(樺太 : 지금의 사할린—역주) · 지시마(千島 : 지시마 열도. 홋카이도에서 캄차카 반도 사이에 길게 늘어선 군도. 쿠릴 열도의 다른 이름—역주)에서는 근래까지 이어졌다는 설이 있다. 아이누족에 대해서는 완전히 다른 독자적 문화라고 해석하지만, 어떻든 조몬 문화와 야요이 문화 사이에 인종적 · 문화적 계승을 인정하는 견해가 일반적이었다. 그러나 1990년에 열린 심포지엄에서 터너(C. Turner 1976, 1991)와 하니하라(埴原 1991)는 각각 발굴된 치형(齒型)으로 미루어 현재 일본인의 선조는

마샬 살린스가 말하는 '원초적 풍요 사회'를 구가했다는 수많은 예를 발견할 수 있다(Ohnuki-Tierney 1976 참조).

야요이 시대에 대륙에서 이동해 온 민족이며, 이 민족이 그때까지의 조몬 문화와 아이누 및 오키나와 문화의 담당자였던 원주민족을 도태시켰다고 주장했다.

어쨌든 야요이 시대의 농경 정주 문화를 통해 일본 국가의 기초가 세워졌다는 데에는 의심의 여지가 없다. 그리고 벼농사가 국가의 상징적 중심이 된 것도 이 시기부터였다. 단지 여기서 유의해야 할 것은 기원전 350년 전후로 벼재배가 전파된 이래 2,000년 이상이 흘렀지만 전국 방방곡곡에 벼가 농업의 중심으로 퍼지진 않았다는 점이다. 즉 쌀이 반드시 일본 전역에서 주식으로 이용된 것은 아니었다.

전전(戰前)의 학회에서는 일본 전역에서 똑같이 벼가 절대적 중요성을 가졌다는 견해가 지배적이었지만 전후에는 다른 의견이 대두되었다. 특히 쟁점 사항은 벼농사가 유일하게 절대적인 중요성을 가지고 있었는가, 그렇지 않으면 벼재배 이외의 농업도 역시 중요했는가에 대한 문제이다. 또 하나는 쌀이 과연 일본 전역 · 전 계층 사람들에게 배를 채우는 주식으로 필수적인 음식이었는가 하는 문제이다.

이 장에서는 주로 위의 논쟁을 둘러싼 여러 문제에 대해 고찰하겠다. 이 논쟁은 간단히 '벼농사 문화(稻作文化)' 대 '비벼농사 문화(非稻作文化)' (또는 '잡곡 문화')라고 한다. 여기서는 편의상 전자를 '벼농사 문화론', 후자를 '잡곡 문화론'이라고 부르겠다.

농민의 역할, 다시 말해 쌀 생산자로서의 역할과 쌀 소비자로서의 역할 또한 고찰하겠다. 나아가 일본인 일반에게 쌀이 어떤 역할을 해 왔는가, 그리고 현대의 풍요한 식생활이 일본인의 쌀소비에 어떤 영향을 미쳤는가도 함께 생각해 보기로 한다.

1. 벼농사 문화론

벼농사 문화론의 입장을 취하는 인물은 기토(鬼頭 1983a, 1983b), 이시게(石毛 1983, 1986), 고야마(小山 1983), 마쓰야마(松山 1990) 등 국립민족학박물관 소속의 연구자들이다. 그들은 잡곡 문화론을 이론적 근거 자체가 매우 부정확한 자료 및 주관적 견해에 기반을 둔 것이라고 본다(石毛 1986). 그들은 일본인 주식의 변천 과정을 4단계로 나누어 생각한다.

다음 표에서 알 수 있듯이 주식이 쌀에서 쌀과 잡곡의 병용으로 변한 것은, 벼농사를 짓지 않는 인구의 증가와 벼농사 농민의 자가 소비용 쌀의 상품화, 쌀로 연공(年貢)을 납부한 이후부터이다(石毛 1986 : 13~4). 그럼에도 근세 일본의 농민은 상당한 양의 쌀을 소비하고 있었다. 주식이 쌀에서 잡곡으로 바뀐 것이 아니라 실제로는 양쪽이 병용되었다는 사실을 알 수 있다.

벼농사 문화론의 근거 중 하나는 메이지 시대 초기에 한 관리가 편찬한 근세 히다(飛驒) 지방의 인구 구성, 경제 활동 등을 조사 기록한 『히다노고후도키(飛驒後風土記)』에 실려 있는 음식 섭취량의 계량적 분석 결과이다. 이 기록에 의하면 19세기 히다 지방에서는 총 섭취량의 53%가 쌀이다(石毛 1986 : 18 ; 小山 1983 : 35). 고야

일본인의 주식 변천 과정(石毛 1986 : 13의 표를 요약한 것)

B.C.4000~B.C.2000	나무 열매
B.C.2000~A.D.1000	쌀
A.D.1000~A.D.2000	쌀과 잡곡의 병용
A.D.2000~	쌀, 잡곡, 고구마 등의 병용

*저자는 이시게 이론의 잘못을 지적하기 위해 이 표를 사용했다고 한다. 실제로 이 표에 나타난 것만큼 이른 시기에 쌀이 전래되었다고 생각하는 학자는 거의 없다. 일본인 독자라면 이것을 금방 눈치채겠지만 역서에서는 오해의 소지가 있다고 생각하여 저자와 상의한 결과 원서의 의도를 살리기 위해 그대로 쓰기로 했다. 단 A.D.2000은 A.D.1800의 오기라 생각한다—역주.

마는 "『히다노고후도키』가 기록된 시기는 저지대에서 피가 쌀로 바뀌어 가던 시기에 해당한다"고 말한다(小山 외 1981 : 505). 벼농사 문화론은 히다 지방의 사례를 일본 전국에 적용한 것이다. 농사에 별로 적당하지 않은 히다가 이 정도라면 이것을 일본 전체 상황으로 일반화하는 것도 그렇게 무리는 아니라는 입장이다.[16)]

히다의 사례도 커다란 지역차를 보인다. 마쓰야마(松山 1990 : 69~70)도 지적하다시피 히다 지방에서도 상류 13개의 마을에서는 화전으로 피가 주로 재배된 데 비해, 하류 14개 마을에서는 주로 벼를 재배했다. 고야마(小山 1983 : 36)도 지역차에 대해 언급하면서 "지역에 따라서는 피가 주식인 경우도 있다"고 하였다.

16) 이 설에 대한 비판으로 『히다노고후도키』가 후대의 한 관리가 편집한 것이라는 점, 또 실제로 당시의 마을 사람들이 풍토기에 기록된 것과 같은 음식을 먹고 있었다는 증거가 없다는 점을 지적할 수 있다.

2. 잡곡 문화론(비벼농사 문화론)

잡곡 문화론 연구자가 공통적으로 취하는 입장은, 잡곡은 어떤 시대에나 일본인에게 중요한 음식이었고 쌀만 주식으로 한 것은 상류 계층의 극히 소수에 지나지 않는다는 것이다.

벼농사를 마치 일본의 유일한 농경 문화인 것처럼 보는 설에 대해서는 수많은 반론이 있다. 아미노(網野 1980, 1984, 특히 64~5), 미야모토(宮本 1981), 사사키(佐々木 1983, 1986), 쓰보이(坪井 1984〈1982〉, 특히 65~6), 스기야마(杉山 1988) 등 수많은 연구자들은 잡곡과 감자류[17]야말로 일본인의 주식이며 쌀보다 중요한 음식이라고 주장한다. 그 대표적인 것은 보리, 메밀, 조, 수수, 피, 참깨 등이다. 이것들은 쌀에 비해 거친 땅에서도 재배하기 쉽고 훨씬 손이 덜 가는 장점이 있다. 그러나 유의해야 할 것은 이것들이 '잡곡'[18]으로, 즉 주로 쌀 이외의 것으로 뭉뚱그려서 취급한다는 점이다.

위에서 예로 든, 소위 잡곡은 어디까지나 논벼가 전파되기 전부터 일본에서 재배되고 있었다. 따라서 문제는 쌀이 들어온 이후 벼농사가 잡곡 농업을 어느 정도 대체했는가, 또 쌀이 얼마나 주식으로 중요한 부분을 차지했는가이다. 품종 개량이 진행되기까지는 기후와 지리적 조건 때문에 도호쿠 지역으로는 벼농사가 퍼지지

---

17) 고구마와 감자가 일본에 전래된 것은 근세 초기이다. 일본인들은 그대로 먹어도 맛있는 고구마를 좋아했다고 한다(筑波 1986 : 123).

18) 오곡이라는 단어는 원래 중국에서 전해진 말인데 실제로는 5가지가 아니라 많은 곡물을 의미한다. 오곡에 포함되는 것은 벼, 보리, 조, 수수, 콩이다.

않았고, 논에 적당하지 않은 산간 지역도 마찬가지였다.

최근의 연구에서 밝혀진 것은 벼농사를 짓지 않았던 전통이 이제까지 생각했던 것보다 훨씬 뿌리깊다는 사실이다. 잡곡 문화론의 입장을 취하는 연구자도 벼농사의 중요성을 한꺼번에 부정하지는 않는다. 단지 그람시의 헤게모니 이론적 의미에서, 연구자들이 벼농사 문화 이데올로기(제6장 참조)를 맹목적으로 따르기 쉽다고 지적한다. 문화지리학자이면서 인류학자인 사사키(佐々木 1983, 1985, 1991, 1993)는 아시아의 조엽수림 지대에서 널리 행해진 화전 농경이 일본에서도 일반적이었다는 점을 강조한다. 논벼가 들어오기 전, 서부 일본의 산간 지역에서는 이미 상당한 정도로 정리된 대규모의 화전 농경이 행해졌다고 한다. 밭벼를 비롯해서 조, 피, 시코쿠피, 콩, 팥 등 많은 종류의 잡곡이 재배되었다(佐々木 1983 : 30~2). 야요이 시대 초기와 중기에는 탄수화물 총 섭취량의 반 이상을 쌀 이외의 곡류 · 감자류 등에서 취했다고 본다(佐々木 1985 : 56 ; 宮田 1990 : 66~76도 참조).

중세사를 전공한 아미노는, 이제까지 쌀의 중요성이 지나치게 강조되어 온 것은 근세의 양상을 그대로 중세에 적용시켜 마치 두 시대가 동질적으로 연결되는 것처럼 파악했기 때문이라고 한다(網野 1980 : 32). 중세의 지조(地租)를 조사해 보면 서일본 지방의 장원(莊園 : 귀족 또는 사찰의 사유지—역주)과 공령(公領 : 조정의 영지—역주)에서는 쌀로 조세를 거두었지만, 동일본에서는 이와 달리 베와 비단으로 거두는 경우가 많았다(網野 1980 : 32~4). 더욱 주목할 것은 쌀이 조세인 서일본에서도 농민에게 쌀은 어디까지나 세금이었고 일상적으로 먹은 것은 쌀 이외의 잡곡이었다는 사실이다. 와카사(若狹)국 다라(太良) 장원의 기록에는 1347년에 장원 내에 사는 여인의 소유물을 압수했을 때의 기록이 남아 있는데, 몰수된 것 중에는 쌀 5말, 조 1석으로 조가 쌀의 두 배였다. 이 다라장에서는 조세를 쌀로 거두었다. 이것으로 보아 중세에는 벼농사 지역에서조차 쌀은 농민에게 일상적인 음식이 아니었으며, 풍년이 들었을 때도 남는 쌀을 먹기보다는 팔아서 값싼 잡곡과 바꾸어 먹었던 것 같다(網野 1980 : 67~9).

민속학[19]을 전공한 쓰보이도 쌀이 지금까지 지나치게 중시되어 왔다고 지적한다. 소위 '떡 없는 설날'의 관습을 조사해 보면 그것이 각지에서 발견되는 것으로 미루어 설날 신에게 바칠 떡을 준비하는 관습은 사실 일본 전역에 보편적이지는 않다고 주장한다. 그 중에는 설날 떡이 터부여서 이 금기를 어기면 마을에 재앙이 일어난다는 곳조차 있었다. 떡이 금기가 아닌 지역에서도 설날의 제물로 떡 이외의 것, 예를 들면 감자 등을 쓰는 경우가 많은데, 쓰보이는 이것을 '감자 설날'이라고 부른다. 설날 축하에는 떡, 잡곡, 감자류를 병용하는 지방도 있으며 사용되는 잡곡, 감자류의 중요성도 떡과 같았다고 한다(坪井 1984〈1982〉: 88~90). 쓰보이에 따르면 떡으로 설날을 축하하는 지방은 전국 각지[20]였지만, 떡만을 쓰는

19) 현재 일본에서는 민속학과 민족학은 확실히 분리되어 있다. 민속학은 주로 '습관 · 관습'을 다루고, 민족학은 '인간 · 민중'을 관심의 대상으로 한다. 그러나 양자의 차이가 그리 명확하지는 않다.

20) 쓰보이가 각지로 들고 있는 지역은 도호쿠(東北), 호쿠리쿠(北陸), 주부(中

지역은 비교적 한정된 지역이었다(坪井 1984〈1982〉: 152).

설날에 바치는 제물은 농경 주기의 갱신 및 세계의 상징적 재생을 신에게 기원하기 위한 것이다. 쓰보이는 이로 미루어, 일본 각지에서 농경 사회의 재생에 필수적인 음식은 쌀보다 오히려 잡곡류, 감자류였을 것이라고 생각한다. 그리고 일반 일본인은 평상시 주로 감자류와 잡곡류를 먹었으며, 쌀을 주식으로 한 것은 상류 계층에 지나지 않았다고 결론짓는다.

3. 생산자로서의 농민—소비자로서의 농민

쌀 이외의 곡류인 감자류를 고려할 때 농민을 쌀의 생산자로 볼 것인가, 소비자로 볼 것인가 하는 데에는 학자마다 해석이 다를 수 있다. 앞 절에서 든 다라장 여성의 예는, 당시의 농민이 조 등의 잡곡은 평상시 식량으로, 쌀은 조세용으로 가지고 있었을 것이라는 추측을 가능하게 한다. 그렇지만 중세의 실태를 정확히 파악할 수 있는 자료가 충분하지 않다는 것은 분명하다.

근세에 들어오면 비교적 자료가 풍부해진다. 무사는 성지기로서 조카마치(城下村 : 영주가 사는 성 아래 마을—역주)에 살면서 봉록(俸祿)을 받았다. 이에 따라 무사 계층과 농민 계층의 구별이 명확해졌다. 조세의 징수에 고쿠다카제(石高制 : 생산량에 따라 세금을

部), 긴키(近畿), 규슈(九州)이다.

매기는 제도—역주)가 도입되었는데 영주는 농민의 노동을 하나하나 감독하는 대신 연공 징수를 위해 상세한 토지대장을 정비하여 그에 따라 연공의 양을 정했다.

연공은 농민 한 사람 한 사람 또는 농가 한 집 한 집에 부과하지 않고 마을의 대표자인 촌장에게 청부했다(Vlastos 1986 : 9). 촌장 밑에는 5인조의 조직이 있어서 연공 납입에 공동 책임을 졌다. 이러한 공동 책임제는 일본 사회 조직의 특징으로 권력층은 이것을 이용하여 정치적, 사회적, 경제적 지배 기구의 강화를 도모했다. 근세에 막부는 여러 가지로 농업 생산 향상책을 시험했다. 1642년에 백성은 잡곡을 먹고 쌀을 많이 먹지 말라는 포고가 있었다. 이어 1649년에는 농민의 세부적인 생활까지 규제를 가하여 백성은 해가 뜰 때 들로 나가고 해가 지면 집으로 돌아갈 것, 쌀을 상식으로 해서는 안 되며 잡곡류의 생산을 늘려 이것을 상식할 것 등의 포고가 있었다(鬼頭 1983a : 43 ; 小柳 1972 : 155~62 ; 筑波 1968 : 118~9). 막부의 정책은 "다이묘(大名)의 부엌을 윤택하게 하는 동시에 유교적 사상, 가치의 침투를 도모하는 목적이 있었다"(Vlastos 1986 : 31)고 볼 수 있다.

문제는 이러한 근세 막부 정권 아래서 연공제가 쌀의 소비자인 농민에게 어떤 영향을 미쳤는가이다. 지역과 시대에 따라 그 영향이 다른 것은 말할 것도 없다. 일반적으로 연공의 징수는 사공육민(四公六民 : 4할을 세금으로 납부하는 것—역주)의 비율로 행해졌던 것 같다. 그러나 이것이 잘 지켜지지 않고 농민이 가질 수 있는 비율이 삭감되어 잉여미가 거의 남지 않는 경우도 드물지 않았다(筑

波 1986 : 118)는 설이 있다. 한편 후쿠시마 지방의 연공 징수 상황을 연구한 블라스토스 등은, 농민이 개간과 농업 기술 향상, 생산력 증대로 얻은 잉여미를 전부 공출하지 않고 남겨 두었다고 지적한다. 막부든 다이묘든 백성의 고혈을 마지막 한 방울까지 짜내면 결국 백성은 남아나지 않으리라는 것을 알았다는 것이 블라스토스의 견해이다(Vlastos 1986 : 30~41). 이것은 아오키(青木 1967)의 견해와 비슷하다.

어쨌든 당시 사람들의 식생활에 상당히 차이가 있었다는 것은 분명하다. 이것을 증명하기 위해 자주 인용되는 것이 교호(享保, 1716~1735) 시대에 에도(江戸) 근교의 식생활을 조사한 다나카 규구(田中丘隅)의 『민칸쇼요(民間省要)』이다. 이에 따르면 평야에 사는 농민은 잡곡 섞은 밥을 먹었지만 산간 지역에서는 설날 3일간조차 쌀을 먹지 않은 듯하다. 피, 조, 밀 등과 함께 산나물류도 귀중한 식량이었다(鬼頭 1983a : 44에서 인용).

대체로 근세 농민의 식생활은 보잘것없었다. 그것은 하쿠쇼잇키(百姓一揆 : 영주나 부자 등의 횡포에 대해 민중들이 들고 일어나는 것—역주)가 빈번히 발생했다는 것에서도 추론할 수 있다. 1590년부터 1867년까지의 하쿠쇼잇키의 발생은 2,800건이 넘는다. 기근이 있던 해에 많았고 특히 1730년대, 1780년대, 1850년대에 빈번했다. 그중에서도 1780년대 덴메이(天明)의 기근 때는 굶어죽는 사람이 200만 명이 넘었다는 기록이 있다(Hane 1982 : 7 ; Walthall 1986 : IX). 여기에서 당시 농촌의 위기 상황이 드러난다. 또한 1590년에서 1699년 사이에 전국에서 발생한 2,755건의 잇키 중 농촌 지역에서 일어난 쌀소동이 158건(5.7%), 공공 노동자들이 부식미를 요구한 것이 214건(7.7%)이었다. 372건(13.5%)이 쌀과 관련된 잇키였다. 당시에 도시에서 일어난 잇키 중 214건이 쌀소동이며 34건이 쌀의 현물 지급에 의한 구제를 요구하는 것이었다. 이를 합하면 쌀과 관련된 잇키는 도시의 잇키 총 수의 73.3%였다. 농촌과 도시의 쌀과 관련된 잇키를 합하면 372건에 달한다(青木 1976 : 40~5).

하쿠쇼잇키가 더욱 격화되고 빈번해진 것은 근세 말기이다. 하쿠쇼잇키가 484건, 문제가 영주에게까지 이르지 않은 규모의 무라카타(村方) 소동이 353건 기록되어 있다. 어느 경우에나 폭동이 격심했던 것이 근세 말기 잇키의 특징이었다. 1866년 니시미야(西宮) 소동에서는 니시미야의 여성들이 값싼 쌀을 요구하면서 부자들의 집과 물건을 파괴했다. 파괴 건수는 866건이 넘었고 소동은 2주가 지나 겨우 진정되었다. 니시미야 소동에 이어서 지치부(秩父)에서는 빈농들이 미곡상을 때려 부순 사건이 일어났다. 이것이 계기가 되어 지치부 일대 수백 마을에 이르는 잇키로 확대되었다(Vlastos 1986 : 159). 이러한 일련의 하쿠쇼잇키가 표적으로 삼은 것은 지방의 관리나 부호였으며 기본적인 사회 개혁, 사회적 불평등의 해소를 목표로 일어난 것은 아니었다(가쓰마타 1985)(더욱이 잇키의 소장(訴狀) 등에 대한 상세한 내용은 Walthall 1986, 1991, 저항 운동의 역사적 이론적 고찰은 Pharr 1990 : 15~38 참조).

근세 농민의 식생활에 대해 상세한 해명은 이루어지지 않은 상태이지만 고쿠다카(石高)제에 의한 연공의 징수가 농민의 고혈을 보다 조직적, 효과적으로 짜냈다는 것은 분명하다. 그러나 아이러니하게도 빈번한 쌀 잇키의 발생은 농민에게 쌀이 매우 중요한 음식이었다는 현실을 말해 주는 것은 아닐까? 설령 전국적이지는 않았을지라도, 특별한 의례용으로 쓸 뿐이라면 잇키를 일으키면서까지 쌀을 요구하지는 않았을 것이다.

메이지(明治, 1868~1912—역주)에서 다이쇼(大正, 1912~1926—역주)까지 백성의 생활에 실질적인 변화는 거의 없었지만(小柳 1972 : 162~89 ; 柳田 1982b : 168도 참조) 소동이나 잇키는 여전히 계속되었다. 1918년 7월에 도야마(富山)현에서 발생한, 어부의 처자들이 일으킨 쌀소동은 특히 유명하다. 비싼 쌀값과 매점이 발단이 된 쌀소동은 8월이 되자 전국으로 확산되어 각지에서 미곡상을 습격한 사건이 잇달았다. 연인원 70만 명이 참가했는데 그중 30~40%는 피차별 부락민이었다고 한다. 피차별 부락민은 1920년대에 일어난 일련의 쌀 잇키에서도 주도적인 역할을 했다(Hane 1982 : 160~1). 어떻든 흥미있는 것은 중세말 비정주 · 비농경 직업에 종사했던 사람들이 중심이 된 피차별 부락민(제6장 참조)이 정주 농경의 상징인 쌀을 둘러싼 저항 운동—쌀소동 또는 쌀 잇키—에서 주도적 역할을 했다는 사실이다.

다이쇼 시대 후반, 부국강병책을 근간으로 공업화를 추진했던 시기에 농촌 여성을 공장 노동력으로 끌어들이기 위해 사용된 것이 공장에서 일하면 세 끼 쌀밥을 먹을 수 있다는 유인 문구였다(小柳 1972 : 156~7). 『여공애사(女工哀史)』 등에서 볼 수 있듯이 공장 노동이 가혹했다는 것은 주지의 사실이지만 당시 가난한 농촌 생활에서 세 끼 쌀밥은 상당히 매력적이었음에 틀림없다. 쌀을 충분히 먹을 수 없었던 농촌에서도 쌀이 역시 중요한 음식이었다는 것은 이 예에서도 알 수 있다.

4. 쌀은 언제부터 주식이 되었는가?

만약 쌀이 역사적으로 일본인의 주식이 아니라면 주식이 된 것은 언제부터일까? 언제부터 쌀은 양적으로 가장 중요한 음식이 되었는가? 또 언제부터 밥은 식사에 없어서는 안 되는 음식이 되었는가? 이 물음에 대해서는 여러 가지 견해가 있다. 사사키(佐々木 1983 : 292)에 의하면 세 끼 밥을 먹은 것은 근세 중엽부터라고 한다. 쓰쿠바(筑波 1986 : 106)의 설로는 대다수의 일본인이 쌀을 먹은 것은 메이지 시대부터이다.

품종 개량과 기술의 진보에 따라 쌀의 생산고는 눈에 띄게 증가했다. 그리고 메이지 시대의 징병제와 전쟁중에 만들어진 식량관리법이 일본인에게 쌀밥을 널리 보급하는 계기가 되었다. 잡곡을 주로 먹던 지방 출신의 병사들도 징병제로 인해 쌀밥과 친해졌다. 단 병사는 전원 남성이었기 때문에 이때 쌀밥은 남성들에게만 보급되었다는 것을 지적해 두지 않으면 안 된다. 식량관리법은 1942년 시행되었는데 이에 따라 잡곡을 주식으로 하던 벽지나 도서지방에도 쌀이 배급되었다(坪井 1984〈1982〉: 68).

와타나베(渡部 1989 : 83)에 의하면 일본인 대다수가 실질적으로 쌀을 주식으로 한 것은 식량배급제가 실시된 1939년 이후라고 한다. 근세에는 인구의 9할이, 반드시 주식은 아니었지만 일상적으로 쌀을 먹었으며 더욱이 8할은 세 끼 쌀을 먹었다고 한다. 나머지 2할의 인구는 연중 반 정도는 쌀을 먹었던 것은 아닐까? 그리고 쌀을 극히 조금밖에 소비하지 않았던 인구는 수적으로 미미한 정도에 지나지 않았다는 것이 와타나베의 추정이다. 한편 도어(Dore 1973〈1958〉: 58~9)는 "쌀밥이 일본인 일반의 당연한 주식이 된" 것은 1930년대에 들어와서부터라고 본다. 또 다른 설로는 일본 동북 지방에서는 부유한 상인층을 제외하면 1960년대까지 피나 조가 주식이었다고 지적한다(伊藤 1990, 저자와의 통신에서 ; 大林 1973 : 5~6).

제2차 세계대전 동안 국내쌀(内地米 : 일본 국내에서 생산된 쌀—역주)은 전장의 병사들에게 보내고 국내에는 수입쌀이나 대용식품이 배급되었다. 국내쌀이 귀해지면 귀해질수록 가치는 높아졌다. 나고야의 어떤 주부(58세)는 당시를 회상하면서 '흰 쌀밥 한 공기'가 얼마나 먹고 싶었던가, 그게 안 되면 쌀이 좀 많이 섞인 밥이라도 먹으면 얼마나 좋을까 하고 생각했다고 당시의 심경을 말했다(『朝日新聞』 1990. 6. 30).

5. 전후의 식생활과 쌀

종전 직후에도 쌀이 귀한 것은 전쟁중과 마찬가지였다. 적기(赤

旗)를 든 학생이 황궁 앞에서 쌀을 요구하는 데모에 가세한 것도 이때이다. 전후 부흥기는 일본인의 쌀소비량이 현저하게 늘어난 시기이다. 1955년경까지 전후 농지 개혁으로 자립한 농민들은 꽤 '유복' 해져 쌀을 먹고 싶은 만큼 먹을 수 있었다. 도어는 당시 상황을 다음과 같이 말한다.

> "단 하나 변하지 않은 것은 주식인 쌀의 중요성이다. 시노하라 마을 사람들에게 영국인의 주식은 빵이지만 매끼니마다 빵을 먹지는 않는다고 설명하면 전혀 이해하지 못한다. 시노하라 마을 사람들의 식사는 세 끼 모두 밥이며 중노동을 하는 남자는 밥을 몇 그릇씩이나 먹는다. 같은 중노동자라도 여자는 좀 적게 먹지만…. 어쨌든 밥 이외의 것은 모두 부식이거나 반찬일 뿐이다" (Dore 1978 : 86).

오늘날에도, 특히 농촌 지역의 나이든 일본인들은 도어가 말한 것 같은 식생활을 계속하는 경우도 있다.

그러나 1970년 이후 소위 풍요한 사회의 식생활은 쌀의 섭취에도 커다란 영향을 미쳤나. 식생활의 풍요와 쌀 섭취량의 증가가 일치하지 않는 것은 이제까지 일본인에게 바람직한 생활이 쌀로 상징되어 왔던 것을 생각하면 아이러니한 전개이다. 식생활의 풍요로움은 밥을 조금, 반찬을 많이 먹는 경향으로 나타난다. 양적 비율을 따지면 반찬이 주이고 밥이 부수적으로 되었다. 그리고 밥의 양이 많은 식사는 가난을 상징하기도 한다. 입맛이 까다로운 일본인은 와인 감정가처럼(이 점에 대해서는 Dore 1983〈1958〉 : 59도 참조) 밥에 대해서도 광택, 찰기, 맛, 색깔 등 하나하나 따지게 되었다.

그렇지만 반찬이 주, 밥이 부라는 생각은 일본 사회가 풍요로워지기 전부터 이미 있었다. Dore는 1955년 시노하라 마을의 마쓰리의 모습을 다음과 같이 기술한다.

> "잔치 때면 일본술이나 맥주, 여성에게는 지방술이 제공되는데, 술을 마시는 동안은 안주만 먹는다. 적당히 술자리가 파할 분위기가 되면 주인이나 부인이 '이제 밥을 먹을까요' 라고 말한다. 이것이 주연을 마무리하는 신호이다. 이때가 되면 벌써 술안주로 먹은 오뎅, 회, 두부 등으로 모두 배가 불러 있기 때문에 밥은 조금 먹는 것이 고작이다. 그렇지만 밥은 뭐라고 해도 식사에 절대 없어서는 안 될 주역이다"(Dore 1978 : 86. 강조는 저자).

잔치나 축하 행사를 할 때 금전적인 여유가 있으면 가능한 반찬을 많이 만들기 때문에 그만큼 밥이 점하는 비율은 낮아진다.

고도 경제 성장 시기는 외국에서 일본으로 다양한 음식이 넘칠 정도로 들어온 시기이다. 이는 쌀 섭취량의 감소에 더욱 박차를 가했다. 도시 사람들은 고작 하루 한 번이나 두 번 밥을 먹었다. 쌀밥이 제일 먼저 사라진 것은 아침 식탁이다. 빵이 밥을 대신했다. 도어(Dore 1973〈1958〉 : 60)에 따르면 아침에 빵을 먹는 습관이 생긴 것은 1951년경이다. 빵을 먹으면 아침 일찍 일어나 밥을 할 필요가 없기 때문에 주부들의 환영을 받았다고 도어는 설명한다. 한편 이미 점심은 면류로 끝내는 경향이 생겼는데 여기에 스파게티, 햄버거, 피자 등이 더해져, 특히 젊은 사람들 사이에서 점심때 밥을 먹는 비율이 낮아졌다. 그렇지만 밥을 주로 한 점심도 인기가 없어지진 않아서 스시, 주먹밥, 덮밥 등은 리바이벌 붐이라고 불릴 정도이다. 흥미로운 것은 '서양' 요리 중에서도 밥과 잘 어울리는 스테이크, 햄버거, 돈까스 등이 인기가 높다.

저녁때 집에서 밥을 먹는 습관은 그렇게 변하지 않은 것 같다. 밥이 없는 저녁은, 말하자면 미국의 가정에서 저녁을 샌드위치로 때우는 것과 마찬가지이다. 저녁 식사에 밥은 꼭 있어야 한다. 그렇지만 양이 중요하진 않다. 아무리 반찬이 많더라도 밥이 없으면 식사는 식사가 아니다. 손님을 초대할 때는 여러 가지 반찬을 준비해서 대접하지만, 때를 봐서 "밥을 준비할까요 아니면 오차즈케(차에 밥을 말아서 가볍게 먹는 것—역주)로 할까요?"라고 물어서 식사는 반드시 밥으로 끝낸다. 또 나이든 일본인은 외국 여행을 하면 밥이 없기 때문에 아무리 다른 것이 많이 나와도 배가 부르지 않다는 불만을 자주 토로한다.

뭔가 특별한 일이 있으면 '그럼 일본식으로' 하자는 것이 근래의 두드러진 경향이다. 일본식이 리바이벌 무드를 타는 것 같다. 화려한 고급 요리의 컬러 사진을 전시하여 손님을 유혹하는 요릿집이나 레스토랑도 많다. 일류 호텔 등에서도 서양, 중화 요리와 나란히 고급 일본 요릿집이 인기를 겨루고 있다. 도쿄 한가운데 있는 도시바 빌딩 1층에는 세련된 고급 일본식 식당이 7개나 있다. 그 옆에는 두 개의 고급 서양 레스토랑과 평판이 높은 중화 요릿집,

외식 체인점인 웬디스가 있다.

이 장에서는 쌀의 중요성의 내용, 성격, 즉 쌀이 어떤 식으로 중요했는지, 다양한 견해를 살펴보았다. 그중에서 견해가 일치하지 않는 것은 쌀이 과연 일반 일본인에게 주식이었는가 하는 점이다.

의견이 일치하는 것은, 일본인의 식생활은 지역이나 사회 계층 등에 따라 상당히 차이가 있다는 점이다. 그중에서도 중요한 것은 지리적 조건이 식생활에 미치는 영향이다. 평야에 사는 사람, 산간 지역에 사는 사람, 해안 지대에 사는 사람들은 각각 특유의 식생활을 가진다. 쌀을 먹었는가, 어느 정도 먹었는가도 지리적 조건에 따라 크게 좌우된다.[21] 오늘날에도 식생활의 지역적 차이는 매우 명확하게 남아 있다. 동일본과 서일본의 차이는 자주 지적되는 부분이며, 그중에는 쌀의 사용법도 포함된다. 또 하나 의견 일치를 보는 것은 궁정을 비롯해서 상류 계급, 무사, 부유한 상인들에게 쌀은 질적으로도 양적으로도 확실히 주식이었다는 점이다. 말하자면 쌀 문화란 영주 문화, 즉 지방 호족과 상류 계층의 문화였다.

쌀이 일본인 모두에게 반드시 주식은 아니었지만, 벼농사가 일본에 전해진 이후 의례에는 빠질 수 없는 음식이었다(網野 1980 :

---

21) 이는 놀랄 만한 것은 아니다. 중국도 쌀을 먹는 나라이지만 일본과 마찬가지로 모든 중국인에게 양적으로 쌀이 가장 중요한 음식이었다고는 할 수 없다. E. 앤더슨이 지적하다시피 “쌀은 남서부의 비옥한 충적토 지역과 남부와 중부 충적토 지역의 골짜기에서만 주식으로 이용”되었다. 오늘날 중국에서 쌀이 주식에서 점하는 비율은 40%에 지나지 않는다(Anderson, E. 1988 : 142).

69)는 점에 대해서도 대체로 의견이 일치한다. 물론 앞에서도 말한 것처럼 예외적으로 설날에 쌀 · 떡을 준비하지 않는 관습도 각지에 있었던 것 같다. 더욱이 쌀이 정치적, 경제적, 이데올로기적으로 일본인 대부분의 일상 생활에서 절대적 중요성을 가지게 된 것은 근세부터라는 점에도 거의 동의가 이루어져 있다.

쌀의 양적 가치에 대해서 확실한 결론을 내리는 것은 더욱 어렵다. 다만 농민을 포함한 일반 일본인이, 쌀만 주식으로 할 만큼 쌀을 확보할 수는 없었다는 점은 짐작할 수 있다. 구하기 어려운 만큼 쌀을 얻고자 하는 욕망도 강하고, 쌀밥을 배불리 먹는 것은 꿈이기도 했다. 벼농사 기술이 발달하고 생산이 증가하자 밥을 많이, 반찬을 적게 먹는 것은 가난의 상징이 되었다. 풍요로운 식사는 반찬이 많은 식사라는 패턴이 생겨나 정착되었다. 풍요로운 시대의 풍요한 식생활로 쌀의 질적 가치는 변하지 않았지만 양적 가치는 확실히 줄어들었다. 식사다운 식사가 되기 위해서는 소량의 밥이 없어서는 안 되지만, 반면 밥의 양이 많은 식사는 생활 수준이 낮음을 드러내는 역설적 현상이 나타났다.

제4장

일본인의 세계관과 쌀

일본인의 식생활에서 쌀은 틀림없이 특별한 의미가 있다. 섭취량만으로 보면 모든 일본인에게 쌀이 가장 중요한 음식이었다고는 할 수 없지만, 의례, 경사 등 특별할 행사에 쌀은 필수적이었다. 많은 곡류 중에서 혼을 가진다고 생각했던 것은 쌀뿐이었고, 쌀만 엄격한 의식을 가지고 다루어졌다(柳田 1982e : 159~60). 쌀 이외의 곡류는 통틀어 잡곡이라고 불렀고 중요하지 않다고 보았다.

이 장에서는 주로 일본 고대에 초점을 맞추어 쌀이 서서히 그러나 충실하게 특별한 상징적 힘과 의미를 가지게 되는 역사적 과정을 살펴보겠다. 쌀이 특별한 지위를 얻은 근본적 요인은, 쌀이 상징적으로 신들과 동일하게 여겨지고 고대 천황제와 깊이 관련되기 때문이다. 『고지키(古事記)』(712년)와 『니혼쇼키(日本書紀)』(720년)는 천황제의 역사적 정통성 확립을 위해 덴무(天武) 천황(672~86년 재위) 시대에 편찬이 시작되었는데, 내용 중에 쌀이 특별한 중요성을 나타내는 신화적, 역사적 사례가 아주 많다. 쌀 이외의 곡물도 쌀과 마찬가지의 중요성을 가지고 제물로 사용된 예가 적지 않게 보인다. 그러나 기술한 양으로 보더라도 쌀이 유일하고 특별한 음식의 지위를 점차 획득했다는 것을 짐작할 수 있다.

1. 고대 천황제와 쌀

(1) 고대 천황제

벼농사가 일본에 전해지고 오진(應神) 천황에 의해 야마토에 첫 왕권국가가 성립된 4세기 말까지 6세기 가까운 시간이 흘렀다 (Waida 1975 : 319～20). 정치적, 경제적, 상징적 기초가 다져지기까지 왕권은 상당한 변화를 이뤘다. 천황의 장례 방식만 보더라도 마세(1985)가 지적하는 것처럼 8세기 초기를 경계로 그 전후에는 커다란 차이가 있다. 721년에 겐메이(元明) 태상 천황이 죽었을 때 일주일 후 시체는 화장하여 매장했다. 그러나 겐메이 천황 1대 앞인 몬무(文武) 천황의 경우 사망 후 6개월간의 모가리(殯 : 시체를 매장하기 전에 관에 넣어 빈소에 안치하는 의례—역주) 기간을 거쳐 매장이 이루어졌다. 이 모가리 기간은 수개월에서 길 경우에는 수년인 경우도 있는데 이 기간중 시체는 특별하게 지은 건물에 안치된다 (마세 1985 : 58). 이렇게 장기간 동안 어떻게 시체를 보존했는가에 대해서는 남아 있는 기록이 전혀 없다. 아마 부패하는 대로 두었을 것이다(마세 1985 : 58). 모가리에는 말이나 시종도 '희생' 되어 천황과 운명을 같이했던 것 같다. 또 모가리용 임시 건물에는 아소비베(遊部)가 무기를 들고 들어갔는데 이것은 죽음과 싸우는 것이 그들의 임무였다는 것을 상징적으로 나타내는 것이라 생각한다. 후에 정착된 오나메사이(大嘗祭), 즉 천황 즉위식—이에 대해서는 이 장의 후반에서 상세하게 살펴보겠다—과, 오랜 모가리 기간을 포함하는 고대 천황의 장례를 비교해 보면 본질적인 차이가 있다.

앞에서 말한 것처럼 『고지키』와 『니혼쇼키』에는 쌀의 상징적 중요성을 말해 주는 예가 풍부하다. 이것은 고대 천황제가 농경 중심의 상징적 세계 및 농경 주기에 기초한 의례를 서서히 근거 기반으로 만들었다는 것을 증명한다. 『고지키』와 『니혼쇼키』는 황실 중심의 일본사에 정통성을 부여하려는 의도로 편찬되었다(제6장 참조). 오랜 기간에 걸친 편찬 과정에서 수많은 역사 · 신화 해석이 나왔으나 하나의 해석으로 일관되지는 않는다. 이러한 수많은 역사 · 신화 해석이 존재한다는 사실은 당시의 농경 문화 자체가 상당히 다양성을 갖고 있었다는 것을 입증한다. 후에 궁정의 정식 의례가 된 쌀의 수확 의례도 원래는 민간에서 여러 가지 형태로 행해지던 의례를 모델로 하며 당연히 농경 주기에 기초한 고대 민중의 세계관과 연결된다(Ohnuki-Tierney 1991b 참조).

(2) 초기, 샤먼으로서의 천황

벼농사를 기반으로 한 왕권은 이윽고 천황제의 골격으로 확대되고 충실해졌다.[22] 당시 벼농사 문화를 권력의 기반으로 하는 유

22) Tsunoda and Goodfich(1968 : 14~5)에 의하면 위지왜인전(魏志倭人傳)에서 볼 수 있는 일본의 여성 통치자 히미코는 마술, 요술로 사람들을 다

력자는 천황을 포함한 샤먼적인 권력자로, 수확을 보장하는 초자연적 능력을 가졌다고 믿었다. 따라서 각지의 정치 권력자는 매년 수확 의례의 사제를 담당함으로써 자신의 정치적 권력 · 지위의 정통성을 쇄신하는 동시에 자신의 재생과 힘의 갱신을 다졌다(村上 1977 : 4~6). 이때 천황은 유일한 최고위의 사제이며 민중을 대신하여 새로운 쌀의 수확을 신에게 제사드리는 이나다마(稻魂)의 주재자였다고 보는 연구자가 많다(赤坂 1988 ; 洞 1979, 1984 ; 井上 1984 ; 宮田 1988 : 190~4, 1989 ; 村上 1977, 1986 ; 岡田 1979 ; 山折 1978 ; 柳田 1982d). 일본 왕권의 성격은 어디까지나 종교적인 것으로, 정치적 토대만으로 성립되지 않는다는 견해는 무라카미 등 맑스주의 연구자에게도 받아들여진다.

천황을 포함하는 고대 유력자가 행한 농경 의례가 종교적 성격에 더하여 정치적 · 경제적 성격도 동시에 겸했다는 것은 당시 율령제의 사상적 기반이었던 '마쓰리고토'(政자를 풀어 쓴 말로 제정일치 시대의 政事의 의미—역주)라는 단어에 명확히 표현되어 있다(Kitagawa 1990 : 138~89도 참조). 오리구치(折口 1975a : 160~1, 1975b : 175~7, 1983 : 275~7)는, '마쓰리'란 원래 '요스쿠니노 마쓰리고토(食國の政)'에서 나온 말로, 신들이 '드시는 음식을 만드는 나라'를 의미한다고 말한다.[23] 바꿔 말하면 당시 국가 체제에서

루었다고 한다. Sansom 1943 : 29도 참조.

23) 오리구치는 제사지낸다는 말에는 복종의 의미가 있다고 한다. 따라서 신이 내린 명령에 대한 복종이 그 전제에 있다고 한다(折口 1975b : 176~9). 정부는 신에게 바치는 물품으로 전국 각지에서 새로 수확한 쌀

음식 자체와 음식을 만들어 먹는 행위는 극히 본질적인 것이며, 그런 의미에서 쌀이 음식 일반을 상징한다는 것이다.

천황이 행하는 의례는 그 시대를 반영하며 특히 대정봉환(大政奉還 : 1867년 메이지 천황이 즉위하자 몇몇 조정 중신이 중심이 되어, 권위가 떨어진 막부를 추출하고 왕정 복고를 추진한 사건—역주)에 이은 메이지 유신에는 여러 가지 요소가 가미되었는데 그중 핵심을 이루는 것이 모두 쌀의 수확과 관련된 것이었다는 점에는 변함이 없다. 니나메사이(新嘗祭), 오나메사이(大嘗祭), 간나메사이(神嘗祭)[24] 등이 여기에 해당한다. 매년 행해지는 니나메사이는 천

을 공출한다. 이것은 볍씨를 준 신의 명령에 따르며, 볍씨에 대한 보답으로 수확한 쌀을 공물로 바친다는 종교적 행위인 동시에 사람들로부터 수확한 쌀을 거둔다는 정치적 행위의 측면도 있다. 국가의 우두머리는 쌀의 성장 전반에 관심을 기울일 의무를 가지게 된다. 오리구치의 정사에 대한 해석은 폭 넓은 지지를 얻었다. 단지 천황제를 절대 군주제와 겹쳐서 파악한다든지 국수주의적 해석을 수용한다든지 하는 점에 대해서는 부정적인 반응을 얻었다.

24) 니나메사이와 오나메사이는 거의 같지만 간나메사이는 황거(皇居)에서 행해지는 것이 아니라 새로 수확한 쌀을 이세진구(伊勢神宮)에 바치는 의례이다(折口 1975b : 183).

7세기 후반까지 니나메사이와 오나메사이는 같은 것이었다. 니나메(新嘗)의 의미에 대해서는 몇 가지 해석이 있지만 일반적으로는 새로운 수확물을 맛본다는 의미이다. 오리구치(折口1975b : 180~1)에 따르면, 오나메(大嘗)라는 말은 오나메사이 전에 의례를 담당하는 사제인 천황이 금기를 지킨다는 의미의 '니헤노이미'에서 나왔다.

니나메와 오나메가 같은 황실의 수확 의례를 가리킨다는 점에 관해서는 대개 의견이 일치하지만 명칭에 대해서는 공히 니나메로 불렸다는 설(田

中 1988 : 29), 공히 오나메로 불렸다는 설(村上 1977 : 13) 등 제각각이다. 덴무 천황기인 673년 이후 니나메사이는 매년의 수확 의례를 가리키고 오나메사이는 새로운 천황의 즉위년에 행해지는 수확 의례를 가리켰다(村上 1977 : 13 ; 田中 1988).

오리구치가 1928년에 기술한 것에 따르면 오나메사이가 정착된 것은 동일본이 야마토 조정의 치하에 들어가기 전의 일인 것 같다. 그 근거는 오나메사이의 기록이 동일본에 전혀 언급되지 않는다는 데 있는데, 동일본에서는 신찬으로 사용되는 특별한 쌀을 재배하는 논을 선별하지 않았다고 한다(折口 1975b). 오리구치 설에 근거하여 요코타(横田 1988)는 오나메사이의 성립을 야요이 시대의 말기로 본다. 물론 더 후대로 보는 설도 적지 않다.

니나메사이에 대한 최초의 기록은 『니혼쇼키』의 진무(神武)기(기원전 660~585년간 재위했다고 되어 있다)경에 씌어진 것으로 진무 천황이 주재한 수확제로 언급하고 있다. 제신은 다카미무스비노카미(高御産巣日神)로, 일본을 건설하는 기초를 굳혔다는 주요 3신의 하나이다. 『니혼쇼키』의 22대 천황인 세이네이(清寧) 천황기의 기술을 보면 황실의 니나메사이가 정착한 것이 이 시기(480~84년 재위)의 일이었음을 알 수 있다. 천황은 새롭게 수확한 쌀을 수확제에서 바쳤는데 이것은 오니에(大贄)라 불렸다(三浦 1988 : 143 ; 村上 1977 : 12~3). 한편 우에다 겐지(上田賢治 1988 : 32)의 설에 따르면 니나메사이의 원형이 굳어진 것은 덴무 천황기이다. 어쨌든 헤이안(平安) 시대 초기까지 황실의 니나메사이는 정식 행사로 정착되었는데 그 원형인 민간의 수확 의례와는 현저히 다른 모습으로 바뀌었다(村上 1977 : 12).

이와 같이 니나메사이의 기원을 어떤 시대에서 찾을까에 대해서는 여러 가지 설이 있지만 오나메사이의 구조를 주의깊에 조사해 보면 기원을 정하는 것이 얼마나 어려운가가 한층 명확해진다. 오나메사이는 두 가지의 각각 다른 의례가 융합했기 때문이다. 각각 다른 두 신을 제사지내는 두 가지 의례가 융합하고, 게다가 천황가의 조상신으로서 아마테라스오미카미(天照大神)를 제사지낸 것은 야마토 조정이 충분히 자리잡은 후의 일인 것 같다.

황이 바뀌는 해에는 오나메사이가 되는데 이것은 즉위식에서 겐지토교(劍璽渡御)를 포함한 천조(踐祚) 의례와 즉위 의례에 이어 최후를 장식하는 중요한 의례이다.[25] 다음에는 천황의 3대 의례 중에

덧붙여 그 이전에는 오나메사이와 전혀 별개로, 중국에서 전해진 즉위 의례가 행해졌다. 간무(桓武) 천황(781~806년 재위) 시대에 중국에서 전해진 즉위 의례가 정식으로 정착했다. 그와 함께 오나메사이는 정치적 의미를 가진 의례라기보다는 제전으로 인식되었다. 극히 초기의 오나메사이에는 천조의 예(왕위를 물려주는 의례—역주)를 포함하여 소위 세 종류의 신기(神器)인 거울, 검, 마가타마(勾玉 : 고대 장신구의 하나로 끈에 꿰어 목에 거는 구부러진 옥돌—역주)가 새 천황에게 주어졌다. 거울, 검, 마가타마가 야요이 시대 호족의 묘에서 발견된 사실에서 이것들이 당시의 황족, 정치 지도자의 상징이었다는 것을 알 수 있다. 어떻든 이 천조(踐祚)의 예(禮)는 후에 오나메사이와 나뉘어 독자적인 의례로 확립되었다. 그렇기 때문에 헤이안 초기 이래, 즉위 의식은 천조, 즉위의 예, 오나메사이의 3부로 구성되었다. 전 천황의 죽음에 곧바로 이어지는 것이 천조이며 이에 따라 세 종류의 신기는 바로 새 천황에게 이어진다. 이와 같이 천조만 즉시 행해지는 이유는 일본의 독특한 부정 개념 때문이다. 중국이나 조선에서는 전 수장의 죽음에 이어 새 수장의 즉위식이 행해진다. 그러나 전 천황의 죽음으로 생긴 부정을 꺼리는 일본에서는 부정이 적절한 황실의 장례에 의해 정화된 뒤에야 비로소 즉위의 예가 행해지고, 새 천황의 즉위가 정식으로 인정되는 것이다(井上光貞 1984). 7세기 중엽 덴무 천황 시대 이래, 이같이 많은 변화를 거쳐 온 오나메사이이기는 하지만 새 천황의 즉위에는 절대 빠질 수 없는 의례로 충실히 뿌리를 내렸다는 것에는 이론의 여지가 없다(村上 1977 : 21~2). 실제로 오나메사이의 절대적 중요성은 조정 밖의 장군가에도 인식되어서 천황의 즉위를 정통화하기 위해 오나메사이를 행하는 비용을 막부가 원조한 일도 있었다.

25) 황실의 의례 일반에 대해서는 니나메연구회 편 1955 ; 櫻井勝之助 1988 ; 田中卓 1988 ; 上田賢治 1988 ; 山本 · 佐藤 외 편 1988 : 224~31 ; 橫

서도 가장 중요한 오나메사이를 중심으로 살펴보기로 한다.

(3) 오나메사이—즉위식[26)]

원래 민간의 수확 의례를 기본으로 해서 생긴 오나메사이(柳田 1982c : 133~4)가 현재와 같은 형태를 갖추기까지는 오랜 기간이 걸렸다. 오나메사이가 기술된 최초의 역사적 기록은 세이네이(淸寧) 천황(480~84년) 치하의 것이라고 한다(三浦 1988 : 143). 오나

田 1988을 참조할 것. 또 황실의 의례에 대한 영문판 문헌으로는 Ebersole 1989 ; Ellwood 1973 ; Holtom 1972 ; Mayer 1991 등이 있다

26) 이 책에서는 오나메사이를 종래의 관례에 따라 오나메사이라고 하지만 지금은 다이조사이로 읽는 것이 일반적이다. 오나메마쓰리(전체를 훈독으로 읽는 방법) 또는 오니에마쓰리로 읽는 경우도 있다(Bock 1990 : 27).
즉위가 7월 이전에 행해지는 경우 오나메사이는 그 해에 행해지지만 8월 이후인 경우에는 다음해에 행한다. 그러나 전 천황이 살아 있는 동안에 황위를 물려주지 않고 죽음으로 대가 바뀌는 경우에는 상의 기간을 두기 위해 오나메사이는 다음해 11월에 행해졌다. 과거에는 오나메사이의 택일을 11월의 묘일(卯日)로 정했다. 묘일이 3일 있을 경우는 '가운데 묘일'로 정했다(日田 1988 : 214). 메이지에 들어와서 태양력이 사용되고부터는 11월 23일로 정해졌다. 장소는 계속 교토였지만 천도 이후에는 도쿄로 옮겨졌다. 메이지 천황의 오나메사이가 도쿄에서 행해진 것은 대정봉환(大政奉還) 후의 새 수도, 즉 도쿄를 정치의 중심으로 기초를 다지기 위해서였다. 유명한 오리구치의 "大嘗祭の本意"(1975)는 1926년 9월에 행해진 강연을 기본으로 한 논문이다. 당시는 다이쇼 천황이 사망하고 쇼와 천황의 오나메사이가 행해진 중간 시기에 해당한다. 오나메사이에 관한 영어판 논문은 Bock 1990 ; Ellwood 1973 ; Holtom 1972 등이 있다.

메사이의 제신은 천황제의 기초가 다져진 후에는 아마테라스오미카미(天照大神)가 되었다. 그러나 그 이전의 제신은 여러 가지 생산과 재생산을 담당하는 신이었다(折口 1975b : 236～7).[27]

오나메사이의 준비는 봄(2～4월)에 역점(易占)으로 유키덴(悠紀

---

27) 오리구치(折口 1975b : 178)에 따르면 제신은 천신이다. 또 천황을 '히노미코(日の神子)' 또는 '히쓰기노미코(日つぎのみこ)' 라고 부른다(折口 1975b : 194). 한편 무라카미(村上 1977 : 19)는 무스비노카미(産靈神)라는 여신을 원래의 제신으로 보는데 이것은 창조의 신이면서 재생산의 신이다(下中 1941b : 332～3). 무라카미(村上 1977 : 19)는 나아가 곡물의 혼이 보다 명확히 신격화되고 그것이 무스비노카미가 되었다고 생각한다. 천황이 남성인 것도 오나메사이에서 의례적으로 교합하는 상대가 여신이기 때문이라는 것이다.
한편 마쓰마에(松前 1977 : 105～6)의 설에 의하면 원래의 제신은 다카미무스비노카미(高御産巣日神)와 미케쓰카미(御饌都神) 두 신이었다. 앞에서 말했다시피 다카미무스비노카미는 일본 건국의 세 신 중 하나이지만(下中 1941a : 426) 동시에 농업의 생산과 재생산을 담당하는 신이기도 했다(松前 1977 : 97). 미케쓰카미는 음식물의 신이다(下中 1941b : 290).
다카미무스비노카미가 제신이었을 가능성은 충분히 있다. 아마테라스오미카미가 천황가의 유일한 정통의 조상신이 되기 이전 다카미무스비노카미도 천황가의 조상신이었기 때문이다. 원래 아마테라스를 숭배한 것은 이세(伊勢) 지방 사람들뿐이었다. 아마테라스를 원래는 해의 신(태양신)의 처라고 보는 설도 있다(예를 들면 西鄕 1984 : 87～90). 그것을 후에 천황가가 직계 조상인 여신으로 바꾸었다는 것이다. 이런 전환이 이루어진 시기를 6세기로 보는 설도 있고 7세기 후반으로 보는 설도 있다. 덧붙여 7세기 후반은 민간에서도 씨족신 신앙이 널리 정착한 시기이다. 이 점에 관한 설에 관해서는, 松前 1977 : 90～137 ; 坂本 외 1967 : 554를 참조.
필자의 생각으로 여신 아마테라스는 농업 생산을 담당하는 신이며 따라서 그 외의 생산 및 재생산을 담당하는 신들과 개념적으로 동등하다.

田)과 스키덴(主基田)을 선정하는 데서 시작된다(황실문화연구회 편 1988).[28] 이 특별 선정된 논에서 가을 오나메사이에 쓰일 쌀이 재배되는데, 쌀을 모든 부정으로부터 지키기 위해 많은 주의를 기울인다. 유키덴과 스키덴은 각각 교토의 남동과 북동쪽에 위치하도록 정해지는데, 그것은 일본국을 상징하기 위해서이다. 11월의 오나메사이를 위해 천황가와 일반인들 사이에서도 부정을 씻는 일련의 의례가 행해졌다. 헤이안 시대에 오나메사이는 11월에 나흘에 걸쳐 행해졌으며 의례는 11가지나 되었다(日田 1988 : 214 ; 倉林 1988 : 37). 오나메사이 때 행해진 일련의 의례는 시대에 따라 내용도, 걸리는 시간도 변화해 왔지만, 기본적으로는 다음의 네 가지 요소로 이루어진다. 혼의 재생을 기원하는 미타마시즈메사이(鎭魂祭), 새로운 천황이 신에게 새로 수확한 쌀을 바치는 신센(神饌) 또는 교센(供饌), 세 번째로 신과 천황이 신센을 나누어 먹는 나오라이(直會), 마지막으로 천황이 주최하는 정찬에 별석에 앉은 사람들이 제사에 썼던 음식을 나누어 먹는 연회가 있다(折口 1975b : 139 ; 吉野 1986 : 13~20).

이 중 해석하기 가장 어려운 부분이 미타마시즈메(鎭魂)인데, 이

---

28) 오리구치(折口 1975b : 185)는 니나메 · 오나메와 간나메사이와의 구별을 명확히 지적한다. 니나메사이, 오나메사이에서는 천황이 유키(悠紀)와 스키(主紀)의 논에서 수확한 쌀을 바치지만 간나메사이에서는 일본 각지의 논에서 수확한 쌀을 바친다. 그러나 오나메사이를 위해 고른 유키와 스키, 두 논이 상징적으로 일본을 나타낸다고 하면 오나메 · 니나메사이와 간나메사이와의 개념상의 차이는 없는 것이 아닐까? 물론 정치적으로 중요한 국체의 견지에서 보면 양자의 차이는 말할 것도 없이 명백하다.

것은 오나메사이의 공개 의식이 행해지는 전날 밤에 시작되어 당일 새벽까지 계속된다. 미타마시즈메는 완전히 비공개적으로 행해진다. 천황이 성스러운 침상에 마련된 이불에 누우면 가까이 하는 한 사람 혹은 두 사람의 여관(女官)(網野 · 上野 · 宮田 1988 : 52)이 이불을 뒤집어쓰고 엎드린 천황에게서, 이탈된 혼을 받고 새로운 혼을 불어넣는 의례를 행한다. 미타마시즈메는 극히 비밀리에 행해졌기 때문에 시대별로 내용이 어느 정도 다른가 등 자세한 것은 거의 밝혀지지 않았다. 오늘날에도 미타마시즈메에 대해 공개적으로 논의하는 것은 주저하는 면이 있다.

미타마시즈메에 대한 해석은 대략 세 가지가 있다. 첫째는 미타마시즈메로 혼을 재생시킨 천황은 다음날 오나메사이를 최대의 활력을 갖고 거행할 수 있다는 해석(村上 1977 : 15~6)이다. 둘째는 개첨역(介添役)인 시녀의 존재라는 의미를 중시하여 이 의식에서 천황은 시녀와 성교를 한다는 해석이다. 셋째는 세상을 떠난 이전 천황과 관련해서 전 천황의 유골이 침상에 눕혀져 있어서 전 천황의 혼이 새로운 천황으로 옮겨간다는 해석이다.

어떻든 미타마시즈메의 의미를 이해하기 위해서는 고대 일본에서 '혼'이 어떤 의미를 가지고 있었나를 알 필요가 있다. 오리구치에 따르면, 고대인은 "인간이 발휘하는 위력의 근원은 혼이며, 강한 혼이 붙으면 위력을 발휘하고 정력이 강해진다"고 생각했다(折口 1975a : 189). 이 혼은 몸에서 이탈하기 때문에 겨울에는 혼을 몸으로 불러들이고, 봄에는 재생된 혼으로 활동한다. 이것을 가리켜 '다마후리'라고 하는데, 후세에는 '다마시즈메'라고 불렀다. 요컨대 미타마시즈메는 쇠약해졌거나 이탈할 것 같은 혼을 다시 활성화시켜 천황의 신체에 집어 넣는 것이 최대의 목적이다.

앞에서 말한 두 번째 해석, 즉 개첨역의 시녀와 천황과의 성교를 진혼의 주요 요소로 보는 견해도 천황의 혼이 재생하는 것이 최대의 목적이다라는 해석과 모순되지 않는다. 고대 일본에서 생산과 재생산은 상징적으로 같은 것이었고 동시에 혼과 깊이 관련된다고 생각했다. '무스비(맺는다는 뜻—역주)'는 영혼을 몸에 고정시킨다는 의미도 있고, 낳는다, 생산한다는 의미도 있을 수 있다. 따라서 『만요슈(万葉集)』 등에서 많이 보이는, 실을 묶는다, 가지를 묶는다, 풀을 묶는다 등의 표현은 동시에 혼을 끌어안는다는 의례적 의미를 표현한다. 실제로 진혼에서는 천황의 몸에서 이탈될 것 같은 혼을 고정시키는 의미로 실을 묶는다(松前 1977 : 96~7). 또 '무스비'의 '무스'는 재생산, '비'는 생산 또는 햇빛 아래서 성장하는 것을 의미했다(Ebersole 1989 : 42, 56 ; 松前 1977 : 96~7). 천황이 시녀—성스런 여성—와 침상을 함께하는 것을 오늘날의 '성교' 관념과 동일시하는 것은 지나친 억지이다. 고대의 성교는 혼의 재생을 의미했고 그것은 농업 재생산에서 필수불가결한 조건이었다.

세 번째 해석은 오리구치(折口 1975b : 194)의 해석으로 이 견해에 의하면 천황은 천황가 특유의 혼을 가진 사람을 가리킨다. 오나메사이 의례에 의해 전 천황으로부터 분리된 천황의 혼은 새 천황의 몸으로 들어오며 이 혼의 계승으로 천황제의 지속이 정당화된다는 것이다. 오리구치에 따르면, 새 천황은 전 천황의 유해를 씹어서 영혼을 불러들인 것 같다고 한다(宮田와의 개인적인 서신교환으로부터).[29] 이 해석을 그대로 받아들이기에는 무리가 있지만 비교문화적 견지에서 왕권을 재고하는 중요한 계기가 된다. 천황 개개인이 아닌 왕위의 계승 또는 천황제 자체의 지속에 관해서는 이 장의 뒷부분에서 더 자세히 다루겠다.

미타마시즈메사이에 이어서 천황이 신에게 음식을 공양하는 신찬이 행해진다. 말할 것도 없이 신찬 중에서 가장 중요한 것은 앞에서 말한 유키덴(悠紀田), 스키덴(主基田)에서 생산한 햅쌀이다. 햅쌀로 지은 밥과 죽, 백주(白酒), 재나 검은 참깨로 색을 낸 흑주가 주된 공양물이다. 이 외에도 새로 수확한 조로 지은 조밥, 생선, 건어물, 과일, 국 등이 포함된다(황실문화연구회 편 1988 : 194~5 ; 村上 1977 : 18). 신찬식은 2시간 넘게 계속된다. 이후 천황과 신이 음식을 나눠 먹는 나오라이(直會)로 이어진다. 그리고 그 후 천황이 주최하는 연회가 베풀어지는데 모인 사람들과 천황이 함께 음식을 먹는 것으로 오나메사이는 마감된다. 쇼와 천황 때의 오나메사이는 연이틀에 걸쳐 행해졌다.

오나메사이에 대한 더 자세한 해석은 뒤에서 보기로 하고 다음 절에서는 일본인의 상징적 세계와 그 안에 있는 쌀의 의미를 보다 명확히 하기 위해 역사 · 신화의 틀에 주목해 보겠다.

---

29) 오리구치(折口 1975b : 195)는 혼에 대해 예리한 통찰을 전개했지만 성적 교합이라는 해석은 일축했다.

(4) 오나메사이와 역사 · 신화

말리노프스키에 따르면 신화는 행위나 의례의 청사진이다. 사이고(西鄕 1984) 등이 생각하는 것처럼 가장 오래된 2대 서적인 『고지키』와 『니혼쇼키』는 당시에 이미 행해지고 있던 황실의 수확 의례를 신화를 통해 정당화하려 했다고 볼 수 있다.[30] 『고지키』와 『니혼쇼키』는 오랜 기간에 걸쳐 구전으로 전해지던 역사 · 신화를 체계적으로 편찬한 것이다. 양자는 공통적인 부분도 많지만 서로 매우 다르게 해석하는 부분도 있어 양자를 계통적으로 비교하기는 어렵다.[31] 그러나 둘 다 천황가의 수확 의례를 핵심으로 한다. 두 가지의 에피소드를 소개한다.

유명한 "아메노이와야(天の石屋戶)" 이야기에서, 동생인 스사노오노미코토(素戔鳴尊)의 비행에 분노한 태양의 여신 아마테라스오미카미(天照大神)는 아메노이와야[32]에 몸을 숨겨 버린다. 이에 8백만 신들이 동굴 앞에 모여 노래를 하고 춤을 추는 대소동을 일으킨다. 아메노우즈메노미코토(天宇受賣命)가 현신한 상태로 젖가슴을 드러내고 춤추는 모습에 신들은 박장대소하면서 즐거워한다. 아메노

30) 오나메사이만을 취하여 역사 · 신화 간에 밀접한 관계를 맺는 것을 거부하고 즉위와 관련된 의례 전부를 하나로 역사 · 신화 간의 관계를 인정해야 한다는 설도 있다(日田 1988 : 215).

31) 이른 시대에 씌어진 것과 시대가 더 흐른 뒤에 씌어진 것이 섞여 있다.

32) 사이고(西鄕 1984 : 78~80)의 설에 따르면 아마테라스(天照)는 '동굴'에 '숨어' 있던 것이 아니라 석실, 즉 건물 안에서 의례적으로 이 세계로부터 몸을 격리시킨 것을 나타내고 있다고 한다.

우즈메노미코토는 아마테라스오미카미에게 밖에는 '너' 보다 숭고한 신이 있기 때문에 모두 기뻐하고 있다고 알린다. 자신보다 뛰어난 신이 누군가 보려고 아마테라스오미카미가 동굴 문을 연다. 신들이 매달아 놓은 8척 거울에 비친 자신의 모습을 보고 자신보다 뛰어난 신으로 착각해서 무심코 앞으로 몸을 내민 아마테라스오미카미를 남신이 밖으로 끌어낸다. 그래서 밝은 햇빛이 세상에 다시 돌아오게 된다(倉野 · 武田 편 1958 : 81~3).[33]

이 이야기의 가장 일반적인 해석은 아마테라스오미카미의 상징적인 죽음과 재생으로 보는 것인데(西鄕 1984 : 78~87 ; 折口 1975b : 198) 이것은 진혼에서 행해지는 천황의 혼을 재생하는 주제와 같다. 신화 속의 아마테라스오미카미가 그런 것처럼 진혼에서의 천황도 자신의 혼이 쇠약해져서 이탈되려는 동안 침상 속에 몸을 감추고, 다시 나타날 때는 새롭게 재생한 혼을 지니는 것이다. 마찬가지로 진혼에서 개첨역을 하는 시녀를 아메노이와야 앞에서 춤추는 아메노우즈메노미코토에 대응시킬 수도 있다(松前 1977 : 119 ; 村上 1977 : 15~6).

아메노이와야 이야기와 유사하게 "천손강림(天孫降臨)" 이야기도 또한 황실의 수확 의례에 정통성을 부여하는 데 기여했다. 여기서는 이불을 뒤집어쓴 천손, 즉 니니기노미코토(邇邇藝能命)가 아마테라스오미카미에 의해 지상에 파견된다.[34] 이 이야기는 진혼에

33) 이 에피소드는 『고지키』나 『니혼쇼키』 제1권에 씌어 있다.

34) 『니혼쇼키』에 의하면 천손인 니니기노미코토를 이불로 싸서 지상에 파견한 것은 아마테라스가 아니라 다카미무스비노카미이다.

서 천황이 이불을 뒤집어쓰는 의례와 맞물린다.

(5) 역사 · 신화 속의 벼의 신들

『고지키』와 『니혼쇼키』에는 오나메사이뿐 아니라 벼와 쌀에 관련된 이야기, 벼의 신들에 대한 이야기가 다수 실려 있다. 이나다마(稻魂)는 분명히 신으로 다루어지며 우카노미타마(宇介能美拕磨)라고 불린다[35](坂本 외 편 1967 : 98 ; 柳田 1982d도 참조). 『니혼쇼키』에는 곡류의 시초에 관한 이야기(坂本 외 편 1967 : 100~2)로 다음과 같은 대목이 있다. 우케모치노카미(保食神)가 머리를 돌려 얼굴을 지상으로 향했더니 입에서 밥이 나오고, 얼굴을 바다로 향했더니 입에서 크고 작은 물고기가 튀어나오고, 얼굴을 산으로 향했더니 입에서 사냥감들이 나왔다. 이 신이 살해되었을 때는 시체에서 여러 가지 먹을 거리가 나왔다. 배에서는 벼가, 이마에서는 조가, 눈에서는 수수가 그리고 음부에서는 보리와 콩이 나왔다. 눈과 음부가 신체 기관 중에서 중요한 것은 분명하지만(Ohnuki-Tierney 1987 : 42~3), 일본인에게 신체 중에서 제일 중요한 것은 배이다(大貫 1985 : 85~9). 일본인은 혼이 배에 머문다고 생각했다. 할복할 때는 배를 가름으로써 혼을 해방시킨다는 뜻이 포함되어 있고 또 태아가 성장하는 장소인 배에는 생명 자체가 머문다고 생각했

35) 우키노카미(宇賀神)는 우카노미타마라고도 불리는데 우카는 우케, 즉 곡물의 의미이기 때문에 마찬가지로 곡물의 신을 의미한다.

다. 이와 같이 배가 일본인에게 특별히 중요한 의미를 가진 기관임을 감안하면 벼가 신의 배에서, 다른 곡류가 그 외의 기관에서 나온 것으로 씌어진 것은 정말 흥미롭다. 적어도 쌀이 다른 곡물과는 다른 특별한 의미를 가진다는 것을 보여 주는 대목이다.

벼가 특별한 지위를 점하고 있었다는 결정적인 증거는 『니혼쇼키』의 같은 대목에 아마테라스오미카미가, 조 · 수수 · 보리 · 콩은 '밭종자'라 하여 '아오히토쿠사(蒼生)', 즉 백성이 먹는 것이라 하고, 벼만 '논종자'라 하여 '아마노사나다(天狹田) 및 나가타(長田)'에 심었다고 기록되어 있는 점이다. 하늘의 신들 · 천황가, 즉 지배자에 속한 벼와 '풀이 무성해지는 것처럼 번창하는 백성', 즉 피지배자가 먹는 잡곡과의 대비가 확연히 드러난다.

『니혼쇼키』에는 이자나미(伊奘諾尊)와 이자나기(伊奘冉尊)가 오야시마노쿠니(大八洲國)의 건국을 마친 후 아이를 낳는 대목이 있는데 그 이름이 우카노미타마노미코토(倉稻魂命)이다(坂本 외 편 1967 : 90 ; 伊藤 1979 : 162~3 ; 大林 1973 : 8). 한편 『고지키』에 나오는 벼의 신은 아마테라스오미카미의 동생, 스사노오노미코토(素戔嗚尊)의 아들이다. 어떻든 이나다마(稻魂)가 일본의 천지창조 이야기와 깊이 관련되어 있는 것은 분명하다.

『고지키』에는 아마테라스오미카미가 천황가의 선조신이라 되어 있는데 아마테라스오미카미는 마사카쓰아카쓰카치하야히아메노오시호미미노미코토(正勝吾勝勝速日天忍穗耳命)라는 곡물혼의 어머니로 불린다(倉野 · 武田 편 1958 : 125). 천손강림에서 아마테라스오미카미는 니니기노미코토에게 하늘에서 기른 오곡의 씨앗을 주었는데 이 씨앗은 음식물을 담당하는 우케모치노카미가 아마테라스오미카미에게 보낸 것이다(倉野 · 武田 편 1958 ; 村上 1977 : 13). 그리고 그 씨앗을 가지고 지상에 내려온 니니기노미코토는 거친 땅을 개척하여, 벼이삭이 영글고 오곡이 무르익는 기름진 땅으로 만들었다.

『고지키』에는 니니기노미코토가 아름다운 여성과 결혼하여 호데리노미코토(火照命)와 호오리노미코토(火遠理命)라는 두 명의 자식을 두었다는 이야기가 실려 있다. 형인 호데리노미코토는 우미사치비코(海幸彦)라고도 불렸는데 어로에 종사하고, 동생인 호오리노미코토는 야마사치비코(山幸彦)라고도 불렸고 수렵에 종사했다. 형제는 잠시 동안 어로 도구와 수렵 도구를 바꾸어 서로 상대방이 전문으로 하는 일을 해 보기로 했다. 그러나 동생인 야마사치비코는 형에게 빌린 낚시바늘을 잃어버리고 말았다. 형은 무조건 돌려달라고 했다. 그래서 야마사치비코는 낚시바늘을 찾으러 해저로 가서 그곳 궁전에서 해신의 딸과 만나 결혼한다. 여기서 태어난 자식이 초대 천황인 진무(神武)의 아버지이다(倉野 · 武田 편 1958 : 135～47 ; 西鄕 1984 : 168). 진무 천황의 즉위년은 기원전 660년이다.[36]

이 이야기 속에서는 바다가 아니라 육지를 담당하는 동생인 야마사치비코가 천황가의 조상이 되는데 그 별명인 아마쓰히코히코

36) 즉위 후에는 가무야마토이하레비코노미코토(神倭伊波禮毘古命)로 불렸다(倉野 · 武田 편 1958 : 147).

호호데미노미코토(天津日高日子穗穗手見命)는 '많은 벼이삭이 달린 태양신의 아들'이라고 해석할 수 있다(倉野 · 武田 편 1958 : 135). 그러나 동생인 야마사치비코의 별명에서 나타나는 벼농사의 궁극적인 우세는 오랜 세월에 걸친 성과이다. 그것은 아마테라스오미카미의 증손자대가 되어도 종사하는 일은 벼농사뿐만 아니라 '수렵'으로 묘사되기 때문이다.

이제까지 보아 온 것처럼 일본의 역사 · 신화에는 천황의 계보라든가 내용이 다른 이야기가 많다. 어떻든 그 중심 테마는 우주 창조가 아니라 아시하라노나카쓰쿠니(葦原中津國)라고 불리는 황야를 아마테라스오미카미의 지시에 따라 벼이삭이 풍요롭게 열리는 나라 '미즈호노쿠니(瑞穗國)'(일본에 대한 미칭으로도 쓰인다—역주)로 바꾸었다는 데 있다. 그리고 아마테라스오미카미의 직계 자손임을 칭하는 천황이 대대로 쌀의 수확 의례를 담당하는 최고위 사제로서 나라를 다스려 왔던 것이다(西鄕 1984 : 15～29, 가와소에 1980 : 86).

이렇게 하여 고대에 서서히 상징적 중요성을 가지게 된 쌀의 특별한 지위는 현대에도 변하지 않는다. 예를 들어 돗도리(鳥取)현 고후(江府)시에서 미야타가 1986년에 채록한 민간 전승이 있다. 어떤 유복한 집을 방문한 스사노오노미코토(素戔嗚尊)는 그 집의 냉대에 분개하여 천연두신을 그 집에 잠입시키려고 했다. 그러나 천연두신이 가 보니 집이 볏짚으로 꼰 새끼로 둘러쳐져 있었다. 볏짚으로 둘러싸인 곳은 신성한 공간이기 때문에 천연두신은 안으로 들어갈 수가 없었다. 돌아가서 스사노오노미코토에게 보고하니 스사노오노미코토는 다시 돌아가서 새끼를 조사해 보면 밀짚으로 된 부분이 틀림없이 있을 것이라고 가르쳐 주었다. 천연두신이 잘 살펴보니 역시 그런 부분이 있어 그곳을 통해 집안으로 들어가 일가를 병들게 하여 전멸시켰다고 한다(宮田 1988 : 193). 일반적으로 벼가 오곡의 왕으로 불리는 것도 벼의 우수성을 나타낸다.[37]

2. 화혼(和魂)으로서의 쌀

(1) 신들의 재귀성의 구조

오늘날 학자들간에 이루어지는 일본의 신들에 관한 해석의 주류는, 신에는 니기미타마(和魂)와 아라미타마(荒魂)가 있다는 것이다. 신이 상호보완적인 대립적 성격과 이원성—선과 악, 창조와 파괴—을 가진다는 해석이다. 일본 신들의 이원성을 '마레비토'[38]라는 개념을 사용해서 최초로 지적한 것은 오리구치(折口 1965a : 78~82, 1965b : 33~5, 1976a : 303~17)이다. 오리구치에 의하면

37) 왕이 반드시 남성을 의미하진 않는다는 것은 말할 것도 없다. 쌀신은 여성신이기 때문에 여기서는 오히려 여성이라고 해석하는 것이 옳다.

38) '마레비토'에 대해서는 肥後 1942 : 103~4 ; 松平 1977 ; Ouwehand 1958~59 ; 鈴木 1974, 1979 ; Yamaguchi 1977 ; Yoshida 1981 등이 참고가 될 것이다. 오늘날에도 이어지는 마레비토 개념에 대해서는 현대 일본의 마쓰리를 예리한 통찰력으로 분석한 히고(肥後 1942)와 마쓰다이라(松平 1977)를 참고.

마레비토는 고대 일본의 신으로 바다 저편 불로불사(不老不死)의 땅에서 정기적으로 마을들을 방문하던 존재이다. 이 신은 마을에 행운을 가져다 주었지만 동시에 마을에 위협이 되는 힘도 가지고 있었다. 일본의 신들은 원래 자연적 존재, 즉 자연 자체였기 때문에 이러한 신들의 이원성은 그대로 자연 현상이나 자연 속에 살고 있는 존재에게도 인정되었다.

재귀성의 관점에서, 마을 밖 또는 일본 밖에서 들어오는 외래신 마레비토는 일본인에게는 기호론적으로 '타자'이다. 이 타자는 단적으로 말해 일본인 자신의 초월적 자기, 즉 단순한 반영적 자기라기보다는 한 단계 위의 추상적 차원에 존재하는 '자기'와 상징적으로 동등하게 위치한다. 따라서 이원성을 가진 마레비토 신은 스스로의 내부에서 이원성을 감지하는 일본인 자신의 모습을 투영한 것이다. 일본인이 의례를 통해서 신들의 니기미타마, 즉 정(正)의 힘을 끌어내려는 것은 일본인 자신이 가지고 있고 신들도 갖고 있는 부(負)의 힘인 아라미타마의 존재를 잘 알고 있기 때문이다. 그리고 이 자기와 타자의 구조 때문에, 일본인은 자신을 오염에서 지키기 위해 신들로부터 니기미타마, 즉 정화된 힘과 창조적 힘을 받든지, 아니면 재물을 바침으로써 자신의 부정을 씻어내야 했다 (Ohnuki-Tierney 1987). 이와 같이 의례의 목적은 자신의 생명과 활력이 쇠약해지거나 오염되지 않도록 하기 위해 신들로부터 니기미타마를 받아 생명과 활력의 재생을 도모하는 데 있다.

어떻든 마레비토 신이 재귀적 타자의 기본적 모델이라는 틀로 정화, 자기 재생 및 그 재귀성의 과정에 존재하는 상징적 관계를 검증함으로써, 일본 문화에서 거울의 은유가 보다 명확해진다. 『니혼쇼키』와 『고지키』에는 거울이 중요한 역할을 하는 사례가 적지 않게 나온다. 하늘의 동굴에 몸을 감춘 아마테라스오미카미가 지상에 다시 모습을 나타낸 것, 즉 재생한 것은 아마테라스가 거울에 비친 자신의 모습에 흥미를 느껴 몸을 드러냈기 때문이다. 그럼으로써 일본인의 세계에도 빛이 되돌아와서 세계는 재생했다. 여기서 아마테라스오미카미가 거울 속에서 본 것은 아마테라스 자신의 초월적 자기였다고 생각할 수 있지 않을까? 바꿔 말하면 아마테라스오미카미와 일본 세계의 재생에 결정적인 역할을 한 것은 거울이며, 더욱이 그 거울에 비친 것은 한 단계 높은 추상 단계에 존재하는 자기의 상징이었던 것이다. 『니혼쇼키』에는 거울을 신의 상징으로 취급하는 이야기가 수없이 나온다(坂本 외 1967 : 88, 146, 555, 570~1). 백동경(白銅鏡)에서 태어난 두 신의 이야기도 그 예에 해당한다(坂本 외 1967 : 88).

『니혼쇼키』와 『고지키』뿐 아니라 다른 민속지 자료에도 거울이나 물에 비친 모습을 신으로 여기는 이야기는 많다. 거울이 초자연적인 힘을 끌어낸다고 믿었던 것은, 고훈(古墳) 시대의 하니와(埴輪)라고 불리는 인물상 가슴에 거울을 달고 있는 것으로도 추측할 수 있다. 거울을 달고 있는 인물상은 고대의 샤먼을 상징한다(柳田 편 1951 : 94). 오늘날에도 거울을 신체(神体)로 섬기는 신사가 있다는 것은 새삼 지적할 필요도 없다. 더 나아가 일본 전국에 걸쳐 골짜기, 못, 산, 구릉, 바위 등의 이름에 '가가미(거울)'가 붙어 있는 예는 수없이 많다. 이러한 장소는 성스런 공간이며 거기에는 초자연적 힘이 깃들어 있다고 생각했다(柳田 편 1951 : 94).

(2) 신으로서의 쌀

쌀 한 톨 한 톨이 혼을 가지고 있고 혼이 낟알 속에 들어 있다는 생각은 일본을 비롯하여 쌀이 '주식'인 많은 문화에서 공통적으로 보인다. 그래서 정미는 먹기 직전에 하는 것이 옛날부터 내려온 풍습이었다. 낟알의 껍질을 일찍 벗겨 버리면 쌀알은 혼을 잃고 생명 없는 쌀이 되기 때문이다.[39)]

앞 절에서 본 것처럼 쌀에 혼이 있다는 생각은 역사 · 신화 속에 수없이 등장하며 시간이 흐를수록 더욱 강해졌다. 아마테라스오미카미가 자손을 지상에 파견한 목적은 황야를 기름진 벼논으로 만들기 위해서였다. 쌀은 신 자체였다. 이름에 쌀, 벼, 잘 영근 쌀의 의미를 포함시킨 신도 많다. 필자 생각에 쌀의 혼은 단지 신에 해당

---

39) 오늘날 쌀에 혼이 있고 낟알 안에 쌀이 살아 있다고 진정으로 믿는 일본인은 거의 없다. 그렇지만 농가에서는 낟알째로 쌀을 저장하며 먹을 분량만 조금씩 정미하여 사용한다. 도시의 주부도 대개는 신용 있는 가게에서 정미한 지 얼마 안 되는 새 쌀을 먹을 만큼만 산다. 햅쌀이 들어오는 가을에 매년 특별 주문이 쇄도하는 것도 새 쌀에 특별한 가치를 부여하기 때문이다. 그러므로 정부가 과잉 생산한 묵은 쌀을 판매하려고 했을 때 농업정책에 대한 비난이 빗발쳤다(長谷川 1987). 오늘날에도 일본인은 햅쌀을 중시하고 묵은 쌀을 싫어하는데 그 이유는 쌀의 혼 때문이 아니라 맛과 향 때문이다. 이것은 일견 합리적인 설명이지만 무의식 속에선 아직도 쌀을 전혀 생명 없는 물건으로 보는 것 같지는 않다. 쌀은 일본인에게 특별한 의미를 가진 음식이며 또 특별한 힘을 제공하는 원천이기도 하다.

한다기보다는 신의 니기미타마에 해당한다. 앞에서 말한 것처럼 대체로 신은 니기미타마와 아라미타마라는 이원성을 갖고 있지만 벼논의 신이 가진 것은 니기미타마뿐이다. 가뭄이나 홍수로 논을 파괴하는 것은 논의 신이 아니라 물의 신 아라미타마의 힘이다.[40)]

이렇게 보면 다음과 같은 상징적 등식을 생각할 수도 있다.

쌀=혼=신=니기미타마(평화적, 창조적, 정〈正〉의 힘을 가진 신)

(3) 생산, 재생산, 음식, 의례, 국체(國體)

니기미타마 · 아라미타마로 표현되는 이원성은 유동적인 것으로 새로운 힘을 외부에서 정기적으로 받아들이지 않으면 쇠약해지고 만다. 사람들도, 공동체도 신들의 니기미타마를 받아들임으로써 스스로 재생, 활성화를 도모해야 한다. 방법은 두 가지가 있다. 하나는 의례를 행하는 것이고 또 하나는 음식을 직접 섭취함으로써 그 힘을 몸으로 끌어들이는 방법이다. 쌀을 먹음으로써 일본인은 쌀신의 힘을 몸으로 받아들여 그것을 신체의 일부로 만들고 성장력의 원천으로 삼았다.

쌀의 형태를 가진 신의 혼과 힘은 결코 정적인 물체가 아니다. 쌀로 모습을 드러내는 신의 힘은 '성장', 즉 일본인의 세계를 변화시키는 에너지, 그리고 이원적 우주에 활력을 부여하는 에너지를 상징한다. 구체적으로는 농업 생산에 활력을 주는 원천이며 쌀을

40) 야나기타는 벼 혼과 조상신을 동일하게 보지만 주지하다시피 후자는 논의 신이다.

먹는 사람들에게는 신체의 성장을 위한 힘의 원천이기도 하다. 따라서 쌀과 관련된 여러 의례는 민간이나 황실이나 마찬가지로 농업 생산 주기의 절기—볍씨 담그기, 모심기, 벼베기—에 행해진다.

이렇게 보면 '하레' (성스러운, 특별한 것—역주), '게' (일상, 세속적인 것—역주), '게가레' (오염된 상태—역주)의 개념이 농경 생활의 주기에 기초한다는 사쿠라이 도쿠타로(櫻井德太郎 1981)의 설은 수긍이 간다. 농민들이 일반적으로 사용하던 '게'는 지금까지 '속(俗)'이라고 해석되어 아무 힘도 없는 상태로 보았으나 사쿠라이는 이것을 발아, 성장에 빼놓을 수 없는, 종자에 스며들어 있는 에너지를 가리키는 것이라고 생각한다. 농민의 일상 생활은 '게'의 생활, '게'의 날이라고 일반적으로 표현하지만 여기에도 불가사의한 애니미스틱(사쿠라이가 사용)한 에너지가 스며 있다고 본다. 그리고 '게'의 성장 에너지가 약해졌을 때에는 '하레' 의례를 행하여 재활성화를 도모해야 한다. 사쿠라이에 의하면 '게'가 쇠약해진 상태가 '게가레'로, 즉 '게'가 말라 버리면 '게가레'가 되는 것이다. 지금까지는 '게가레'를 성스런 상태인 '하레'와 정반대인 부정한 상태라고 보았지만 사쿠라이의 설은 이것을 근본적으로 고쳐서 '게가레'란 일상적인 상태인 '게'가 쇠약해진 상태라고 주장한다. 이 책에서 니기미타마를 재생력의 원천으로 보는 해석도 사쿠라이의 해석과 방향을 같이한다.[41]

---

41) 서구 학계의 성 · 속 논리로 일본의 하레, 게, 게가레를 논하는 것은 흥미롭지만 이 책에서 다룰 수 있는 범위를 벗어난다고 생각한다(하레, 게, 게가레에 대한 논고는 Ohnuki-Tierney 1987 : 140~9를 참조).

고대의 '무스'는 재생산과 햇빛 아래서의 성장이라는 두 가지 의미가 있었다. 여기서 주의해야 할 것은 다른 여러 문화와 달리 일본인의 상징적 세계에서는 작물 성장력의 원천인 태양이 여성신이라는 사실이다.[42] 그러므로 혼의 재생과 성교는 상징적으로 같은 것이며, 생산과 재생산도 상징적으로 같다고 볼 수 있다. 그 외에도 쌀과 재생산 간의 깊은 상징적 관계를 보여 주는 예는 적지 않다. 다른 곡물의 신들처럼 쌀의 신도 여성이다. 야나기타는 곡물의 신이 여성이라는 사실과, 늦어도 10세기경에 시작되어 오늘날에도 각지에 남아 있는 분만실에 쌀을 뿌리는 의례의 관계에 주목한다. 그리고 옛날에는 곡물의 싹이 트는 것과 인간의 탄생을 같은 것으로 파악했다고 결론짓는다.[43] 여기서도 농업의 생산과 인간의 재생산, 즉 탄생 · 성장을 같은 것으로 본다.

이것을 천황과 관련지어 보면 쌀의 수확 의례는 개인적으로도, 정치적으로도 중요한 통과 의례이다. 수확 의례로 천황은 자신의 혼과 더불어 새로운 정치적 힘을 얻는다. 정치적 힘이란 앞에서 보았듯이 정사를 담당하는 힘이며 상징적으로는 신들에게 바칠 음식을 생산하는 힘이다.

---

42) 다른 문화를 보면 태양이 남성, 달이 여성인 곳이 압도적으로 많다. 이와 대조적으로 일본의 신화에서는 아마테라스의 남동생인 쓰키요미노미코토(月讀尊)가 달로 되어 있다.

43) 야나기타는 쌀에 관한 논문을 상당히 많이 썼지만 이 책의 내용과 깊이 관련된 것으로는 1981b, 1982a, 1982d, 1982e를 들 수 있다. 또 伊藤 1979, 1988도 참조.

또 일본인의 자기 구조를 중심에 놓고 생각해 보면 쌀의 섭취, 국체 또는 정사, 쌀의 생산, 쌀의 수확 의례, 인간의 재생산, 즉 탄생 · 성장 이들 모두가 상징적으로 같은 의미이다. 모두가 신의 니기미타마를 받아들임으로써 일본인으로서의 자기를 재생, 활성화하는 기능을 하기 때문이다. 의례와 동일하게 여겨지는 것으로는 다음과 같은 등식이 가능하다.

음식의 섭취=의례=농업 생산=인간의 재생산=국체/정사

(4) 자기의 교환으로서의 수확 의례

쌀은 신이기 때문에 쌀을 재배하는 것과 쌀을 먹는 것을 단순히 생산 또는 섭취 행위만으로 파악할 수는 없다. 쌀을 먹는 행위는 종교적 의미를 가진 행위이며 따라서 당연히 의례를 수반한다. 앞에서 보았듯이 황실의 수확 의례 및 『니혼쇼키』와 『고지키』로 대표되는 역사 · 신화의 기본 주제는 샤먼인 천황이 일반 사람들의 대표로서, 신들로부터 볍씨를 받았다는 원초의 이야기이다. 그리고 사람들은 그 볍씨를 재배하여 생산한 쌀을 신들에게 바친다. 신들에게 바친 햅쌀은 신들과 천황이 함께 먹고 천황과 일반 사람들이 함께 먹음으로써 모두에게 나누어진다.

그렇다면 수확 의례는 상징 세계에서의 증여 교환 의식으로 볼 수 있다. 즉 신들로부터 천황이 받은 원초의 볍씨에 대한 보답으로 새로 수확한 쌀을 돌려 주는 것이다. 이때의 교환은 신들, 천황, 일반인들이 음식물을 나눠 먹는 공식(共食)의 형태로 행해진다.

또 다른 견해에 따르면 수확 의례는 상징 세계에서 혼과 신체를 교환하는 행위이다. 쌀의 혼은 니기미타마이므로 쌀을 인간에게 제공함으로써 신들은 스스로의 혼을 제공한다. 호카트(Hocart 1970〈1936〉: 203)가 제시한, 영혼 속까지 침투한 '신체 정치(body politics)' 개념을 여기에 적용시킬 수 있다. 쌀의 생산을 단순한 경제적 행위로 볼 수는 없다. 쌀의 모습으로 드러난 혼과 신체가 이렇게 최종적으로 교환된다.

이미 밝혀진 것처럼 여기서 말하는 증여 교환은 우리가 일반적으로 사용하는 의미에서의 증여 교환은 아니다. 물건이 교환되는 것도, 폐백으로 무언가를 바치는 것도 아니다. 일본의 신들이 먼저 자기 자신을 인간에게 제공함으로써 교환이 시작된다. 볍씨 형태로 신 자체를 받아들인 인간은 이것을 소중하게 길러서 쌀로 열매를 맺는다. 그러므로 이 교환은 단순한 '신용에 기반을 둔' 교환, 즉 '일반 교환(generalized exchange)' (Lévi-Strauss 1969a : 265)이라기보다는 신과 인간 사이에 행해지는 혼과 신체와의 교환이다. 여기서는 상대에 대한 신뢰의 표현으로 스스로를 증여물로 제공한다. 모스가 말하는 "인간은 자기 자신을 증여물로 한다"(Mauss 1966 : 45)는 것에 가깝다.[44]

한 단계 더 추상화하면 농업 생산과 인간의 재생산(탄생 · 성장)이 추상적으로 같은 의미이기 때문에 수확 의례는 볍씨, 혼, 정액의 교환에 의해 전우주적 규모로 행해지는 생산 · 재생산으로 볼 수

44) 단 증여의 성질에 관한 모스의 입장은 일관되지 않고 '순수한 증여' 라고 정의할 때가 있으며 증여를 상품 · 물품과 혼동할 때도 있다.

있다. 생산과 재생산이 상징적으로 같은 의미이기 때문에 천황이 수확 의례(오나메사이)에서 실제로 성교를 하든 하지 않든 거기에는 정액이 상징적으로 포함된다.

(5) 공식(共食)에 불가결한 쌀

쌀로 체현(体現)된 신의 혼과 힘의 교환은 신화 속에서 추상적으로 행해지는 것은 아니며 천황의 사적인 의례 속에서 행해지는 것도 아니다. 이 교환은 실제 일반 사람들의 일상 생활에서, 또 축제 등의 막간에 행해지는 것이다(이 점에 대해서는 제7장에서 자세히 논하겠다). 쌀, 떡, 술 등은 신들과 사람들과의 공식(共食), 또 일반 사람들간의 공식에 절대로 빠질 수 없었다(柳田 1982e).

축제나 의례에는 민간, 궁정을 불문하고 중요한 세 가지 요소가 있다. 먼저 신찬(공찬)을 신들에게 바친다. 다음에 신들과 사제가 공식하는 나오라이(直會)가 있다. 그리고 세 번째가 사제의 주최로 모인 사람들이 공식하는 연회이다. 물론 쌀 이외의 음식물도 많이 준비되지만 쌀, 떡, 술 세 가지는 절대 빠질 수 없다.

3. 천황제와 '신성 왕권(Divine Kingship)'

이제까지의 논의와 관련지어 신성 왕권과 희생 동물에 대해 살펴보자. 이 주제 자체는 상당히 큰 주제로 인류학상 끝없는 흥미의 대상이지만 본격적으로 고찰하는 것이 이 책의 주제는 아니다. 여기서는 이 장의 주제와 깊이 관련된 범위 내에서 간단히 살펴보기로 한다.

일본의 천황제를 신성 왕권으로 보는 견해가 있는 것은 널리 알려진 사실이다. 오리구치는, 천황제의 기초가 역사 · 신화 및 의례 속에 깊이 뿌리박고 있으며 천황은 하나의 인격으로, 또 살아 있는 물체로서의 존재를 초월한다고 생각한다. 따라서 한 사람 한 사람의 왕이나 천황과 관계없이 천황제는 지속된다. 이 논리를 칸트로위츠(Kantorowicz 1957)는 '왕의 두 개의 신체' 라고 표현한다. 오리구치의 이 설을 오늘날 에버솔(Ebersole 1989)이나 야마오리(山折 1990a, 1990b)가 계승하고 있다. 에버솔도 오리구치와 마찬가지로 천황 혼의 존재를 인정하며 이것이 천황에서 천황으로 대대로 계승됨으로써 황위가 면면히 이어지고, 더욱이 그 단초가 되는 '천손강림' 의 이야기가 '천황 대 천황제' 의 문제로 연결된다고 해석한다(Ebersole 1989 : 96).

프레이저(Frazer 1911～15)와 호카트(Hocart 1969〈1927〉, 1970〈1936〉)의 유명한 신성 왕권 개념은 지금 거의 타당성을 인정받지 못한다. 프레이저의 신성 왕권 개념은 네미에서 살해된 다이아나를 제사지내는 사제가 왕이라는 사례를 일반화한 것이다. 이 개념 모델에 대해서 레이(Ray 1991 : 22～53)는 논리적으로도 그리고 실제로도 근거가 없다는 것을 지적했다.[45]

45) 신성 왕권 및 사제적 왕, 마술사적 왕의 개념을 재검증한 최근의 논문으로는 Feeley-Harnik(1985)가 있다. Dumont(1970〈1966〉) ; de Heusch

일본의 천황제를 프레이저의 개념에 맞춰서 해석하는 것도 매우 곤란하다. 단적으로 말해 프레이저는 기본적으로 유대 · 기독교적 전통을 개념 모델로 한다. 레드필드(Redfield 1959〈1953〉 : 102)도 지적하다시피 비교문화적으로 볼 때 전세계의 종교에서도 이것은 '특수' 하다(이 점에 관해서 상세한 논고는 Ohnuki-Tierney 1981 : 108~11을 참조). 따라서 프레이저의 개념을 마치 보편 모델인 것처럼 취급하여 다른 문화의 왕권 및 희생 동물의 해석에 이용하는 것은 오히려 본질을 놓치는 결과가 될 것이다.

천황제는 오랜 역사를 통해서 본질적으로 크게 변화했다. 그럼에도 불구하고 최근까지 일관되게 변하지 않은 것은 신으로서의 천황, 즉 천황이 가진 신성이었다. 이 경우의 신성은 어디까지나 일본 문화에서의 신성일 뿐이다. 예를 들어 유대 · 기독교 전통에서의 신과 일본의 신이 얼마나 동떨어진 개념인가는 말할 필요도 없다. 일본 문화에서 천황의 신성을 인정하는 사례는 적지 않다. 예를 하나만 들어 보자. 일찍이 무사 계급은 힘으로 천황에게서 정치 권력을 탈취했으나 그것만으로 만족할 수 없어서 권력의 자리에 앉으면 스스로 신성을 가지기를 원했다. 도요토미 히데요시(豊富秀吉)는 1590년에 국가 통일을 이루었을 때 황실에 출원하여 도요쿠니다이묘진(豊國大明神)이라고 자칭했다. 그러나 히데요시의 도요쿠니다이묘진으로서의 생애는 짧았고 그의 자손에게는 신성이 전승되지 않았다. 히데요시의 사후 권력 자리에 앉은 도쿠가와 이에

(1985) ; Geertz(1980 : 21~46) ; Sahlins(1985) ; Tambiah(1976)도 참조. 발레리(Valeri 1985)는 'diarchic kingship' 이라는 말을 쓴다.

야스(德川家康)가 조정에 출원하여(아니 오히려 명령하여라는 표현이 옳을 것이다) 히데요시에게 주어진 신성을 폐기시켰기 때문이다. 이번에는 이에야스가 자신의 유언으로 조정으로부터 도쇼다이곤겐(東照大權現)의 지위를 받아 신으로 모셔지고 그 후 250년 동안 도쿠가와 정권의 수호신이 되었다(井上清 1967 : 257~9). 이에 비하면 나폴레옹이 스스로를 인간인 포프(pope : 교황—역주)에 임명한 것은 정말 싱겁지 않은가?

권력의 피라미드 구조 정점에는 신이 있고 다음 층에 샤먼인 천황이 위치하며 그 밑에 일반인이 위치한다. 그렇다면 히데요시나 이에야스가 천황에게 명령하여 스스로를 신격화한 행위는 이 피라미드형의 위계를 역전시키는 행위이다. 즉 히데요시나 이에야스를 단순한 인간에서 신으로 만드는 터무니없는 권력을 마련해 준 것이다. 확실히 놀랄 만한 수법이다. 또 메이지 국가의 기초를 구축한 지도자들도 자신들은 보통의 인간이면서 천황을 절대신으로 만들었다. 그러나 일본의 피라미드형 계층제가 고정된 것도, 일원적인 것도 아니라는 면에서 보면, 이와 같이 일견 위계의 역전으로 보이는 행위도 별로 놀랄 만한 일은 아니다. 실제로 일본의 종교들을 보더라도 신들간의 서열은 명확히 고정된 피라미드형 계층제가 아니라 유동성, 다원성을 특질로 한다. 일본의 종교에서는 한 평범한 인간이 멸치대가리 같은 극히 보잘것없는 것을 신으로 섬길 수도 있다(宮田 1975〈1970〉).

이상의 예에서 볼 수 있듯이 일본의 종교에서 신은 한없는 융통성을 가진다. 이런 점과 일본인이 여러 가지 외래 종교를 별다른 저항 없이 유연하게 받아들인 것은 그 뿌리가 같다. 중국과 조선을 거쳐서 인도로부터 불교가 전해졌을 때 천황가를 포함한 당시 지배 계급은 경쟁적으로 이를 받아들였다. 그러나 "6, 7세기의 일반 사람들은 부처란 단지 다른 신과 같은 또 하나의 신에 불과" (Kitagawa 1990 : 136)하다고 생각한다. 공적으로는 일본 전통의 신이 부처의 현신이라는 혼지스이자쿠(本地垂迹)설에 따라 양자의 융합을 도모했다. 마찬가지로 도쿠가와 막부의 지도층과 일반인들도 자연법과 천도(天道)에 비중을 두는 신유교를 받아들였다 (Kitagawa 1990). 서구의 종교인들이 보면 이상하게 여길지도 모르지만, 메이지 정부는 신민 개인의 종교에 관계 없이 전원이 당연히 신봉해야 할 '비종교적 신도'를 편성했다(Kitagawa 1990 : 161). 오늘날 많은 일본인들은 적어도 명목상 불교도이고 동시에 신도를 받아들이지만 정작 실체는 어느쪽도 믿지 않는 것이 아닐까[46] (Ohnuki-Tierney 1984). 일본인의 종교관을 이해하기 위해서는 먼저 일반적으로 받아들여지는 무의미한 마술적 종교와 원시적 대 문명적(근대적)이라는 단락적 이분법에서 벗어나야 한다. 그렇지 않으면 현대 도시의 높은 교육 수준을 자랑하는 일본인들이 행하는 주문, 점 등은 아무리 해도 설명할 수 없다(大貫 1985 : 205~8).

---

46) 일본인의 이 이중 신앙은 학계의 논의를 집중시켰다. 아이젠슈타트(Eisenstadt 1995)는 이것을 '기축 종교(基軸宗教) 대 비기축 종교'의 개념을 사용하여 설명한다. 기타가와(Kitagawa 1990)는 이를 '절충'이라고 부른다. 한편 '다층적' 또는 '융합적'이라고 보는 해석도 있다(자세한 것은 大貫 1985 : 209~15를 참조).

어쨌든 이같이 유연하고 한없는 융통성을 가진 태도는, 신들과 종교에 대해서뿐 아니라 천황과 천황제에 대해서도 마찬가지다. 일본인 일반에게 천황과 천황제는 절대 신성을 가진 왕권과는 거리가 먼 존재이다. 실제로 필리 하닉(Feeley Harnik 1985 : 276)이 지적한 것처럼 신성한 왕권이란 대개 인류학자가 만들어 낸 상상의 산물이며 아프리카에도, 어디에도 존재했던 적은 거의 없다.

고대부터 일본의 천황제가 거쳐 온 변천을 보는 것만으로도 이 왕권이 프레이저류의 절대적 신성 왕권과는 거리가 멀다는 것을 알 수 있다. 일반적인 일본인들에게 천황은 소위 '신'이었다. 이 신은 인간에게 큰 영향을 미치지만 전능하지도 않고 따라서 인간에게 이용되기도 했다(이 점에 대한 역사적 · 민속지적 검증은 Ohnuki-Tierney 1991b를 참조). 천황제나 오나메사이(수확 의례 겸 즉위 의례)의 예에 비추어 보면 프레이저류의 신성한 왕권 개념 모델이 논리적으로도, 민속지적으로도 적용 범위가 극히 제한적이라는 것이 한층 명확해진다. 이것은 근래 이루어진 프레이저류 개념에 대한 비판에 새로운 기여로 보인다.

로버트슨 스미스(Smith, W. R. 1972〈1889〉) 및 우버 · 모스(Hubert and Mauss 1964〈1898〉)가 이론화한 모델에서, 산 제물을 올리는 의례는 신성 왕권 또는 왕의 즉위에 빠질 수 없는 요소이다. 그러나 이 모델도 세계 각지의 문화에 널리 적용시키는 데는 무리가 있다. 일본의 오나메사이와 산 제물을 올리는 의례 모델을 비교해 보면 기본적인 주제가 자기의 교환이라는 점에서 공통적이다. 더욱이 어느쪽에서나 오염을 정화하는 의식과 공식이 중요한 구성 부분이다. 그런데 오나메사이에는 속죄의 관념 등 산 제물을 올리는 의례 모델에 포함되는 몇 가지 요소가 빠져 있다. 그러나 결정적인 차이는 오나메사이에는 산 제물이 되는 동물도 없고 왕 자신의 '폭력에 의한 죽음' 이라는 주제도 없다는 점이다.

여기서 일본의 오나메사이에는 동물이 없고 식물이 사용된다는 사실을 바탕으로 산 제물을 바치는 의례 모델을 비판적으로 재검증하는 동시에 일본의 사례를 비교문화적 견지에서 파악해 보자. 먼저 산 제물을 올리는 의례 모델에서는 왜 대상을 동물로 한정할까? 그것은 의례에서 폭력적인 죽음과 공식을 위한 음식물이 두 가지 중요한 요소이기 때문이다. 신성 왕권의 개념 모델에서 희생(Frazer 1911～15 ; Hubert and Mauss 1964〈1898〉)이 되는 동물 또는 왕 자신의 폭력적인 죽음은 절대 빠질 수 없는 요소이다. 그것이 없으면 성스러운 왕의 재생은 불가능하다고 여겨진다. 또 희생에 의한 죽음 후에 연결되는 공식에서는 고기를 분배하는 것이 가장 정착된 형태이다. 로버트슨 스미스의 구별에 따르면 동물을 희생으로 사용함으로써 신과 인간 사이에 유대가 생기지만, 곡물은 신에게 바치는 공물(貢物)의 의미만을 가진다고 한다. 희생된 동물은 신성한 힘과 연결되고 청정한 참가자만이 그 고기를 나누어 먹을 수 있지만, 곡물은 공물로 거두어져 '정당한 것', '바른 것' 이 되기는 하지만 '성스러운 것' 이 되지는 않는다. 그러므로 곡물은 의례적인 정 · 부정을 불문하고 누구나 자유롭게 나누어 먹을 수 있다(Smith, W. R. 1972〈1889〉 : 236～43). 그러나 로버트슨 스미스(Smith, W. R. 1972〈1889〉 : 242～3)가 각주로 가볍게 다룬 위르켄의 연구는 더 주의해서 다룰 필요가 있지 않았을까? 위르켄은 친구인 프레이저의 자료를 기본으로 "진정한 희생 의례에서 공식 연회에는 새로 수확한 쌀을 쓴다"라고 설명하는데 이 공식이란 '쌀의 혼을 먹는' 것이다.

오나메사이에서는 '폭력적'으로 희생되는 동물 대신에 식물, 즉 쌀이 결정적인 역할을 한다. 그러나 쌀은 스스로를 증여하지만 폭력적인 죽음을 수반하지는 않는다. 그 쌀을 오나메사이에서는 공식용 음식으로 한다. 신에게 바쳐지고 한 톨 한 톨이 신으로 여겨지는 쌀을 먹는 행위는 살해와 신을 폭력적인 죽음에 이르게 하는 것과도 거리가 멀다.[47] 이처럼 천황의 재생에는 폭력적인 죽음이 수반되지 않는다. 죽음을 수반할 필요가 없다.

그렇다고 일본의 사례를 들어 고대의 중근동 등 세계 각지의 민족지 자료에서 보이는 '폭력'의 중요성을 부정하는 것은 너무 경솔한 짓이다. 일본에서도 농경 수확 의례가 정착하기 전 천황가의 장례 의례—즉 즉위 의례—는 전혀 다른 모습이었고 거기에는 '폭력'이 중요한 요소로 포함되어 있었을지도 모른다. 죽은 왕과 함께 순장된 동물이나 인간도 의례적으로는 '폭력적으로 살해'되

47) 발리나 자바 등의 농경 사회에서는 벼를 낫으로 벨 때 "잘리는 아픔을 참는다"고 생각한다(van der Meer 1979 : 111). 단 벼를 베는 것 자체를 폭력적 행위로 보는지 어떤지는 확실하지 않다. 자바의 수확 의례는 신들의 왕의 딸과 신랑과의 결혼에 비유하는데 이 의례에서 신혼부부는 함께 벼로 변신한다(Geertz 1960 : 81). 일본과 달리 이 수확 의례는 왕의 즉위와 관계가 없다.

었을지도 모른다.

어쨌든 제물이 되는 동물과 식물에 대해서 여러 가지 해석이 가능하다. 여기서 고찰한 '살해'와 '폭력적인 죽음'도 하나의 예에 지나지 않는다. 중요한 것은 폭력적인 죽음과 더불어 비로소 새로운 왕의 재생이 가능하다는 견해가 세계적으로는 보편적이지 않다는 것을 일본의 사례가 보여 준다는 것이다.

또 하나 일본의 사례에 비추어 왕권의 성격에 대해서도 재고해 보겠다. 유대 · 기독교적 전통에 의한 신성 개념은 다른 지역 문화의 전통과는 크게 다르다. 그렇기 때문에 '신성한 왕권'이라는 말을 개념의 차이를 밝히지 않은 채 사용하면 다른 문화의 왕권을 잘못 해석하기 쉽다. 일본의 천황제는 역사를 통해 확실히 어떤 상징적 힘을 가지고 있었지만 정치 · 경제적 실권을 잡았던 것은 무사이다. 벨라(Bellah 1967)는 일찍이 일본의 천황을 모계적 존재로 보아야 한다고 말했다. 예리한 통찰이다. 이러한 왕권에 대한 사상은 일본에만 있는 독특한 것은 아니다. 인도의 힌두 왕권도 일본과는 다른 의미에서 복잡하다. 왕은 수렵의 역할을 하고 크샤트리아, 왕자, 무사 계급은 육식을 했다. 이와 대조적으로 브라만은 육식을 엄격하게 절제하고 비폭력의 종교적 · 상징적 힘을 가진다고 여긴다(Zimmermann 1987〈1982〉: 180～94). 이와 같이 왕권은 프레이저가 생각했던 것보다 한층 성질이 복잡하다.

제5장

쌀의 상징적 가치

쌀은 과거 몇 세기 동안 부의 상징이었다. 이 장에서는 이 점을 상세히 검증하겠다. 다시 말해 일본인의 상징 세계에서의 부의 개념, 나아가 부와 분리될 수 없는 권력 및 미적 가치의 개념까지 포함하여 이들과 쌀의 관련성을 중심으로 논고를 진행하겠다.

1. 민간 전승에서 나타나는 부(富)

전국 각지의 민간 전승에서 압도적으로 많이 발견되는 것은 부를 획득하는 이야기이다(柳田 편 1951 : 371). 소위 "장자담(長者譚)"에는 몇 가지의 공통점이 있다. 부를 주는 자는 외부인(동물의 모습을 한 경우도 많다)이어야 하고 이 외부인은 마을 밖에 살아야 한다. 그것이 강, 바다, 연못의 바닥인 경우도 있고 깊은 산중인 경우도 있다. 더욱이 부를 얻는 자는 정직한 사람이라든지 동물에게 자비롭다든지, 어쨌든 선량해야 하며 부는 그 선량함에 대한 대가로 주어진다. "장자담" 중에서 특히 잘 알려져 있고 오늘날에도 어

린이용 옛날 이야기 책에 반드시 들어가는 것이 "혀 잘린 까치(舌切雀)"와 "은혜 갚은 학(鶴の恩返し)"이다. "혀 잘린 까치"에서는 마음씨 고약한 할머니에게 혀를 잘린 새끼 까치를 돌봐 준 마음씨 착한 할아버지가 보답으로 작은 고리짝을 받아서 돌아온다. 고리짝을 열어 보니 속에서 보물이 많이 나온다. 욕심 많은 할머니도 이를 흉내내어 까치에게서 커다란 고리짝을 얻어 온다. 그러나 고리짝에서는 보물은커녕 괴물과 귀신이 잔뜩 나온다.[48]

한편 "은혜 갚은 학"은 산에서 땔나무를 해서 마을에 팔아 그럭저럭 생계를 이어 가는 가난한 노부부의 이야기이다. 어느 날 할아버지가 산에서 덫에 걸린 학을 풀어 준다. 그날 밤 아름다운 소녀가 노부부를 찾아온다. 소녀는 노부부와 함께 살게 된다. 그리고 작은 방에 들어가 절대로 안을 들여다보지 말라는 당부를 하고 베를 짜기 시작한다. 질 좋은 비단을 짜서 할아버지가 장에 내다 팔도록 한다. 비단은 비싸게 팔리고 소녀는 더욱 베짜기에 전념한다. 베짜기에 너무 집착하는 소녀를 차마 보다 못한 할머니는 금기를 깨고 작은 방을 들여다본다. 그래서 학이 자신의 깃털을 뽑아 내어 비단을 짜고 있는 것을 보고 만다. 학은 자신의 정체를 밝히고 은혜를 갚으려고 베를 짰다고 말하고 날아간다. 노부부는 학이 만들어 준 부 덕택에 오랫동안 행복하게 산다(小春).[49]

---

48) 지방에 따라 조금씩 다른데 그에 관해서는 柳田 편 1951 : 258~9를 참조.

49) 이 이야기의 각종 변형에 대해서는 柳田 편 1951 : 382의 『학마누라(鶴女房)』에 대한 고찰이 참고가 된다.

지방과 연대에 따라서 다소의 차이는 있지만 대체로 이야기의 맥락은 위와 같이 정리할 수 있다(柳田 편 1951 : 258, 382).

불교적 도덕관에 기반을 둔 자비의 가르침이 겉으로 드러난 이야기이지만, 그 속에서 일본인의 상징 세계에 존재하는 중요한 주제를 읽어낼 수 있다. 일본인의 상징 세계에서 산은 신들이 사는 땅이다. 따라서 "혀 잘린 까치"도 "은혜 갚은 학"도 마찬가지로 산에 사는 신 자체 또는 신의 부하로 해석할 수 있지 않을까? 실제로 8세기의 『니혼쇼키』와 『고지키』 시대 이래, 새가 신들과 인간의 전달역을 담당해 왔다는 것은 새삼 지적할 것도 없다. 어떻든 신들은 자신이 직접 또는 부하를 시켜 인간의 선의 · 선행에 대해 보답한다. 앞에서도 보았지만 이 신들은 마을에서 떨어진 산이나 물에 사는 '마레비토' 로 생각할 수 있다. 주목해야 할 것은 신이 제공하는 부가 인간의 자비심, 정직, 선의 · 선행 등에 대한 보답이지 근면성실에 대해 주는 것은 아니라는 점이다.

민간 전승에는 쌀이 신으로부터 주어진 부와 상징적으로 같은 의미로 다루어지는 이야기도 많다. 특히 고마쓰(小松 1983 : 35~6)가 "표덕담(表德譚 : 덕행담—역주)"이라고 부르는 옛날 이야기에 이러한 주제가 많다. 이런 종류의 이야기에 다음과 같은 것이 있다.

노부부가 있었다. 할아버지는 매일 산에 땔나무를 하러 간다. 어느 날 산에서 큰 굴을 발견한다. 굴은 나쁜 괴물이 사는 곳이기 때문에 막아 버리자고 생각하고 나뭇짐을 집어 넣어 본다. 아무리 넣어도 굴은 막히지 않고 3개월이나 걸려 모은 나뭇짐을 전부 써 버리고 만다. 나뭇짐을 다 집어 넣은 순간 굴에서 아름다운 소녀가 나온다. 나뭇짐에 대한 보답으로 굴 속에 초대된 할아버지는 궁전 같은 멋진 방으로 안내된다. 방의 구석에는 나뭇짐이 쌓여 있고 백발 노인이 크게 환영을 한다. 돌아갈 때 백발 노인은 할아버지에게 '표덕' 이라는 이름의 더없이 못생긴 동자를 붙여 준다. 항상 그 동자는 배꼽을 만지며 논다. 할아버지의 집에 와서도 이 동자는 배꼽을 만지작거리고 있을 뿐이다. 어느 날 할아버지는 동자의 배꼽에 부젓가락을 찔러 본다. 그랬더니 거기에서 작은 금덩어리가 나온다. 그 후 하루 세 번씩 배꼽을 부젓가락으로 찌르고 거기서 나온 금 덕택에 노부부는 큰 부자가 된다. 그러나 이에 만족하지 못한 욕심 많은 할머니는 할아버지가 없는 동안에 더 많은 금을 꺼내려고 동자의 배꼽을 깊이 찌른다. 그러자 동자는 죽고 만다. 할아버지는 매우 슬퍼한다. 그러나 꿈속에 동자가 나타나서 자기의 얼굴 모양으로 가면을 만들어 부엌 앞 기둥에 걸어 놓고 매일 그것을 보면 부가 늘어날 것이라고 알려 준다. 그래서 그 마을에는 오늘날에도 점토나 나무로 만든 못생긴 표덕 가면을 부엌 앞 기둥에 거는 풍습이 남아 있다고 한다.

이 이야기에서도 "혀 잘린 까치"나 "은혜 갚은 학"의 경우와 마찬가지로 중요한 것은, 부가 마레비토 신이 인간의 선의 · 선행에 대해 준 선물이라는 점이다. 할아버지가 큰 부자가 된 것은 열심히 나무를 했기 때문이 아니다. 백발 노인, 즉 마레비토 신이 할아버지에게 부를 준 것은 욕심 없음, 관대함에 보답하기 위해서였다. 사심 없는 행위에 대한 대가로 마레비토 신이 부를 준 것이다.

이 "표덕담"의 장르에 속하는 이야기에는 그 외에도 일본인의 상징 세계를 보여 주는 중요한 테마가 포함된다. 그 하나는 부가 금덩어리의 형태로 나타나는 점이다. 잘 영근 벼이삭은 자주 '황금의 벼이삭' 이라 불리고 또 수확기의 비옥한 논은 황금 물결에 비유된다. 따라서 배꼽에서 나온 금덩어리는 쌀이라는 형태의 부로 해석해도 좋을 것 같다. 다른 하나는 황금이 배꼽, 즉 배에서 나온다는 점이다. 배는 혼과 태아가 거주하는 장소이다. 8세기의 『니혼쇼키』와 『고지키』에도 쌀은 원래 신의 배에서 나왔다고 되어 있다.

한편 민간 종교에서도 부는 신의 선물이라는 개념이 많이 보인다. 예를 들어 중세 이래 오늘날까지도 다이코쿠(大黑)와 에비스(惠比壽)는 부엌신으로 인기가 높고, 복을 주는 칠복신(七福神) 속에 들어 있다. 에비스는 살찐 어부의 모습이고 다이코쿠도 볼이 통통한 모습을 하고 있는데, 어깨에 큰 보따리를, 오른손에 작은 망치를 들고 발을 쌀가마에 올리고 있다. 일본인에게는 낯익은 모습이다(에비스 및 다이코쿠에 대해서는 柳田 편 1951 : 68~9, 338~9을 각각 참조).

이상에서 알 수 있는 것처럼 민간 전승이나 민간 종교에서 전해지는 이야기는 『니혼쇼키』와 『고지키』, 즉 역사 · 신화에 나타나는 신들이 준 선물로서의 쌀, 가장 중요한 부로서의 쌀이라는 주제를 계승한다. '시렁에서 떨어진 인절미' 라는 표현은 '생각지도 않은 행운' 이 신의 혼이 들어 있는 떡으로 비유되는 예이다. '시렁에서 떨어진 인절미' 라는 표현은 오늘날에도 자주 쓴다. 이는 땀흘려 일한 결과뿐 아니라 뜻밖에 얻는 부의 개념이 존재한다는 것을 보여 준다.

이제까지 살펴본 것처럼 일본 민간의 상징 세계에서 부는 마레비토 신이 까치나 학이나 백발의 노인 · 추한 동자 등의 모습으로 나타나서 인간에게 자비로움, 관대함, 무사무욕(無私無慾)에 대한 보답으로 주는 것이다. 신이 준 선물이라는 의미에서 부는 종교적 성격을 띤다. 따라서 성스러운 가치를 띤 부는 황금 자체 또는 황금의 쌀알로 표현된다.

마찬가지로 주목해야 할 것은 신이 준 선물인 부가 어쩌면 신의 신체의 일부라는 점이다. 다시 말해 학의 깃털이기도 하고 배꼽, 즉 배에서 나온 금덩어리이기도 하다. 부가 원래는 신 '자신'의 일부라는 모티프는, 앞 장에서 본 것처럼 니혼쇼기와 『고지키』에서 보이는 창조 신화와도 일치한다.

민간 전승 · 민간 종교에서, 『니혼쇼키』와 『고지키』 및 천황가의 수확 의례와 확실히 공통되는 주제를 볼 수 있다. 바꿔 말하면 고대 천황제에 의해 퍼진 세계관과 후대 민간의 세계관은 각각 다른 사상 체계에 기반을 둔 것이 아니라 같은 뿌리를 가진다는 것이다. 어쨌든 부는 농업과 관련되든 아니든 간에 하늘이나 산, 바다라는 다른 세계에 사는 마레비토 신이 주는 선물로 표현된다.

2. 성스러운 화폐

(1) 성스러운 세금으로서의 쌀

주지하다시피 근세의 세제는 고쿠다카(石高)제였다. 지금까지는 고쿠다카제를 경제적 및 정치 제도적 견지에서 논의하여 백성에 대한 가혹한 착취 제도의 측면이 강조되는 경우가 많았다. 그러나 요즘에는 종교적 측면을 새롭게 조명하는 견해가 나오고 있다. 아미노(網野 1983, 1987)의 검증에 따르면 고대부터 중세까지는 시장, 세금, 이자가 모두 종교적 원칙에 따라 이루어졌다. 당시 정부나 절과 신사는 봄에 백성에게 볍씨를 주고 백성은 가을에 수확이 끝나면 새로 수확한 곡식으로 이자를 붙여 '빚'을 갚았다. 이 대여는 스이코(出擧)라 불리며, 발생은 고대에서 찾을 수 있다(小田 1986 ; 吉村 1986). 아미노의 설에 따르면 이 '대여'는 원래 첫 이삭과 바다의 첫 수확물을 신이나 부처에게 바치는 관습에서 파생되었다. 일단 바친 첫 수확인 '조분(上分)'은 신이나 부처의 것이므로 인간이 가볍게 다룰 수는 없다. 아미노는 또 조분이 이후 금전 거래의 원형이 되었다는 점을 지적하고 중세에도 금전 거래에 종사한 것은 종교인이었다는 사실을 강조한다.[50] 더욱이 『니혼쇼키』와 『고지

50) 경제 교역의 종교성에 대해서는 小松 · 栗本 1982를 참조. 소위 '경제 교역'의 종교적, 상징적 해석은 근래 수정주의자들 사이에서는 일반적으로 받아들여진다. 그래도 아직 고쿠다카제에 대해서는 정치 · 경제 시스템의 틀로 파악하여 토지 소유 계급에 의한 착취 수단이라는 관점에서만 연구

키』에 나오는 역사 · 신화의 에피소드 및 천황가의 수확 의례도 이 조분을 원형으로 한다.

(2) 깨끗한 돈으로서의 쌀

쌀이 신과 인간 사이에 교환되는 선물이라는 사실과 쌀이 교환물로 사용되는 것에는 밀접한 관계가 있다. 일본에는 물물 교환의 전통이 뿌리깊고 쌀을 '화폐'로 사용했기 때문에 중국에서 동전이 전래된 후에도 화폐 경제는 매우 느리게 진행되었다. 중앙 정부는 화폐 경제의 보급을 지향했지만 민간에서는 쌀이나 베 등을 사용한 물물 교환이 계속해서 광범하게 이루어졌다. 화폐 경제가 실제로 정착하기 시작한 것은 중세부터였다. 아래 표는 중세에 쌀로 납부한 조세와 화폐로 납부한 조세의 비율을 나타낸 것이다(표는 森末 1953 : 125에서 인용).

중세 화폐와 쌀의 세금 납부 비율

(단위 %)

	가마쿠라(鎌倉) 시대 (1185~1392) 초기	중기	후기	무로마치(室町) 시대 (1392~1603) 초기
화폐	39.7	69.9	84.2	93.2
쌀	60.3	30.1	15.8	6.8

하는 경향이 있다(예를 들면 永原 1972〈1970〉: 36~7).

물물 교환에서 서서히 화폐 경제로 이행한 것은 12세기에서 15세기에 걸친 것이었다(Reischauer and Craig 1976 : 63). 1300년까지 100년간의 화폐 보급량은 10배가 되었다(Sansom 1961 : 184). 중세 초기의 화폐는 중국에서 수입한 것이었지만 15, 16세기까지는 일본 각지에서 동, 은, 금이 채굴되어 일본제 경화도 주조되었다(井上淸 1967 : 306).

그러나 물물 교환에서 화폐 경제로의 이행기에도 쌀의 주요 교환 수단으로서의 가치, 세금 납부 수단으로서의 가치가 없어지지는 않았다. 오히려 16세기 중엽 도입된 화폐에 의한 간다카(貫高)제가 겨우 반세기 후인 17세기 초 다시 쌀로 납부하는 고쿠다카제로 돌아갔다(Yamamura 1988). 야마무라의 설에 따르면 고쿠다카제로 되돌아간 주요한 이유는 세를 쌀로 징수하는 쪽이 화폐의 경우보다 경제적으로나 정치적으로 이점이 많았기 때문이다. 쌀을 화폐로 바꾸는 것이 백성들에게는 당시 상황에서 매우 어려웠기 때문이라는 이론(異論)도 있다. 어떻든 화폐로 세금을 납부하는 것은 여러 가지 이유에서 저항이 많았지만 근본적으로 쌀이 가진 종교적, 상징적 의미가 의식의 심층부에 작용한 것은 의심의 여지가 없다. 쌀은 오늘날까지도 특별한 경우 교환 품목의 지위를 점한다.

비교문화적 견지에서 교환 품목으로서의 쌀이 지니는 상징적 의미에 대해 생각해 보자. 어떤 문화에서나 귀중품, 화폐, 화폐에 상당하는 물건 등이 널리 교환 수단으로 사용되지만 화폐로서의 쌀과는 매우 성격이 다르다. 예를 들어 뉴기니의 동부 고지에 사는 바루야 문화에서는 소금을 화폐 대신 교환 수단으로 사용하는데 그 교환 가치는 부족간 교환의 경우에는 중요시되지만 부족 내부에서는 별로 중요하지 않다(Godelier 1977 : 127~51). 또 남사할린의 아이누족은 주위 타민족과의 교역품을 매우 귀중하게 여기는데 그것들이 단지 아이누족이 곰신에게 바치는 물건으로 쓰이기 때문이며 부족 내부에서는 교환 가치도, 사용 가치도 없다(Ohnuki-Tierney 1974).

일본의 경우 쌀은 뉴기니의 소금이나 사할린의 아이누족의 교역품과 완전 반대이다. 쌀은 신들에게 바치는 공물로서 가장 중요한 품목이며 일반 일본인 사이에서도 극히 높은 교환 가치, 사용 가치를 가진다. 그러나 일본인 이외 집단과의 교환에는 사용할 수 없었다. '일본의 쌀'은 일본인만의 것이어야 했다. 따라서 수출할 수 있을 만큼 쌀을 생산하지도 않았고 외국의 쌀을 환영하지도 않았다. 일본인의 쌀에 대한 특별한 사고 방식의 기저에는 쌀이 일본인에게 자기 인식의 은유라는 사실이 깔려 있다. 이 점에 대해서는 다음 장에서 다시 논하도록 하겠다.

(3) 깨끗한 돈과 더러운 돈

서구 학계의 화폐론을 검증한 파리와 블록은 화폐에 대해 두 가지 다른 해석이 있다고 지적한다. 먼저 하나는 아리스토텔레스에서 토마스 아퀴나스, 맑스로 이어지는 것으로 화폐를 바람직하지 않은 것, 저주스러운 것으로 파악하는 해석이다. 아리스토텔레스(Aristotle 1958 : 25~6)는 '제한없는 상품의 교환'은 '자연을 거스르는 물건의 입수법' 이라며 이것과 '자연적' 이고 분별 있는 일상 생활 용품의 입수를 대비시킨다. 마찬가지로 맑스도 화폐를 물신 숭배의 두드러진 현상으로 본다. 만데빌, 아담 스미스 등은 이와 다르게 화폐를 개인의 행복과 번영을 추구하는 수단이라고 긍정적으로 파악했다. 짐멜(Simmel 1950〈1907〉)의 해석은 이 둘의 중간 입장으로 화폐는 한편으로는 개인의 자유를 추구하는 수단이 되지만 다른 한편으로는 공동체의 도덕적 질서를 파괴하는 위협이 될 수도 있다고 본다.

짐멜(Simmel 1950〈1907〉, 특히 283~354)은 화폐를 개인주의의 발전 및 공동체의 붕괴와 연관시키는 점에서 맑스와 견해를 같이 한다. 또 파리와 블록(Parry and Bloch 1989 : 4)도 로버츠와 스티븐슨의 논고(1983 : 13)를 총괄하여, 화폐로 인해 공동체는 독립성을 잃고 이와 대조적으로 개인은 독립을 얻는다고 주장한다(Gregory 1982 : 71도 참조). 이상에서 살펴본 화폐와 상품과의 차이를 간략화한 것이 다음의 등식이다.

증여=상호 의존 관계에 있는 자들 사이에서 이루어지는, 자기와 관련된 물품, 즉 신물 교환—사회적 유내

상품 교환=독립된 개인간에 이루어지는, 자기와 관계없고 금전으로 매매 가능한 물품 교환—사회 관계의 결여

그러나 증여와 상품 교환은 위와 같이 명확히 구분할 수 있는

것은 아니다. 1700년부터 1930년 사이에 인도에서 있었던 가내 산업 발생에 관한 논문에서 베일리는 다음과 같이 말하였다.

> "무엇보다 현저한 것은 시장 기능과 화폐 경제가 사람과 상품의 관계나 교환하는 사람끼리의 관계를 선(정) 대 악(부정)의 관계로 보는 종전 의식을 기반으로 삼고 모델로 한다는 것이다" (Bayly 1986 : 316).

인도에서는 양쪽의 교환 형태가 병존할 수 있도록 교묘한 이중 장부제를 취했다. 인도의 예는 특수한 시대의 특수한 문화에만 보이는 현상이 아니다. 현대 선진 자본주의 국가인 일본이나 미국에서도 공통적으로 볼 수 있는 현상이다. 환금 가능한 상품과 교환 불가능하지만 매우 소중한 물품을 지나치게 확실히 구별해 버린다든지, 또는 독립된 개인과 상호 의존 관계에 있는 개인을 완전히 이질적이고 대립적인 카테고리로 취급하면 현실적인 교환에 따르는 복잡하고 미묘한 양자의 관계를 놓치게 된다. 화폐는 극히 물질적으로 교환할 수도 있고 둘도 없이 소중한 선물이 될 수도 있다. 교환하는 인간도 상호 독립된 개인일 수도 상호 의존 관계일 수도 있다.

일본에는 '부정한 돈'(화폐 · 경화)과 '깨끗한 돈'이 공존해 왔다. 중국에서 처음으로 화폐가 전래된 이래 화폐 · 경화는 부정, 불결, 타락의 원천이며 '인간의 본성과 섞일 수 없는' 것이라고 여겨져 왔다. 다음에 인용하는 문장은 12세기의 상황을 말한 것인데 오늘날에도 충분히 통하는 부분이 있다.

"화폐 경제의 확대는 『하쿠렌쇼(百練抄)』에 실려 있는 1179년경의 기술에서 볼 수 있다. '이상한 병이 만연하고 있다. 돈이라는 이름의 병이다' 라고 표현되어 있다. 보수적인 궁정에서는 화폐를 상품의 가치를 허물어뜨리는 것이라고 생각하였고(사리에 맞는 이유가 없는 것은 아니지만), 그중 구조 가네자네(九條兼實) 등은 1180년대에 당시의 정부가 약해진 원인을 전면적으로 경화(硬貨)의 사용으로 돌렸다"(Sansom 1961 : 194).

중세에서 근세에 걸쳐 쌀은 정, 화폐는 부정이라는 견해가 일반적이었기 때문에 교환 수단으로서는 화폐보다도 쌀을 선호하였다(아미노 씨에게서 받은 정보). 근세에 이르러서는 무엇이 '생산성' 인가에 대해서 폭 넓은 논쟁이 있었다. 즉 땀흘려 일하지 않는 상인도 '생산' 자로 볼 것인가, 그렇지 않으면 생산자는 역시 농업에 종사하는 자만으로 한정할 것인가를 둘러싸고 의견이 갈렸다(이 점에 대해서는 제6장에서 다시 논의하겠다). 에도 시대에 사농공상으로 상인을 최하층에 두었던 것도 상인은 '더러운' 돈을 취급한다는 것이 하나의 이유였다고 보인다. 오늘날에도 '오염된' 돈에 대한 반감을 가진 일본인은 많다. 일본인이 처음 미국에 가서 마음에 걸려 했던 것 중의 하나는 패스트푸드 레스토랑에서 누가 만졌는지도 모르는 '더러운' 돈을 만진 손으로 샌드위치나 햄버거를 먹는 것이었다. 일본의 어린이들에게는 보통 돈을 만진 후 손을 씻도록 버릇을 들인다. 원래 일본에서는 아주 예외적인 경우를 제외하고는 손으로 음식을 먹는 관습이 없다. 식사는 문화적으로 '깨끗한' 젓가락을 사용해서 해야 한다(Ohnuki-Tierney 1984).

그러나 돈은 깨끗한 것이 될 수도 있고 때로는 종교적 성격조차 가진다. 앞에서 예로 든 민간 전승에서도 볼 수 있듯이 금덩어리를 포함하여 부란 신에게서 받는 것이다. 은혜 갚은 학의 이야기에서는 학, 즉 신이 아름다운 비단을 짜서 노인에게 주고 노인은 그것을 팔아 부를 얻었다. 역사를 통해서 '깨끗한 돈'은 증여로 사용된 적이 많았다. 오늘날에도 신사와 절의 새전(賽錢)에서 보듯이 신에게의 증여, 즉 신에게 바치는 것은 돈으로 정해져 있다.

그 외에도 물건이 아니라 돈을 선물로 주는 경우는 많다. 세뱃돈이 그렇고 장례식에서도 예전에는 쌀 또는 쌀로 만든 물건을 부조했지만 지금은 거의 돈으로 한다(伊藤 1984 : 103 ; 石森 1984). 결혼 축하에도 돈을 부조하는 경우가 많다. 그리고 돈을 내는 것이 상식화된 경우는 '타당한 금액'도 상식으로 정해진다. 장례, 결혼식, 입학식 등에 맞춰 특별한 봉투도 판매된다. 장례식의 경우 부조를 받은 쪽은 부조한 사람의 이름과 금액을 기록해 두고 이에 기초해서 '타당한' 금액의 보답을 해야 한다.

더러워진 돈도 깨끗이 할 수 있다. 중세에 불공(佛供)이라고 쓴 센료바코(千兩箱)를 땅속에 묻는 경우가 자주 있었는데, 이는 땅속에 묻은 것은 무엇이든지 소유주에게서 분리되어 신불(神佛)의 소유로 돌아간다는 신앙에 기초한 것이다(網野 1987). 그 후 그 돈을 빌려 주고 이자를 취하기도 했다. 이것은 앞에서 말한 조분(上分),

즉 최초로 수확한 쌀이나 생선을 신불에게 바침으로써 공물이 성스런 것, 즉 신불의 것이 된다는 세계관에 기초한 관습에서 파생되었다. 근세 후기의 오반(大判), 고반(小判 : 타원형의 금화 · 은화로 오반 한 개는 고반 10개에 해당함—역주)에는 잘 영근 벼이삭 그림이 조각되어 있다. 이렇게 함으로써 '깨끗한 돈' 이라는 의미를 집어 넣었다.

'깨끗한 돈' 이 쌀처럼 특별한 가치와 의미를 가지는 것은 장례식 때 보내던 적반(赤飯)이나 떡 등이 19세기 중엽이 되면 돈으로 바뀌었다는 사실로부터도 읽어 낼 수가 있다. 나가노(長野)의 어떤 일가가 1846년부터 7대에 걸쳐 기록해 온 부조첩을 이시모리(石森 1984)가 분석했다. 아래 표는 이시모리의 책에서 인용한 것인데 원래 별도 항목으로 분류되어 있던 적반, 술, 찹쌀, 떡, 모란병을 전부 '쌀제품' 으로 뭉뚱그려 정리했다.

부조품 : 쌀과 돈(건수)

	돈	상품권	쌀제품	그 외	합계
1846	6	13	31	9	59
1861	59	11	16	6	92
1867	37	4	13	1	55
1880	73	1	27	2	103
1898	65	0	26	1	92
1905	82	0	18	1	101
1938	184	0	1	0	185
1939	132	0	3	0	135
1961	215	0	0	0	215

표에서 볼 수 있듯이 1846년과 1961년 사이에는 커다란 변화가 일어났다. 1861년에는 돈으로 한 부조가 64%, 여기에 상품권을 포함하면 76%가 돈이었다. 그리고 1961년이 되면 부조는 일괄하여 돈이다.

쌀과 돈은 교환의 수단으로 사용된다는 점에서는 동등하지만 돈이 '오염된' 것으로도 '깨끗한' 것으로도 되는 데 비해 쌀은 항상 '성스러운' 교환물이었고 오늘날에도 '깨끗한' 물건임에는 변함이 없다. 어느쪽이나 될 수 있는 돈은 정화함으로써 쌀과 마찬가지로 깨끗해진다. 즉 신불에게 바침으로써, 또는 민간 전승에서 볼 수 있듯이 신으로부터 받는 형태를 취함으로써, 또는 오반 · 고반의 경우처럼 쌀 그림을 조각함으로써, 또는 장례식, 결혼식 등의 특별한 때에 빳빳한 새 돈을 사용함으로써 깨끗한 돈이 된다.

어떻든 돈과 쌀의 결정적인 차이는 전자가 다의적인 데 비해 후자의 의미 및 가치는 일의적이라는 점이다. 그러므로 돈이 깨끗한 선물인 동시에 마성을 가진 물신(物神)이 될 수 있는 것과는 대조적으로, 쌀은 언제나 상호 의존 관계에 있는 대상끼리 교환되는 특별한 물건이다. 오염된 쌀은 있을 수 없다. 쌀의 이런 특질은 일본인의 상징적 세계에서 쌀 자체가 니기미타마의 체현(体現)이라는 데서 기인한다.

일본뿐 아니라 중국, 그리스, 로마, 베다권의 인도, 사모아, 통가 등 화폐가 원래 성스러운 물건이었던 사례는 세계 각지에서 발견할 수 있다(Hocart 1952 : 97～104). 호카트의 연구에 의하면 화폐의 기원은 신의 종으로서 신의 말을 전하는 신관에게 지불하는 것에서 찾을 수 있다. 신관에게 "신이 깃들인 물건을 바치는" 것이다(Hocart 1970〈1936〉: 103). 그리스에서 조폐소는 사원 내에 설치되어 있고 위조는 신에 대한 모독으로 인정된다. 덧붙여 MONEY라는 말은 Juno Moneta에서 생겼는데 이것은 캐피트라인 힐에 있는 사원의 이름이며 기원전 269년에 이 사원 안에 은화 조폐소가 설립되었다(Hocart 1952 : 100). 화폐는 이같이 신에게 바치던 공물에서 변한 것이며 화폐의 보급 유통으로 활발해진 교역 자체도 원래 성스러운 특질을 가지고 있었다.

"소량의 금이 다수의 물품과 교환되는 것은 소량의 신성(神性)이 그보다 몇 백 배나 무거운 물품에 필적하는 가치를 가지기 때문이다"(Hocart 1952 : 101. 강조는 大貫). 마찬가지로 세금이 원래 성스러운 특질을 가지고 있었던 것은 "신은 억울해 하지 않고 내놓는 사람을 사랑"하시기 때문이라고 한다(Hocart 1970〈1936〉: 202).[51]

---

51) 종교적 관계가 있을 뿐 아니라 '신앙'이라는 개념도 원래는 경제와 깊이 연결되어 있었다. 벤베니스트는 '경제적 의무'라는 제목의 일절 속에 신앙에 대한 논고를 포함한다(Pouillon 1982 : 3). 더욱이 벨몽(Belmont 1982), 에렌슈미트(Herrenschmidt 1982), 푸이용(Pouillon 1982)을 비롯한 현대 프랑스의 연구자도 벤베니스트와 같은 입장을 취한다.

3. 힘, 아름다움, 이상적 생활

(1) 쌀과 힘

니기미타마의 성스런 힘을 드러낸다는 생각에서 쌀은 특별하며 성스러운 힘과 에너지의 원천으로 인정되어 왔다. 지금의 일본인들이 진정으로 쌀의 성성(聖性)을 믿는 것은 아니지만, 오늘날에도 쌀을 먹으면 힘이 난다는 생각을 한다. 또 봄가을의 농번기처럼 특히 힘든 일을 할 때나 시간적 통과 의례인 새해의 시작에는 떡을 먹어 특별한 힘을 받아들이는 것은 오래된 관습이다. 떡을 별로 좋아하지 않는 사람도 설날에는 떡을 먹는 것이 관례이다. 최근까지 도시 가정에서도 섣달 그믐날 떡을 만들 때는 가족과 친척들이 모여 북적거리며 떡을 빚어 나눠 먹었다. 그리고 가가미모치(鏡餅 : 신불에게 바치거나 설에 차리기 위해 만드는 둥글납작한 대소 두 개의 떡을 포갠 것—역주)를 만들어서 신전에 바친다(신년 행사 등에 대해서는 제6장에서 자세히 논하겠다). 힘의 원천으로 인정되어 온 떡은 산모가 출산한 후에 먹는 음식이기도 했다(柳田 1982a : 140~58). 흰 죽은 새로운 에너지의 원천으로 병자에게 먹이며 이유식으로도 빼놓을 수 없었다. 앞에서 보았지만 젊은이들은 운동 시합이나 연습 전에 쌀밥을 먹는다. 가게 앞에 늘어놓은 떡에는 "지카라모치(力餅)"라고 이름을 붙인 것도 많다. 이런 현상은 세속화한 형태를 띠면서도 여전히 쌀에는 특별한 상징적 힘이 있다고 믿는 사실을 반영한다. 이것이 가장 표면으로 드러나는 것은 쌀의

수입 자유화 문제 같은 위기 상황에서이다.[52)]

쌀과 정치 권력의 관계를 살피는 것은 이 책의 주제를 벗어나기 때문에 깊이 논의하지는 않겠다. 단지 쌀의 종교적, 상징적 힘이 정치 권력의 강화에 기여해 왔다는 점을 지적해 두고 싶다. 고쿠다카제에 대해서는 앞에서도 말했지만 생산고 자체가 다이묘(大名)의 부와 권력을 나타내는 상징이었다는 것이 그 한 예이다. 예를 들어 가가햐쿠만고쿠(加賀百萬石)라고 할 때면 황금빛 벼이삭이 물결치는 논이 펼쳐지는 풍요의 이미지가 떠오르며 그것이 그대로 가가한(加賀蕃)의 부와 권력의 이미지와 겹치는 것도 마찬가지다.

(2) 쌀의 미적 가치

쌀의 상징적 가치의 측면과 더불어 놓칠 수 없는 것이 쌀의 미적 측면이다. 모, 이삭, 쌀, 밥 이 모든 것이 일본인에게는 특별한 미적 가치가 있다. 풍요롭게 열매를 맺은 이삭은 일본인의 눈에 황금빛으로 비친다. 양자의 색깔이 비슷하기 때문에 쌀과 돈이 연결되

---

52) 쌀이 힘의 원천이라는 것은 '정(精)', '기(氣)' 라는 글자가 양쪽 다 쌀을 포함하는 것에도 표현되어 있다. 이 글자들 자체도, 의미도 중국에서 전해진 것이지만 일본에 보급되는 동안 특유의 의미를 가지게 되었다. 쌀이라는 글자의 사용에 대해 일부 외국인 연구자 사이에서는 미국을 나타내는 한자, 아메리카(亞米利加 : 일본에서는 미국을 한자로 표기할 때 米國이라고 쓴다—역주)에 쌀이라는 글자가 들어 있는 것에서 상징적 중요성을 찾아내려는 경향이 있는데 이 경우 쌀이라는 글자는 어디까지나 음으로 사용된 것이며 그 이상의 의미는 없다.

는 것이다.

쌀의 아름다움을 찬양한 시, 수필, 그림 등도 많은데 이것들은 쌀의 미적 가치를 한층 높이는 요소로 작용했다. 예를 들어 모토오리 노리나가(本居宣長, 1730~1801)는 『고지키덴(古事記傳)』에서 일본국의 우수성은 일본 쌀의 비할 데 없는 아름다움에 상징적으로 나타난다고 국수주의적 논리를 전개하고 있다(渡部 1989 : 89에서 인용).

오늘날에도 쌀의 미적 가치는 여전히 높다. 최근 발행된 60엔 우표에도 영근 벼이삭의 그림과 햅쌀의 향기로움을 찬양한 하이쿠(俳句)를 한 벌로 한 것이 있다(사진). 벼이삭의 그림도 붓으로 쓴 하이쿠도 일본인에게는 단지 아름다움의 표현을 넘어서 일본 문화의 표현이다.

갓 지은 밥의 미적 가치는 그 광택, 순백함과 분리시킬 수 없다. 다니자키 준이치로(谷崎潤一郎)의 『인에이레이산(陰峠禮讚)』 중에

다음과 같은 구절이 있다.

"갓 지은 밥을 반짝반짝 빛나는 옻칠한 공기에 담는다. 어두운 장소에 놓여 있는 것이 보기에도 좋고 식욕도 자극한다. 뚜껑을 열면 새하얀 쌀밥이 따뜻한 김을 뿜으면서 까만 그릇에 소복이 담겨 있다. 밥알이 진주처럼 빛나는 것을 보면 일본인은 누구라도 쌀밥의 고마움을 느낄 것이다"(谷崎 1959 : 17~8).

위의 글에서 추측할 수 있는 것은, 쌀의 미적 가치는 상류 계급에서 발달해 왔지만 일반 서민에게도 퍼지고 있었다는 사실이다.

오늘날에도 '백미'라는 표현에 쌀의 미적 특질은 여전히 남아 있다. 현대 일본인에게 인기있는 쌀 품종은 고시히카리와 사사니시키인데 히카리, 니시키는 공히 광택, 윤기, 황금을 나타낸다. 두 품종은 똑같이 이름으로 쌀의 미적 특질을 강조한 것이다. 거울이 신을 깃들이게 하듯이 쌀의 미적 가치도 역시 광택, 순백 속에서 발견할 수 있다.[53]

쌀을 미의 원천으로 여기는 것은 쌀겨를 미용에 사용하는 관습에도 나타난다. 옛날에 베로 만든 조그만 주머니에 쌀겨를 넣어 목근육을 문지르기도 했는데, 최근에는 쌀겨가 미용상 좋다고 재평가되고 있다. 효고(兵庫)현 니시미야(西宮)시의 니시미야 주조가

53) 바르트(Barthes 1982〈1970〉 : 12~4)의 일본 음식 일반 특히 쌀에 대한 통찰은 예리하지만 초점에서 벗어난 로맨틱한 고찰이다.

피카소미화학연구소와 제휴하여 "쌀겨 미인"이라는 트레이드마크로 6종류의 화장품(화장수, 모이스처 크림, 세수 비누, 세안 크림, 샴푸, 헤어 트리트먼트)을 출시하여 쌀의 '자연미'를 강조한 것도 그 예이다. 화장수 속에는 나다(灘 : 효고현의 지방—역주)의 우물물과 순곡주가 들어 있다. 용기, 포장에는 황금색으로 탐스럽게 영근 벼이삭 그림이 붙어 있다.

쌀의 미적 가치는 일본인의 자기 및 자기의 이미지와 깊이 관련되기 때문에 모토오리 노리나가나 다니자키 준이치로의 경우에서 보이듯이 국수주의적 가치로 쉽게 전환해 버릴 위험성을 항상 수반한다.

(3) '이상적 생활'과 쌀

쌀은 나아가 '이상적 생활'의 상징이다. 민간 전승에서도 선행, 정직 등의 포상으로 부가 주어지며, 이 부를, 즉 쌀을 받은 사람들은 오래도록 행복하게 산다. 황실의 니나메 · 오나메사이도 민간의 수확 의례도 그 목적은 쌀의 풍작과 풍요로운 생활을 보장받는 데 있다. 수확 의례 이외에 민간 의례나 요나오시(世直し : 세상을 바꾼다는 뜻—역주) 운동도 같은 목적인 경우가 많다. 예로 이나리(稲荷 : 곡식을 맡은 신—역주) 신앙에서는 논의 신과 논의 신의 심부름꾼인 여우를 모시는데(松前 편 1988 ; 柳田 편 1951 : 35~6), 쌀의 풍작을 기원하는 제사를 지낸다.

백성들의 잇키(一揆)는 요나오시의 기치를 드는 것이 많았는데 이 경우에도 극락, 유토피아가 구체화된 이미지에는 풍요롭게 영근 쌀이 겹쳐 있다. 근세에 잇키는 도시와 농촌을 불문하고 빈발했다. 농민 잇키는 대개 농민에게 가혹한 지방 관리, 돈놀이꾼, 양조업자, 욕심 많게 재산을 축적한 절과 신사를 향한 불만의 폭발이었다. 잇키에서 쳐부술 표적으로 삼은 것은 당연히 부잣집의 창고였다. 잇키를 일으킨 사람들이 꿈에 그리던 극락은 불공평한 분배에 따른 빈부의 격차가 없는 평등한 공동체였다(가쓰마타 1985〈1982〉). 이러한 다분히 요나오시의 성격을 가지는 농민 잇키에서 참가자는 도롱이를 걸치고 쌀가마니를 어깨에 멘다. 깃발도 볏짚으로 만든 것을 든다(가쓰마타 1985〈1982〉: 127~31). 즉 농민 잇키에 등장하는 물건은 모두 논에서 나온 볏짚으로 만든 물건이었다.

이러한 잇키의 상징물이 의미하는 것은 매우 중요하다. 앞에서 말한 마레비토 신은 도롱이를 걸친 모습으로 그려지는 것이 보통이다(折口 1975b : 202). 가쓰마타(1985〈1982〉: 131)의 해석에 의하면, 잇키를 일으킨 농민들은 도롱이를 입음으로써 상징적으로 신을 등에 지고 있다. 볏짚으로 만든 도롱이를 걸치고, 볏짚으로 만든 기치를 세움으로써 유토피아를 실현하는 힘을 쌀에서 얻기 위해서라고 해석할 수 있다. 즉 논의 신과 일체화함으로써 잇기를 믿고 나가는 것이다.[54]

54) 가쓰마타(1985〈1982〉)는 일반 서민이 꿈에 그리는 '평등 사회' 상을 시대별로 비교한다. 가쓰마타에 따르면 평등 세계상은 공동체의 틀로 묘사하는 경우가 많고 따라서 억울함이나 노함은 공동체 속에서 탐욕스럽게 재산을 축적한다든지 어떤 이유로 혼자서 비정상적으로 부유하게 된 자를

유토피아의 이미지가 쌀이 풍요롭게 영근 들판과 겹쳐지는 것은 미륵 신앙에 기초한 요나오시를 공들여 조사한 미야타의 작업에서도 자주 볼 수 있다. 원래 미륵 보살은 인도에서 전해진 것인데 일본에서는 완전히 성격이 바뀌어 쌀 의례에 깊이 관련된 부처가 되었다(宮田 1975〈1970〉 : 169～70). 미야타에 따르면 미륵 신앙에 기초한 유토피아상은 근세 일본 각지에서 일어난 세상 바꾸기 운동과 커다란 공통점을 갖고 있다. 특히 근세 말기의 운동에서 강하게 나타난다. 당시는 도쿠가와 막부에 의한 통치가 근본적으로 동요하고 사회적 · 정치적 대변동의 조짐이 도처에 나타나던 시기였다. 소위 "좋잖아(ええじゃないか)"도 그중 하나이다. 미륵 신앙과 깊이 연결된 "좋잖아"는 사람들이 어지럽게 춤추면서 "좋잖아, 좋잖아"라고 노래하던 현상을 말한다. 무질서하게 춤추고 노래하는 것으로 요나오시에 대한 염원을 온몸으로 나타낸 것이다. 사람들이 꿈에 그리던 새로운 세계는 쌀농사가 풍년이 들고 쌀값도 싼 세계였고 "좋잖아"라는 노래와 춤은 농촌의 수확 의례의 노래, 춤에서 나온 것이었다(高木 1983〈1979〉 : 221～31 ; 宮田 1987). 또 19세기 전국 각지의 농촌에서는 "즐거운 세상, 평화로운 세상, 곡식이 풍요로운 세상을 주소서"라는 노래를 불렀다(Scheiner 1973 : 596).

어쨌든 잇키나 요나오시 운동에서 꿈꾸던 유토피아상은 현실,

향한다. 즉 평등 세계상은 공동체를 초월한 보다 일반적이고 추상적인 평등 사회의 실현과는 연결되지 않았던 것이다.

즉 심각한 식량 부족, 특히 쌀의 결핍 상황을 반증한다. 무엇보다도 주목할 것은 잇키나 요나오시에 가세한 사람들이 쌀의 상징적 중요성을 강조하는 방향으로 움직였고 벼농사에 바탕을 둔 일본의 상징적 세계관 자체에 대해 이의를 제기하는 방향으로는 움직이지 않았다는 사실이다.

4. 맺음말—성스러운 선물로서의 쌀

쌀이 부, 화폐이고 나아가 힘, 권력의 원천이며 미적 가치를 가지는 것은 정도의 차이는 있지만 다른 문화와 부분적으로 공통된다. 그러나 일본 문화만의 독특한 부분도 있다. 제3장에서 말한 '프로테스탄트의 윤리'와 비교해서 이 윤리관은 백성이 새벽부터 어두워질 때까지 일하는 것을 선, 덕이라고 하는 점에서 일본 문화의 가치관과 맥락이 같다. 그러나 일본인의 사고 방식에는 또 하나의 부에 대한 견해가 있다. 부는 외래의 마레비토 신이 부여하는 선물이라는 사고 방식이다. 이것은 하늘의 신이 자신을 인간에게 선물로 주는 것이 쌀의 기원이라는 데에서도 찾아볼 수 있다.

하나의 사회에도 여러 가지 세계관이 있고 그것들이 경쟁적 또는 병존적 관계에 있는 것은 인류학 분야에서는 주지의 사실이다. 그렇기 때문에 동일 사회 내부에 부를 외래신의 선물로 보는 견해가 있는 한편, 부를 땀과 노력의 결과로 보는 견해가 있다고 하더라도 전혀 놀라운 일은 아니다. 전자는 소위 비공식적, 주변적인 세계관이며 후자는 공식적, 중심적인 세계관이다. 아이누족의 예를 들면 남성 중심의 공식적 세계관이 곰 의례로 표현되는 데 비해 비공식, 주변적인 여성의 상징적 힘은 토우스(샤먼) 의례로 표현된다 (Ohnuki-Tierney 1981).

덧붙여 '요소모노(외부인—역주)' 또는 '외래신' 이라는 개념은 일본뿐 아니라 아프리카나 오세아니아 등 세계 각지의 문화에서 찾아볼 수 있다. '외부인' 을 사회학적으로 분석한 짐멜(Simmel 1950〈1907〉 : 402~8)에 따르면 '외부인' 의 공통 특질은 공동체의 일원이면서 공동체의 완전한 멤버로 인정되지 않고 또 실제로는 가까이 있으면서 멀리 떨어진 존재이다. 그렇기 때문에 '외부인' 은 물질적, 비물질적 두 측면에서 공동체에 커다란 영향을 미칠 수 있다. 이 '외부인' 의 힘이 구체적으로 어떤 형태를 가지는지는 문화마다 다르지만 인류학에서든 사회학에서든 연구자에게 '외부인' 의 개념은 문화의 역동성, 역사적 전환을 설명하는 데 매우 유효하다.[55]

귀중한 물건이 원래 신과 인간 사이의 증여 교환품이므로 교환 또는 '경제적' 교역의 수단으로 사용되는 동시에 종교적, 상징적 의미도 가지는 경우는 세계 각지에 널리 분포되어 있다. 더욱이 성(聖)의 가치는 힘과 미와 깊이 관련된다고 여겨지는 경우가 많기

---

55) 세계 각지의 '외부인' 의 개념에 대해서는 Berger and Luckmann 1967 : 122~56 외 ; Frankenberg 1957 ; Myerhoff 1980〈1978〉 ; Sahlins 1981 ; Schutz 1971 : 91~105 ; Shack and Skinner eds.1979 ; Turner, V. 1975(1974) : 특히 231~91 ; van Gennep 1961〈1909〉 : 26~7 을 참조.

때문에 어떤 문화에서도 예술과 종교의 경계가 확실하지는 않다. 쌀을 먹는 문화권에 속하지 않은 관찰자가 쌀의 미적 가치를 이해하기란 어려울지 모르지만 미식 문화에서 쌀의 미는 예술 작품의 미와 다름없어 보인다. 유대 · 기독교 문화권에서 밀, 즉 빵은 그리스도의 신체에 비유되지만 일본 문화의 쌀에 필적할 정도의 미적 가치는 가지지 않는다. 이 차이는 일본의 쌀이 신 자체인 데 비해 서구의 빵은 그 자체가 신격화되지 않는다는 점에 기인할지도 모른다.

마지막으로 정(淨), 부정(不淨) 양쪽의 가치와 의미를 모두 가지는 다의적인 화폐와, 성(聖) · 정(淨)의 가치와 의미만 가지는 쌀이 병존하는 것은 상징적으로 매우 흥미롭다. 사물이든 사람이든 획일적이고 불변하는 특정한 의미만을 가지진 않는다. 그것들의 의미는 문화적, 역사적 틀 속에서 사람들이 각각에 부과하는 것이다. 그러나 사람들이 완전히 자유롭게 상징적 의미를 부과할 수 있는 것은 아니다. 문화적, 역사적 틀이 구조적으로 사람들의 사고나 행동, 관념의 패턴과 폭을 한정하기 때문에 경화 · 화폐는 '깨끗한 돈' 도 되고 '오염된 돈' 도 된다. 한편 쌀은 지금 옛날의 성성(聖性)을 잃어버렸지만 결코 '오염된 쌀' 은 되지 않는다. 즉 개인이 자유롭게 바꿀 수 있는 것이 아니다.

제6장

'자기' 로서의 쌀, '우리 국토' 로서의 논

쌀이 일본인의 자기 상징이 되는 과정, 다시 말해서 쌀과 논이 일본인의 자기를 나타내는 가장 중요한 은유의 하나가 되는 과정은 결코 단순한 '신비화(mystification)' 의 과정이 아니다. 이 장에서는 광범한 문화적 · 예술적 표현, 상징, 관습 등을 자세히 고찰함으로써 농경 사회의 상징적 세계 · 세계관 및 이데올로기가 어떻게 점차 일본인의 일상 생활에 침투하는지의 과정을 해명할 것이다. 동시에 이런 침투에 수반되는 사회적 마이너스 면, 즉 상징적 표상에서 비농경 문화의 존재가 부정된다는 데도 초점을 둔다. '농경 사회 일본' 에서 소외된 비농경민과 그 문화는 어떻게 되었나를 추적하는 것도 이 장의 목적 중 하나이다.

1. 농경 사회 일본

일본이 농업 경제 사회로 이행한 지는 2,000년밖에 되지 않았다. 그 이전의 수렵 채집 경제 시대, 즉 구석기 시대(B.C.50000~

B.C.11000), 조몬 시대(B.C.11000～A.D.250)보다 훨씬 짧다. 아무리 짧은 시간이지만 농경 사회를 기반으로 일본이 국가로 형성되었다는 점을 생각하면 농경의 중요성은 결코 경시할 수 없다. 제4장에서 보았듯이 천황제의 기반도 농업 경제 및 농경 사회의 상징적 세계에 깊이 뿌리를 내리고 있다.

과거는 그렇다고 하더라도 경제 기반이 농업에서 공업으로 이행하고 그에 따라 인구가 도시로 집중되고 농촌이 과소화되면서 여전히 일본인이 자기 인식의 기반을 쌀, 농업에 두고 있는 점은 연구할 가치가 있다. 책이나 잡지의 표지에도 '농경 사회 일본'의 이미지로 논 그림이 자주 사용된다.

일본이 농경 사회로 자리매김하는 데 학술 연구가 해 온 역할은 크다. 농경 사회가 시작되었다는 야요이 문화는 학계에서 특히 주목을 끌었다. 대규모의 논 유적을 포함한 야요이 유적의 발견은 고고학계는 물론 일반 일본인 사이에서도 화제가 되고 미디어에서도 널리 다루어졌다. 1943년 시즈오카(靜岡)현에서 발굴된 도로(登呂) 유적이 일본국의 찬란한 농경 문화의 시작을 증명한다고 소개하는 엄청난 양의 출판물이 간행되었다(大塚 · 森 편 1985). 유적에서 모습을 드러낸 21,357～21,389평에 달하는 야요이 시대의 논(乙益 1978)이 빛나는 일본국의 시작을 증명한다는 것이다.

앞에서도 보았지만 쌀이 역사를 관통하여 일본인의 주식이었다는 견해는 최근까지 학계에서 널리 받아들여졌다. 전후 미국의 일본 연구 인류학도 또한 '농촌 사회 일본(Village Japan)'이라는 인식에서 출발했다. 오늘날과 비교하면 전쟁 직후의 일본은 아직 농촌 사회의 색채가 강했고 '농경 사회 일본'의 이미지가 너무 강해서 일본 사회 연구라면 즉 농촌 사회의 연구를 말했다. 그리고 그것이 더욱 '농경 사회 일본'의 이미지를 굳히는 데 기여했다.[56]

새삼 지적할 필요도 없겠지만 일본의 사회·문화가 예전 생각만큼 결코 등질적이지 않다는 것은 최근 자주 논의되고 있다. 이는 현대뿐 아니라 역사적으로도 마찬가지이다. 그럼에도 불구하고 '농경 사회 일본'의 관점에 선 사람은, 일본 사회가 이질 문화와의 공존을 거부하고 농업 종사자가 단일 문화를 형성한 것으로 생각해 왔다.[57] 더욱이 '농경 사회 일본'은 그대로 벼농사와 겹쳐져, 벼농사 이외의 농업도 일본인의 주식을 생산하는 중요한 부분을 담당해 왔음에도 그 존재를 인정받지 못했다.

일본 역사에서 비농경 종사자는 거의 없었다. 최근에야 겨우 벼농사 이외의 농경이나 농경 이외의 직업에 주의를 기울여 일본 사회의 다양성을 지적하고 연구하는 움직임이 학계에서도 보이기 시

56) 인류학자는 과거에도, 지금도 여전히 스스로를 '무문자, 미개 문화 전문가'라고 생각하는 경향이 있다. 이 때문에 서구 이외의 일본, 중국, 인도 문화 등을 타자·타영역의 문화로 파악하기 쉽다. 또 연구 대상으로 농촌이나 벽지 또는 사회·문화적 소수자에 초점을 맞춘 경우에도 이들은 '문명', '역사 있는 사회' 소위 '뜨거운' 사회 속의 '미개 지역', '차가운 지역'으로 취급되는 경향이 강하다. 인류학의 이러한 자세에 대한 비판적인 논고는 Ohnuki-Tierney 1990c를 참조.

57) "사회"에 대한 논의는 제7장의 주 75)에 상세하게 소개하고 있다. 언제부터 일본인이 스스로를 일본인으로 인식하게 되었는가에 대해서는 몇 가지의 설이 있다. 현대 일본인이 일본국(일본열도) 국민으로서의 인식을 일반적으로 갖게 된 것은 아주 최근으로, 러일전쟁 무렵이라고 한다.

작했다. 즉 농경 · 비농경, 정주 · 비정주 문화의 공존(網野 편 1984), 산야나 바다 등에서 거둬들인 수확물로 생활을 영위해 온 집단(大林 1983) 등, 이러한 직업의 다양성은 남녀의 성별, 사회 계층의 구별과는 별도로 일본 사회의 다양성을 형성했던 것이다. 따라서 실제의 일본 사회는 역사적으로 극히 복잡하게 얽힌 모자이크상이었다고 보는 것이 타당하며, 등질의 '농경 사회 일본' 또는 '쌀문화의 나라 일본'이라는 이미지는 한쪽으로 치우친 견해이다.

이제까지 오랫동안 균질 사회 일본이라는 이미지가 널리 뿌리 깊게 받아들여져 온 사실이 오히려 놀랍다. 그러나 근래 일본에서는 새로운 움직임이 나타나 역사학과 인류학이 영향을 주고받으면서 이제까지의 '농경 사회 일본' 특히 벼농사 중심 문화에 대한 비판적인 해석이 왕성하게 이루어지고 있다.

이 장에서는 논의의 초점을 다음과 같이 두 가지로 좁히겠다. 첫째는 '농경 사회 일본'이 시대별로 어떤 구체적인 형태를 띠었는가 하는 것이다. 단 역사를 자세히 고찰하는 것은 이 장의 틀을 넘어서는 것이므로 아주 간결하게 정리하는 데 그친다. 유의할 것은 '농경 사회 일본' 관이 정착되는 동시에 진행된 반대의 움직임이 바로 중세말 이래에 이루어진 비농경민의 사회적 주변화라는 점이다.

둘째는 어떻게 해서 일본인의 문화적 자기의 가장 중요한 상징으로 '농경 사회 일본'이 등장하며 역사 과정에서 새로운 '타자'와 교류할 때 이 농경 사회 일본이 어떻게 모습을 변화시켜 왔는가이다.

2. 고대(B.C.300~A.D.1185)

앞에서 언급했듯이 『고지키(古事記)』, 『니혼쇼키(日本書紀)』는 덴무(天武) 천황(672~686년 재위)의 명에 따라 편찬되었다.[58] 이는 당시 압도적인 당 문화의 영향하에서 일본 스스로의 문화적 자기를 창조하려는 의도에서 편찬되었다(川副 1980〈1978〉: 153~4). 당 문화의 영향은 실로 커서 즉위 의례를 비롯한 천황가의 여러 가지 의례의 기본적 구성에서 세세한 부분에 이르기까지 폭 넓게 도입되었다[59](井上光貞 1984 : 9~11).

그러나 아이러니하게도 아시아 대륙에서 전해진 벼농사가 일본의 독특한 문화적 자기의 상징으로 선택되었다. 원래 아시아 대륙에서 전해진 벼농사를 일본 문화의 핵심으로 하기 위해, 나아가 야

58) 『고지키』, 『니혼쇼키』의 편찬과 관련된 상세한 내용은 坂本 외 1967 : 6~12를 참조.

59) 일본 황실이 규범으로 삼은 당의 유교에서, 의례는 국가 · 정사에서 필수이지만(Ahern 1981 ; Yu-Lan 1948 : 214~5), 일본에서는 고대 이후 황실 의례와 정치는 독자적으로 전개되었다. 일본 문화 특히 종교 및 정치 분야에서 중국의 영향에 대해 논의할 때, 마치 중국 '유교'의 내용과 형식이 그대로 일본 문화 속으로 들어온 것처럼 생각하는 경우가 많은데 실제로 그것은 표층적인 부분에 지나지 않는다. 그보다 인류학적 견지에서 '사회의 총체적 현상(total social phenomenon)' (Mauss 1966〈1950〉)의 분석틀로 파악하는 것이 보다 깊은 이해를 얻을 수 있다. 즉 '사회 전체적 현상'은 각 문화 속의 기초적 사회 사실, 예를 들어 가족, 공동체, 시장 등—일본의 고대 천황제도 이 중의 하나에 해당하지만—으로 종교, 경제, 정치 등의 측면을 동시에 갖춘 다면성을 가진 사회 현상이다.

마토 국가에 벼농사를 뿌리내리기 위해, 가타리베(語部 : 역사책이 없었던 상고 시대에 조정에 출사하여 전설이나 고사를 외어서 이야기하는 것이 소임인 씨족—역주)가 전하는 여러 역사 · 신화 중 가장 마음에 드는 부분이 '선택된 것이다'(Vansina 1985 : 190~2 참조). 이 선택된 역사 · 신화에서는, 야마토 국가의 신—처음에는 생산 · 재생산을 담당하는 다카미무스비노카미(高御産巣日神), 후에는 아마테라스오미카미(天照大神)—이 하늘나라(다카미가하라〈高天ヶ原〉라고 하며 신화 속에서 신들이 사는 하늘나라를 가리킨다—역주)에서 최초의 벼를 재배했는데 이 신이 천황가의 조상신이며 나아가 야마토의 모든 사람들의 조상이라고 한다.

한편 제5장에서 말한 것처럼 조정이 선택한 역사 · 신화 및 조정의 수확 의례는 농경에 기초한 민간의 세계관, 상징과 기본적인 부분에서 일치한다. 천황가도 민간의 경우와 같이 상징 세계에서 부(富), 행복, 길사(吉事)는 외부로부터 주어진다고 생각한다. 쌀, 즉 부도 하늘의 신이 주는 것이다. 따라서 상징적으로 하늘나라와 국외는 마찬가지의 것이다. 일본인에게 중국은 신들과 마찬가지로 농촌 공동체의 외부에 있으면서 고도의 문명과 여러 가지 은혜를 전해 주는 존재였다.

『고지키』와 『니혼쇼키』는 오나메사이(大嘗祭)와 마찬가지로 쌀과 깊이 관련된 통치자의 신분과 지위를 상징적으로 확인시켜 준다. 오나메사이는 새 천황이 즉위할 때 반드시 거쳐야 할 의례의 일부이며 이를 거침으로써 천황의 종교적 · 정치적 · 경제적 권력이 재확인되며 동시에 중국인 · 중국 문명과 같은 '타자'와의 관계에서 일본인, 일본 문화의 특이한 성격이 확인된다. 오나메사이가 근본적으로는 정치적 성격을 갖지 않은 수확의례임에도 불구하고 새 천황의 즉위와 관련된 일련의 의례에서 가장 중요한 의례로 보존되어 온 것은 이런 이유 때문이다. 정치적으로 새 천황에게 정통성을 부여하는 것이라면 당연히 즉위 의례만으로 충분할 것이다.[60]

정통으로 선택된 역사 · 신화가 벼농사 중심의 세계관, 가치관을 강조하면 당연히 그 외의 수렵 채집 경제와 깊이 연결된 의례 등은 주변화된다(大林 1973 : 4). 앞에서도 볼 수 있었듯이 '선택된' 역사 · 신화 속에서조차 풍요하게 영근 벼이삭을 의미하는 이름을 가진 대지(大地)의 신은 사냥꾼으로 묘사되었다. 그럼에도 불구하고 벼농사가 차차 수렵 채집 문화를 제외시켰다는 것을 알 수 있다. 일본열도의 원주민은 벼농사로 서서히 바뀔 때까지 5만 년 동안이나 수렵 채집 경제를 영위했다. 그리고 농경이 압도적 상징이 된 후에도 일본 각지 특히 동북, 관동 지방에서는 수렵 채집 경제가 중심적 지위에 있었다.

고고학적 연구에 의하면 선사 시대부터 이미 야마토국 사회는 계층화되어 있었다(Ninomiya 1933 : 60~4). 그러나 이 계층이 법적으로 확정된 것은 645년 다이가(大化) 개신(改新) 때의 일이다. 다이가 개신으로 양민과 천민의 구별이 생겼다. 천민은 당시 전 인구 500~600만 중 약 10%를 점했는데(上田一雄 1976 : 80) 천민은 다

60) 우에야마 하루히라(上山春平 : 교토 국립박물관장)가 지적하듯이, 실제로 오나메사이를 단순히 중국식의 즉위 의례에 대한 대항이라고만 볼 수는 없다(赤松 1989 No.1에서 인용).

시 5단계로 나뉘었다. 다시 말해 오색(五色) 천(賤)이다. 천황릉을 지키는 능호(陵戸), 공령지(公領地)를 경작하는 관호(官戸), 가사 제반에 종사하는 가인(家人), 공소유(公所有)로 잡역에 종사하는 공노비, 민간인 등에게 소유되어 잡역에 종사하는 사노비가 있었다(Ninomiya 1933 : 70~1).

천민 중에는 『고지키』의 가타리베로 유명한 와다노 아레(稗田阿禮) 등 유능한 인재가 예술 분야 등에 많았다. 『만요슈』(萬葉集 : 8세기 중반에 편집된 일본 최초의 시집—역주)의 대표적 가인(歌人)인 마로(麻呂)도 천민 음유 시인이었으며 마로는 원래 천민에게 주어지는 지위를 의미했다고 한다(折口 1976b : 464). 고대 일본에서 가무는 종교적 의미와 중요성을 가졌는데 가무음곡(歌舞音曲)을 전문으로 하는 것도 역시 천민이었다. 이러한 천민의 직업에서 예술, 예능과 관련된 부분은 기본적으로 종교와 깊은 관련을 가지고 있었다. 천민은 사회적으로는 하층이었지만 종교적인 특수 기능을 가진 자로, 천황을 비롯한 권력 기구의 중추에 깊이 들어가 있었다(상세한 것은 Ohnuki-Tierney 1987 : 77~81, 111을 참조).

천황제는 고대에 확립된 이래 2,000년 이상 명맥을 유지해 왔지만 기타가와(Kitagawa 1990 : 140)는 "8세기만큼 천황의 권세가 높았던 적은 없다"고 지적한다.

3. 중세(1185~1603)

아시아 대륙에서 화폐 경제를 비롯한 여러 문화가 전해져 일본 사회를 역동적인 변화 과정으로 이끈 시기는 중세 초기였다. 중세 사회의 특징은 미증유의 유동성과 다양성이며, 직종의 세분화도 한층 진행되었다. 또 중세는 처음으로 군사 정권이 나타나는 시대였다. 그 이래 군사 정권에 의한 국가 권력의 장악은 제2차 세계대전이 끝날 때까지 계속되었다.

아미노(網野 1980, 1983, 1984)는 중세 말기에 이르기까지 일본 사회가 정주민과 비정주민 두 집단으로 구성되어 있었다고 본다. 소위 평민에 포함되는 정주민은 무사와 농민인데, 이 평민이야말로 중세 이후 '일본인'이 되는 집단이다. 평민은 누구의 소유도 아닌 자유로운 사회 구성원이고 무장할 수도 있었으며 이동도 자유로웠다. 이러한 자유와 함께 평민은 납세의 의무도 지고 있었다. 그리고 평민 사회의 주변에 위치한 것이 게닌(下人) 및 쇼주(所從)라고 불린 노예이며 그들에게는 납세의 의무가 없었다. "공적 부담의 자격도 없다"라고 인정되었기 때문이다(網野 1980 : 22~3).

한편 비정주민 집단에는 직인(職人) 외에 여러 비농경민이 포함된다. 직인은 특별한 기능을 보유한 사람들로 법적, 사회적으로 특별 대우를 하거나 납세를 면제해 주었다.[61] 직인 집단은 부분적으

---

61) 직인이라는 단어가 처음으로 역사 기록에 나오는 것은 1367년인데 이 직인은 공예 등의 소위 직업적 전문직의 사람들을 가리켰다(網野 1980 : 105~8, 1983 : 186~99). 14세기 중엽까지는 '직인'이 하나의 사회 집단

로 또는 완전하게 납세가 면제되었을 뿐 아니라 자유로이 경계를 넘어 각지를 왕래하는 것도 허용되었다. 이런 특권을 가진 직인은 교역 등의 상업 활동에 종사했는데 특히 서일본에서는 천황이 직인에게 직접 교역 허가를 주었다. 당시 각 영지간의 국경을 통괄했던 것은 천황이었다. 한편 동일본에는 천황에게 교역 허가의 특권을 얻은 직인 집단이 있었지만 대다수가 가마쿠라 막부의 미나모토노요리토모(源頼朝)에게서 이런 특권을 얻었다(網野 1980 : 133~45). 이와 같이 비정주민인 직인, 특수 기능을 가진 사람들은 정주민이 가지기 어려운 여러 가지 특권과 자유를 향유하였다.

비정주민 중에는 '직인'으로 분명히 인정되지 않는 많은 사람들이 있었다. 그 직업은 실로 다채로워서 예능, 공예, 종교, 예술 각 방면에 미쳤다. 또 부정하게 여겨지는 직업—사람이나 동물의 죽음과 연관됨으로써 부정이 생긴다고 생각했기 때문에 죽음과 관련된 직업은 대체로 이 범주에 든다—에 종사하는 사람들도 있었다. 비정주민은 일정한 토지에 거주하지는 않았지만 그렇다고 항상 이동 중인 것은 아니므로 특정 토지에 정주한 사람들도 있었다. 이 사람들이 정한 거주지는 경계, 주변의 토지로 강변, 제방, 다리 밑, 비탈 옆 등이 많았다. 이런 장소는 자연적 지형으로 구분된 정주 사회의 주변부이며 거주지 자체가 여기에 사는 사람들의 사회적 지위를 상징적으로 나타내었다. 중세에 이런 경계 지역에 살며 과세 대상에서 벗어났던 사람들은 가와라모노(河原者)로 총칭되었다(横井

으로 모습을 갖추었다는 것을 보여 준다.

1982 : 335~9). 가와라모노와 마찬가지로 산조(散所)라는 말도 사용되었는데, 경계 · 주변지와 여기에 사는 사회적 주변에 위치하는 사람들 둘 다를 의미한다. 산조들은 토지를 갖지 않고 세금도 내지 않았다(野口 1978 : 89). 산조는 혼조(本所)에 대비되는 말로 후자가 '중앙'을 의미하는 데 대해 전자는 '흩어진' 주변적 장소의 뜻이 있다(横井 1982 : 337~9). 하야시야(林屋 1990〈1973〉 : 130~1)의 설에 따르면 '산조'에는 '비과세'의 의미도 있다. 당시 사회에서는 세금을 토지 및 수입에 부과했기 때문에 '비과세'는 즉, '주변' 또는 '비주류'를 의미했다.[62] 그렇다고 해서 가와라모노나 산조의 사람들이 중세 내내 극단적으로 차별 대우를 받았다는 것은 아니다. 그렇게 된 것은 중세 이후의 일이다.[63]

---

62) 가와라모노, 산조들이 정주했는지 정주하지 않았는지에 대해서는 오랫동안 견해가 갈려 있다. 정주지 없이 마을에서 마을로 이동하는 생활을 했다는 설이 다수를 점하고 있지만 오치아이(落合 1972 : 66~7)같이 야나기타의 연구 성과를 인용하면서 이 사람들 중에는 공동체의 일원으로 정주 생활을 영위한 사람들도 많았다고 주장하는 연구자도 있다. 필자는 예술 · 예능 및 종교 관계의 직업을 가진 사람들은 농촌 공동체를 여기저기 돌아다녔으며, 한편 오염을 청소하는 데 관련된 사람들은 공동체에 정주했다고 생각한다. 단 정주했다 하더라도 대부분은 공동체의 주변부였을 것이다.

63) 이 외에도 비정주민으로 취급된 것은 모토(間人), 거지, 성(聖), 히닌(非人)이었는데 당시 비정주민의 문화적 의미를 가장 단적으로 나타내는 것이 히닌이라고 불린 사람들이다. 히닌은 이 시대, 사회의 주변에 위치하고 있었지만 반드시 부(負)의 가치를 가지진 않았다. 히닌이 역사에 등장하는 것은 헤이안(平安) 시대 초기의 일이었는데 도시에서 그들의 존재가 눈에 띄게 된 것은 헤이안 중기 이후의 일이다(高柳 1981 : 11~3). 중세에 히닌은 자발적으로 세상을 버린 사람들을 가리켰다(森田 1978 : 79~80).

더욱 흥미로운 것은 이러한 '주변'의 사람들 중에는 사회적, 정치적 권력의 중추에 있는 천황이나 장군 등과 직접 관련된 직업, 지위를 점한 사람도 많았다는 사실이다.[64)]

그러므로 히닌 중에는 죄를 짓고 사회에서 추방된 사람들, 순수한 경제적 이유로 거지가 된 사람들도 소수 포함되지만 다수는 종교적 이유에서 또는 납세의 의무 등 여러 가지 사회적 책임을 거부하여 출가한 사람, 즉 성(聖)이었다(黑田 1972〈1963〉; 森永 1967〈1963〉; 高柳 1981). 이렇게 사회에서 이탈하여 외부인이 된 성, 유행승(遊行僧)은 사회의 우세한 정통파 종교 권위에 대해 종교적, 정치적 반권위의 상징이 되었다(黑田 1972 : 44~5). 아미노(網野 1994)는 히닌을 직인 신분의 하나로 해석하는 의견 등을 소개하는 히닌 연구사를 단적으로 제공하였다.

64) 아미노(網野 1980, 1989)의 설에 의하면 중세의 상인, 직공, 예능 · 종교 관계자 등 농업 이외의 직업에 종사하던 사람들은 천황에게 직접 봉사하며 천황에게서 전국 각지를 자유로 통행할 수 있는 허가증을 얻었다고 한다. 또 고다이고(後醍醐) 천황(재위 1318~39)은 막부를 쓰러뜨리는 계획의 일환으로 주로 무사 계급 및 농민의 지지를 얻고 있는 막부 세계에 대항하기 위해 농업 이외의 직업에 종사하는 사람들, 특히 히닌의 힘을 집결하고자 했다. 흥미롭게도 원래 천황은 농업과 깊이 관련된 샤먼적 지도자였는데 중세에는 농업 이외의 직업에 종사하는 사람들과 강하게 연계했다. 한편 무사 정권인 막부 쪽이 농업을 기반으로 하는 세력과 결속하였다.
아미노는 중세 사회의 구조를 복수 계층의 병립으로 보지만 이 해석에 대해 비농업, 비정주민의 사회 · 문화적 존재를 과대 평가했다는 비판이 있다. 필자 생각에도 우세한 농업 · 정주민으로 구성된 사회 계층이 역시 사회 구조의 중핵을 구성한다. 즉 필자는 병존하는 두 개의 사회 계층을 아미노처럼 동렬에 두지 않는다. 그러나 각각 상호 관련되지만 독자적인 원칙에 구성 기반을 두고 있고 결코 유연성이 결여된 상하 구조로 조직되지는 않았다고 생각한다.

4. 근세(1603~1868)

17세기 초기 도쿠가와 정권의 수립은 그 후 300년 가까이 되는 엄격한 봉건제 사회의 시작을 긋는 사건이었다. 이 시대 일본의 사회, 문화는 크게 변화하기 시작했다. 먼저 대외적으로는 쇄국정책을 세워 외국의 영향 특히 기독교를 철저히 배격했다. 국내적으로는 소위 사농공상으로 이루어진 '계층 사회'[65]가 확립되었다. 이 네 계층의 바깥에 두 개의 카테고리를 추가하면 사회의 전체상을 잡을 수 있다. 정점에 천황, 그리고 최하층에 피차별민이라는 두 계층의 사람들이 있었다. 이 둘은 네 계층으로 이루어진 일반인의 주변을 구성하는 존재였다(천황의 주변성에 대해서는 Ohnuki-Tierney 1991b를 참조).

근세 사회는 단일 사회 구조이다. 이것은 복수의 사회 구조가 병존하는 형태의 중세 사회와 현저한 대조를 보인다. 아미노가 역설한 것처럼 근세의 단일 사회 구조에서는 비정주민에 속하는 계층은 법적으로 정주민에 속하는 계층에 속하게 되어 독립된 사회 계층으로는 존재조차 없어졌다. 요컨대 정주민이 주체가 되는 사회 구조만이 존재했다. 여기서 '벼농사 문화 국가 일본' 또는 '농업 국가 일본'의 사회적, 법적 기초가 확립되었다.[66]

---

65) '카스트'에 대한 학계의 논의에 대해서는 블록(Bloch 1961(1949)) 및 듀몽(Dumont 1970〈1966〉)을 참조.

66) 이 시대에 피차별민의 지위가 사회적, 법적으로 고정된 것과 대조적으로 다른 사회 계층, 예를 들면 무사, 농민, 직공, 상인 등은 비교적 자유롭게 신

여기서 특히 주목할 만한 것은 1588년 도요토미 히데요시가 내린 가타나가리(刀獵り)령이다. 3개조로 이루어진 이것은 농민의 무기 소유를 금하여 당시 빈번하게 일어났던 농민 잇키(一揆)를 억제하자는 의도로 만들어졌다. 그때까지는 무사라도 많은 수가 들일을 겸했고 또 농민도 필요할 때는 무기를 가지고 싸웠다.[67] 히데요시 시대에 적어도 공적으로는 농민 · 백성의 토지에 대한 권리도 호적, 겐치초(檢地帳)에 의해 인정되었고 농민 · 백성이라는 신분도 사회적으로 확립되었다(久留島 1986 : 특히 274~7). 그러나 가타나가리령으로 인해 농민은 자위를 위해서라도 무기를 잡지 못하게 되었다. 이 오랜 평화 시대에 조카마치(城下村)의 무사는 봉급생활을 하는 '공무원' 이 되어 농민의 보호자라는 역할도 잊어버리고 말았다. 따라서 근세 농민은 스스로 자기를 지켜야 했음에도 불구하고 칼을 빼앗겼다.

이 태평천하의 시대에 '농업 국가 일본' 은 명확히 확립되고 '농업 세계관' (농업에 기초한 세계관)이 일본 사회의 지배 이데올로기가 되었다. 이렇게 '농업 국가 일본' 의 사회적, 법적 기초는 굳어졌

분을 바꿀 수 있었다. 그중에는 자발적으로 신분을 떨어뜨린 사람들도 많았다. 심학(心學)의 원조인 이시다 우메이와(石田梅岩)도 그중 한 사람으로 농민으로 태어났지만 상인이 되었고 그 후 심학까지 열었다(Bellah 1970 : 134).

67) 가쓰마타(1985 : 179~81)의 설에 따르면 가타나가리령의 목적은 농민이 무사와 싸워 살상을 입는 것을 막고 농업에 전념하는 것이었다. 그러나 가타나가리령이 결과적으로 농민보다도 영주의 몸을 지키는 데 유효했다는 것은 명백한 사실이다.

다. 고쿠다카제가 이 과정에서 수행한 역할은 크다. 고쿠다카제는 당시의 지식인, 사상가도 의식하지 못하는 사이에 '농업 이데올로기' 의 확립에 크게 기여했다.

(1) '농업 이데올로기' 와 국학파

'농업 이데올로기' 의 확립에 커다란 영향을 미친 것이 근세 말기에 나타난 국학파 학자이다. 벨라에 의하면 '생산성' 을 중시한 실천적 윤리관이 그 당시에 최고의 도덕이었다. 덧붙여 벨라(Bellah 1970〈1957〉: 114)는 이 윤리관을 경제적 합리주의라고 이름붙이고 서구의 프로테스탄트 윤리관과 공통점이 있다고 보았다. 어떻든 이 같은 윤리관에서 '비생산적' 인 직업은 천시된다. 단 무엇을 '생산적' 으로 보는가는 사람에 따라 해석이 다르다. 상인 및 직인을 '비생산적' 이라고 보는 사람도 있고 이시다 우메이와(石田梅岩, 1685~1744)나 모토오리 노리나가(本居宣長, 1730~1801)처럼 '땀 흘리며 생산에 종사하지 않는' 상인이라도 생산적이라고 보는 사람도 있다. 상인을 스스로의 이익만을 위해 일하는 자로 볼 것인가 또는 다른 사람, 더욱이 나라 전체의 경제에 봉사하는 자로 보는가에 따라서도 의견이 나뉜다(Bellah 1970〈1957〉: 107~32).

하루투니안(Harootunian 1988)에 의하면, 18세기의 국학파 학자는 숭고하고 특이한 일본인의 문화적 자기 인식을 확립하는 데 신경을 썼다. 그 배경에는 중국 문화의 압도적 영향에 대항하여 일본문화, 일본인으로서의 자기를 지키고자 하는 바람이 있었다. 그리고 순수한 '일본인의 자기'의 기초로 '발견'된 것은 농업에 바탕을 둔 세계관 · 가치관과 고대 신도였다. 이렇게 해서 국학파 학자는 농업을 고대부터의 양식에 따르는 일본 독자의 것으로 새롭게 규정하였다(Harootunian 1988 : 23). 이와 같이 새로운 의미를 가지게 된 농업에서는 농작업 자체도 또 농산물을 먹는 것도 종교적인 행위가 되었다. 히라타 아쓰타네(平田篤胤, 1776~1843)가 농업신인 도요우케노카미(豊受大神)를 모시는 데는 매일매일 찾아뵙고 매일매일 들일에 정성을 기울이며 올바르게 농산물을 먹는 것이 중요하다고 역설한 것은 이런 생각을 잘 나타낸다(Harootunian 1988 : 212). 이상과 같이 일본인은 '타자'와 구별되는 독자의 문화적 자기 인식을 확립하기 위해 원래 대륙에서 전해진 농업을 독자적인 것으로 다시 끌어내었다.

(2) 일상 생활 속의 농업 이데올로기

농업 이데올로기가 지배 계급뿐 아니라 일반인 사이에도 널리 침투한 것은 서민 문화 속에 여러 가지 형태로 나타났으나 잇사(一茶, 1763~1826)의 하이쿠(俳句)에도 모심기 노래와 관련된 것이 있다. 잇사는 모심기 노래가 농촌 생활에서 멀리 떨어진 사람에게조차 봄이 온 것을 알려 준다며, 농민과 함께 논에 나가 땀흘리며 일하지 않는 사람은 다소나마 마음의 책망을 느끼지 않을 수 없다는 마음가짐을 표현한다.

아쉬운 낮잠에서 깨어나네, 모심는 노래가 들리네(小林一茶 1929 : 508)

논일하는 사람을 마음으로 합장하는 낮잠인가(小林一茶 1929 : 473)

쌀의 신성한 가치를 표현한 당시의 속담이나 격언 중에 오늘날까지 전해지는 것도 많다. 예를 들어 쌀알을 밟으면 발이 돌아간다든지 밥알을 한 톨이라도 남기면 눈이 찌그러진다든지 하는 것들이다. 동시에 농업 생산은 가장 중요해서 들에서 땀흘려 일하는 것은 도덕적으로 선이며 숭고하고 아름다운 행위로 인정되었다.

벼농사와 농업의 이미지가 일본 자체의 이미지와 서로 겹치는 것은 근세의 여러 우키요에(浮世繪)에서도 나타난다. 우키요에 화가는 농업 국가라는 일본의 이미지를 만들어 냈다기보다 이 이미지를 소화하여 일반에게 퍼뜨리는 데 기여했다. 우키요에 세 작품을 예로 들어 해석해 보겠다. 첫 번째 가쓰시카 호쿠사이(葛飾北齋, 1760~1849)의 『백인일수 유모가 그림풀이』이다. 호쿠사이는 76세 때 이 일을 시작하여 27작품의 백인일수(가인 백 명의 와카〈和歌〉 한 수씩을 뽑아 모은 것—역주)를 끝냈다. 전부를 완성하지는 못했지만 판화의 밑그림은 많이 남겼기 때문에 전부 89작품을 모스(Morse 1989)의 복각판으로 볼 수 있다. 이 그림 중 가장 많이 사용되는 모티프는 쌀, 벼, 벼농사와 관련된 것으로 26매에 이른다.[68]

68) 번호는 1, 5, 8, 9, 11, 13, 14, 17, 19, 20, 22, 23, 30, 39, 44, 47, 65, 68, 70, 71,

이삭이 배경에 곁들여 있는 정도의 것에서 벼농사 자체가 그림의 주제인 것까지 폭 넓다. 후자의 범주에 들어가는 것으로는 들에서 일하는 농민(14번), 논(19번), 교토의 기온마쓰리(祇園祭)—원래는 가을 수확기의 마쓰리였다—에서 수레 꼭대기에 장식한 볏단(22번), 벼베기(39번), 십오야의 그림에 곁들인 술과 떡(68번), 왕겨 떨기 작업(71번), 술 담그기(78번), 떡치기(79번) 등이 있다(괄호 속의 번호는 모스가 붙인 것).

이들과 비교하면 산이나 바다를 취급하는 방법은 확실히 다르다. 산 특히 후지산 그림은 많지만 산과 관련된 일, 예를 들어 사냥, 산림 채벌, 나무 열매 따기 등을 그린 그림은 한 장도 없다. 바다를 그린 그림도 적지 않지만 어부가 일하는 모습을 그린 것이 2매(4번, 7번), 수면(바다 27번, 강 36번, 못 37번, 바다 76번)을 배로 건너는 사람들을 그린 것이 4매 있다. 이 밖에 바다가 들어간 그림은 큰 배에 몸을 감추고 틈으로 내다보는 연인의 모습을 그린 것(18번), 개펄에서의 조개잡이(92번)가 있다. 더욱이 소금 만드는 모습을 그린 그림은 바다 주변이겠지만 바다 자체는 배경에 들어가 있지 않다(92번). 같은 예로 배를 만드는 광경을 그린 그림을 들 수 있다(33번). 바다의 거기서 일하는 어부의 모습을 그린 것은 단 한 장(3번),

77, 78, 79, 83, 84, 90이다. 13번 그림은 여성이 씨를 심는 광경인 것 같은데 모심기는 아닌지도 모르겠다. 모스는 90번 그림을 여성이 생선 넣은 바구니를 메고 있다고 해석하지만 실제로 생선은 그려져 있지 않고 배경은 논같이 보이기 때문에 바구니에는 오히려 벼가 담겨 있다고 보는 것이 타당하다.

해녀와 바다의 그림도 한 장뿐이다(11번). 이상에서 보았듯이 일련의 우키요에에 한해서 벼농사, 쌀, 농업 등은 반복해서 나타나는 주제이지만 바다나 산 및 그것과 관련된 작업, 산물 등은 매우 한정된 범위에서밖에 취급되지 않는다.

마찬가지로 안도 히로시게(安藤廣重, 1797~1858)의 『도카이도고주산쓰기(東海道五十三次)』(동해도 길에 53곳의 숙박지라는 뜻—역주)에서도 벼베기, 논, 쌀가마, 볏단 등은 반복해서 나타나는 모티프이다(後藤 1975). 또 히로시게(廣重)와 에이센(英泉)(1790~?)의 『기소카이도로쿠주큐쓰기(木曾街道六十九次)』(기소 가도〈街道〉에 69곳의 숙박지라는 뜻—역주)에서도 마찬가지이다(太田記念美術館 1983).

『東海道五十三次』 原

이와 같이 쌀, 벼, 벼농사와 관련된 모티프가 우키요에에 반복해서 나타나는 것은 실제로 그려진 구상을 넘어선 더 추상적인 의미의 표현으로 보아야 한다. 가장 알기 쉽게 해석하면 이러한 모티프는 계절을 드러내는 것이다. 물을 가득 채운 논, 모심기 노래 등은 봄부터 초여름을 알리는 가장 낯익은 대상이며 또 살아 있는 온갖 것의 탄생과 성장의 계절에 어울리는 상징이다. 그리고 가장 많이 등장하는 벼베기나 풍요한 이삭이 달린 볏단은 가을, 즉 수확의 계절을 나타내는 동시에 성장의 계절이 끝남을 나타내는 상징으로 볼 수도 있다.

주목해야 할 것은 이러한 벼의 성장 주기가 일본인의 계절 감각과 깊이 연결된다는 점이다. 농업 이외의 직업에 종사하는 사람이 대부분인 오늘날까지도 일본인의 계절감은 벼의 성장 주기로 구분된다.

좀더 추상적으로 한층 높여 해석해 볼 수도 있다. 쌀, 벼, 논을 배경으로 나그네의 모습을 그린 그림이 많은 것에 주목하면 그것들은 항상 변동하는 일본 사회—당시의 대도시, 모든 가도가 집중되는 에도를 나타내는 것이지만—와 대조적으로 '변하지 않는 일본'을 이야기한다고 볼 수 있다. 여행이 시간적으로도, 공간적으로도 주변적 경험이라는 것은 인류학에서는 상식이다(Turner, V. 1975 〈1974〉). 나그네가 배경에 용해되지 않는 주변인인 반면, 배경인 논, 볏단, 농민은 순박하고 변하지 않는 '농업 국가 일본' 자체를 상징한다. 일본에서 쌀과 벼농사는 먼지와 땀투성이의 '현실'과는 멀리 떨어져 고귀하고 아름답게 표상된다. 이것은 일본만의 특이한 현상이 아니다. 소위 영국의 전원(English countryside)이나 프랑스 인상파의 회화에 등장하는 농민 등도 마찬가지로 고귀하고 아름답게 표상되어 있다. 이 점에 대해서는 제8장에서 더 논의하겠다.

(3) 근세 후기의 이농 현상

아이러니하게도 일본 사회에서는 농업 이데올로기가 융성해지면서 도시화, 이농 현상에도 박차를 가했다. 근세 중반을 지나면 '농촌' 조차도 반 이상의 수입을 비농업 활동에 의존하게 된다. 토마스 스미스는 조슈번 가미노세키(長州蕃上關)군의 1840년 조사를 분석하여 다음과 같이 기술한다.

> "대부분의 지역에서 농업이 압도적으로 많다. 비농업 인구의 비율이 높은 모로쓰(室津)와 히라노(平野) 두 지역에서도 농업과 비농업 가족의 비율은 반이다. 따라서 직업별 숫자만 본다면 가미노세키군은 압도적인 농업국이라는 인상을 준다"(Smith, T. 1988 : 78).

그러나 반면

> "수입원을 자세히 조사해 보면 전혀 다르게 나타난다. 농업에서 얻는 수입과 산업, 교통, 어업, 임금, 막부 세출 등을 합친 수입이 거의 반반의 비율이다. 군 수입의 55%는 농업 이외의 부문에서 얻은 것이며 지역별로 보면 네 지역에서 70%를 넘었다. 요컨대 가미노세키에는 농업 인구가 압도적으로 많지만 수입의 반

이상은 농업 이외의 활동에서 얻는 것이 현실이다"(Smith, T. 1988 : 79).

즉 근세의 일본은 이미 스스로를 농민이라고 칭하는 자, 즉 '자칭 농민'의 숫자에서 보면 '압도적인 농업국'이지만 그 수입원에서 보면 '압도적인 비농업국'이다. 그것은 정말 주목할 만한 사실이다. 농민으로서는 수입의 많고 적음에 관계없이 농업에 종사하는 것이 절대적인 중요성을 가진다. 이것은 쌀이 모든 일본인에게 실제로 주식인가 아닌가를 불문하고 절대적인 중요성을 가지는 것과 같은 이유이다. 근세 농민의 인구 비율을 50%에서 80% 정도로 추정하는 경우가 많은데 이러한 숫자도 그대로 받아들일 것이 아니라 이제까지 보아 왔듯이 당시의 사회 경제적 실상에 비추어 고려해야 한다.

5. 근대(1868~현재)

근대가 이제까지 생각한 것처럼 농업이 압도적으로 우세한 사회와는 거리가 멀다는 것은 명확하다. 그런데도 메이지 신국가가 기초를 농업에 의거한 것은 의심할 여지가 없다(Rosovsky 1966). 부국강병책에 의한 급속한 공업 발전과 더불어 농촌 인구의 유출이 한층 촉진되었지만 그럼에도 불구하고 '농업국가 일본'은 조금도 흔들리지 않고 그 기초를 단단히 하였다. 이것은 메이지 이래 대부분 정부의 정책으로 이루어졌다. 그러나 토마스 스미스(Smith, T. 1959 : 213)처럼 메이지 신국가의 기초를 구축한 것이 농촌 출신 젊은 하층 계급의 무사였던 것에서 '농업 국가 일본'이라는 이데올로기의 근거를 찾는 것은 성급하다.

농업 이데올로기의 융성은 야나기타 구니오(柳田國男 1875~1962)가 걸어간 연구 생활의 궤적에서도 엿볼 수 있다. 영국 사회인류학의 개척자인 말리노프스키와 마찬가지로 일본 민속학의 개조라고도 할 수 있는 야나기타는 인류학에 처음으로 민속 실지(實地) 조사를 도입했다. 일본 전국에 걸쳐 실시한 면밀한 민속 조사를 기본으로 야나기타는 협력자와 함께 상세한 민속 자료를 채집했는데 이 자료의 주 대상은 소위 상민(常民)이었다.[69]

야나기타는 연구 생활 초기에 산에서 생활하는 사람들, 벌목꾼, 목공세공인, 다비게이닌(旅藝人), 행려승, 여자, 어린이 등의 조사 연구에 매우 공을 들였다.[70] 예를 들어 공예 직인, 게이닌(藝人), 편력하는 중에 대한 민속학적 · 역사적 조사 업적이 36권으로 나뉘어 출판되어 있다. 오타(Ōta nd)는 이 분야에서의 야나기타의 공헌을 다음과 같이 말한다.

69) 초기에 야나기타는 '평민'이라는 말을 사용했다. '상민'이라는 말을 최초로 사용한 것은 아틱 뮤지움의 창립(1942)자인 시부사와(澁澤)였다. 뮤지움은 아이누족 등 사회적 주변에 위치했던 사람들에 대한 연구를 발전시키는 데 진력했다. 상세한 것은 宮田 1990 : 36을 참조.

70) 야나기타와 오리구치는 일본 인류학의 2대 거목이다. 전자가 주로 여성 및 어린이 연구에 공을 들인 데 비해 후자가 흥미를 가졌던 대상은 노인이었다.

"공식 문서의 기록이나 정통파의 교의가 압도적으로 학문적 가치를 부여받던 당시의 추세를 거슬러 야나기타의 민속학은 소외받은, 소리없는 소리, 즉 상민에 초점을 맞추어 역사를 발굴하고 세상에 드러내려고 노력했다."

초기의 연구 생활에서 야나기타가 협력자와 함께 찾아내려 한 것은 '있는 그대로의 일본 문화' 였다. 당시 야나기타는 산간 사람들의 생활 속에 그것이 남아 있다고 생각했다(柳田 1981a 등).

그러나 시간이 지남에 따라 야나기타의 '상민' 은 농민 특히 벼농사와 중첩된다. 미야타(宮田 1990 : 37)에 따르면 이런 야나기타의 변화는 1935년에 이르러 더욱 확실해진다.[71] 이 점에 관해 야나기타는 "쌀, 벼를 연구한다고 일본 문화 전체를 알 수 있는 것은 아니지만 쌀, 벼를 연구하지 않고서 일본 문화를 알 수는 없다"는 유명한 말을 했다. 야나기타는 농상무성의 관리로 1900년에서 1902년까지 정부에 봉사했는데 러일전쟁 후, 일본 사회에서 농업 이데올로기 및 '농업 국가 일본' 의 이미지가 일본이 융성하는 과정에 적극적으로 기여했다고 글러크는 해석한다(Gluck 1985 : 180~1). 또 하루투니안은 야나기타의 '농촌' 이 상상에서 만들어진 것이라고 파악한다. 즉 '야나기타가 취한 이미지일 뿐' (Harootunain 1988 : 416)이라는 것이다. 필자는 야나기타가 시대의 가치관인 농

71) 고 이시다 에이치로(石田英一郎) 도쿄대학 교수 등은 후기 야나기타의 연구 과제, 즉 농촌의 일상 생활 속에서 일본 문화의 원형을 구하는 전통을 계승했다.

업 이데올로기의 영향을 전혀 받지 않았다고는 생각하지 않는다. 그러나 앞에서 인용한 야나기타의 유명한 말—일본 문화를 알기 위해서는 쌀, 벼의 연구를 소홀히 할 수 없다—에는 하나의 진실이 들어 있다고 지적하고 싶다. 물론 야나기타가 의도한 의미에서가 아니라 야나기타가 깨닫지 못했던 의미에서 이 말에는 진실이 포함되어 있다. 또 하나 지적하고 싶은 것은 야나기타가 남긴 거대한 양의 치밀한 민속 자료는 공식적인 일본의 역사에서 제외된 여러 가지 상민의 모습을 발굴한 위대한 업적이며, 아무리 결점이나 약점이 지적되더라도 그 전체를 단지 상상에 의한 재구축이라고 잘라 버릴 수 없다는 점이다.

덧붙여 글러크는 메이지의 '농업 국가 일본'을 다음과 같이 나타낸다.

> "(일본 사회가) 공업화를 추진하는 과정에서 '농업 국가 일본'의 이미지가 신화와 중첩되고, 한편 공업화와 더불어 도시화에 박차를 가하는 과정에서 농촌이 신격화되기에 이르렀다"(Gluck 1975 : 265).

그리고 원래는 농업의 생산성을 의미했던 '생산성'이 공업화가 진행된 후에도 최고의 미덕으로 찬미되었다.

'대정봉환(大政奉還)'(1867년 10월, 어지러운 국내 정세 속에서 막부를 더 이상 지속하기 어렵다고 판단한 장군 요시노부가 정권 반납을 조정에 알린 역사적 사건. 이어서 12월에는 왕정복고가 이루어졌다

—역주)으로 막을 연 '신국가'는 바로 군국주의로, 그리고 제2차 세계대전의 파국으로 진행되었다. 제2차 세계대전중 '농업 이데올로기'는 군에 의해 철저하게 이용되었다. 국내에서 생산된 내지미(內地米), 즉 백미는 일본인의 문화적 자기의 순수함, 청정함을 나타내는 상징이 되었다. 내지에서 생산된 백미는 먼저 전장의 병사에게 보내지고 병사는 백미에서 얻은 에너지로 전투에서 승리할 수 있다고 정부는 일반 국민에게 선전했다. 또 이 전쟁에서 승리하면 '맛없는' 외국산 쌀이 아니라 하얀 내지미를 배불리 먹을 수 있다고 주장했다. 당시 외미를 먹어야 한다는 사실은 무엇보다 일본국, 일본인이 인내해야 한다는 것을 잘 나타내 주었다.

군정하에서 주목해야 할 것은 식료품, 특히 쌀이 일본국 국민으로서의 자기 인식을 심어 주고 애국주의를 고양하는 목적으로 이용되었다는 사실이다. '히노마루벤토(日の丸弁當)'는 가장 두드러진 예이다(히노마루 도시락과 애국주의에 관해서는 히구치〈樋口 1985〉를 참조). 후지산 모양으로 담긴 밥과 그 위에 올려져 있는 히노마루기(네모난 도시락에 밥을 담고 한가운데 매실 장아찌를 올려놓으면 마치 일본 국기인 히노마루처럼 보인다—역주)가 아이들의 전형적인 점심으로 등장한 것이다.

6. 현대

현대 일본에서는 농민이나 전업 농가가 점차 없어져 '인간 국보' 로 지정되는 것은 아닌가라는 농담이 있을 정도이다. 그럼에도 불구하고 제2장에서 볼 수 있었듯이 '농업 국가 일본' 의 이미지는 여전히 없어질 기미가 보이지 않는다. 그 원인 중 하나로 농촌 지역을 기반으로 하는 유력 정치가의 존재를 드는 의견이 있다. 그러나 전후(戰後) 수상 16명의 출신지를 보면 소위 쌀 산지 출신은 2명뿐이다.[72] '농업 국가 일본' 의 이미지 및 이데올로기는 어쩌면 표층에 있는 소수 유력자의 힘으로 만들어지는 것이 아니라 일본 문화의 가장 심층에 뿌리를 내리고 있는 듯하다.

쇼와 천황에서 지금의 천황으로 대가 넘어간 것과 캘리포니아 쌀 수입 자유화 문제가 시기적으로 우연히 겹친 것은 기억에 새롭다. 그리고 새 천황의 즉위와 관련된 오나메사이, 즉위 의례 등을 둘러싸고 찬부양론이 고양되었으나 캘리포니아쌀 수입 자유화 문제에 관한 논의에서는 천황도 천황제도 거의 언급되지 않았다. 이것은 경제, 이데올로기, 천황제 3자가 국가 체제와 특이하게 관련되기 때문이다. 제7장에서 논의하겠지만 캘리포니아쌀 수입 자유화 반대론을 잘 검증해 보면, 그 취지와 언어 표현의 중심에 '일본인의 문화적 자기의 상징인 쌀' 이 있다. 즉 쌀이 현대 일본인에게도 여전히 가장 큰 문화적 자기의 상징이라는 사실을 알 수 있다. 한편 현대 일본에서 천황의 존재는 이미 문화적 자기의 상징이라

72) 다나카 가쿠에이(田中角榮, 1972~74)는 니가타 출신, 스즈키 젠코(鈴木善幸, 1980~82)는 이와테 출신이다. 후쿠다 다케오(福田赳夫, 1976~78)와 나카소네 야스히로(中曾根康弘, 1982~87)의 출신현인 군마(君馬)도 농업현으로 보아야 할지는 모르겠다.

고 하기는 어렵다. 실제로 일본인 대다수는 쇼와 천황이든 지금의 헤이세이 천황이든 천황이 일본의 상징이라는 견해에 동의하는 데 망설일 것이다.

일본인은 천황제와 쌀의 관계에 대해서 어느 정도 알고 있을까? 덧붙여서 쇼와 천황이 병상에 있을 때 벼가 익어가는 상태를 묻는 것이 텔레비전에 보도되었는데 이때 처음으로 천황과 쌀의 특별한 관계를 알게 된 사람들도, 특히 젊은 층에서는 적지 않았다. 오나메사이에 대해서, 나이가 든 많은 사람들조차 이 말에 거의 익숙하지 않을 뿐 아니라 매스컴에서 활발한 논의의 대상이 되기까지 오나메사이가 어떤 의례인지 아는 사람은 얼마 되지 않았다. 천황이 쌀의 수확 의례를 담당하는 국가 최고위의 사제이며 또 천황에게는 풍작을 보장하는 힘이 있다고 실제로 믿는 일본인은 거의 없다. 일반인들이 천황과 쌀이 분리할 수 없는 관계임을 널리 이해하고 있다면 천황제에 반대하는 사람들은 외국쌀의 수입 자유화를 당연히 환영할 것이다. 그러나 현실적으로는 천황제에 반대하는 사람들에게도 역시 쌀은 일본인의 문화적 자기의 가장 중요한 은유이다. 이미 벼농사가 경제적으로 거의 중요한 의미를 가지지 않는 탈공업화(post industrial) 사회임에도 그러하다.

캘리포니아쌀 수입 자유화 문제에서 밝혀진 것은 천황제가 쌀이 가진 상징적 의미 및 가치에서 분리되고 말았다는 사실이다. 그러나 이제까지 보아 온 것처럼, 역사상 고대를 제외하고 쌀과 천황제의 관계가 실제로 긴밀했던 적은 없었다. 더욱이 쌀이 특별한 상징으로서의 의미 및 가치를 가진다고 해서 일본인 대다수가 벼농사 전업 농민이라든가 또는 쌀이 일본인의 주식으로 압도적인 중요성을 가진다는 식으로 결론짓는 것은 잘못이다. 고대 이후 천황제와 쌀이 특별한 상징으로서 가지는 의미와 가치는 쌀과 관련된 궁정 의례를 통해 부분적인 상호 관계를 계속 가져 왔다. 이런 상태는 메이지 시대까지 계속되었는데 그 동안 황실은 일반 일본인과 완전히 동떨어진 존재였다. 현대 매스컴의 영향이 없었더라면 황실의 수확 의례, 즉 니나메사이나 오나메사이가 널리 알려졌을까는 매우 의문이다. 다키(多木 1990〈1988〉)의 설에 의하면 천황이 일반인 앞에 확실한 존재로서 최초로 모습을 나타낸 것은 메이지 시대에 사진 기술의 발달로 '진영(眞影)' 이 만들어졌을 때라고 한다. 그 이후 천황제와 쌀이 가진 특별한 상징으로서의 의미와 가치는 분리되어 각각 반(半) 독자적인 역사 과정을 걷게 되었다.

7. 일상 생활 속의 쌀

지금까지 보아 온 것처럼 농업을 기초로 하는 상징적 세계와 세계관이 고대 궁정에서 확립되고, 후에 군 정권에 의해 '농업 이데올로기' 라는 형태로 반복되어 이용된 것에는 의문의 여지가 없다. 그렇다고 바로 '벼농사 국가' 로서의 '일본' 이라는 이데올로기를 소수의 엘리트가 만들어 그것을 사회의 전계층에 침투시켰다고 해석해서는 안 된다. 제4장에서 논의한 대로 벼농사 중심인 일본인의 세계관은 일반인들의 종교, 민속 풍습, 매일의 생활 속에서 형성된 것이다.

일본인은 태어난 지 얼마 안 되어 쌀의 중요성을 알게 된다. 쌀죽은 모유를 대신하며 그에 따라 쌀은 상징적으로 어머니와 유아를 잇는 인연이 된다. 가족 전원은 한솥에서 한 밥을 나눠 먹는다. 주부와 쌀의 긴밀한 관계는 주부가 각자의 그릇에 밥을 푸는 데 쓰는 주걱에 상징적으로 나타난다. 주걱은 일본 가정에서 주부의 권위를 나타낸다. 그러므로 주걱을 물려주는 것은 가족의 중심인 여성이 가진 권위, 역할, 지위 전부가 현재의 주부에서 젊은 세대인 차기 주부에게 계승되는 것을 상징하는 행사였다(柳田 편 1951 : 264~5). 장남 상속제가 널리 행해지던 전전(戰前)까지도 장남의 처에게 주걱을 넘겨주는 것은 특히 중요한 의미가 있었다. 노다(能田 1943 : 52~6)는 각지에서 행해지는 주걱 계승을 연구하여 집안의 기둥인 주부의 역할을 강조했다. 노다에 의하면 주걱의 계승 의례를 행하는 지방 중에는 며느리가 주걱을 물려받을 때까지 대개 20년이나 걸리는 지방이 있는가 하면 사도(佐渡)나 신슈(信州)처럼 "함께 산 지 6년, 애기도 있고. 이제 며느리에게 주걱을 넘겨줘야지"(能田 1943 : 53)라는 민요가 전해지는 지방도 있다.

오늘날 주부의 권위, 지위, 역할에 대한 주걱의 상징적 의미는 거의 없어졌지만 도시와 농촌을 불문하고 가족의 그릇에 밥을 푸는 것은 역시 주부이다. 전기밥솥이 등장하기 전에는 밥을 하는 것이 여성의 가장 중요한 일이었고 밥을 잘 하나 못 하나를 보고 요리 솜씨를 판단했다. 일본 가정의 식사는 반찬을 먼저 밥상에 놓고 모두가 모였을 때 주부(또는 가족 중의 여성)가 한 사람 한 사람에게 밥을 퍼 주는 형식이다. 즉 밥은 가족 전원이 한 솥에서 퍼서 나누어 먹는 음식이며 가족 전원이 공식한다는 것을 상징한다. 주걱은 그 상징의 구체적 형태이다. 일본 사회의 가장 기본적인 구성 단위인 가족의 가족으로서의 자기 인식은 이와 같이 매일의 식사 때 한솥밥을 먹는 것을 통해 만들어진다.

실제로 같이 생활하는 가족뿐 아니라 가족의 선조와도 '공식' 할 기회가 매일 있다. 갓 지은 하얀 밥을 먼저 선조에게 제사지내는 불단에 바치고 그 후 가족이 식사를 하는 습관은 지금도 널리 행해지고 있다. 1990년 5월 홋카이도에서 열린 학회에서 필자가 쌀의 상징적 중요성에 대한 내용을 발표했을 때 출석자 중에서 일본인의 식생활은 쌀에서 멀어지는 경향이 현저하며 쌀밥에는 이미 각별한 의미가 없지 않느냐는 지적이 있었다. 물론 그러한 경향은 부정할 수 없지만 그렇다고 해서 선조의 불단에 쌀밥이 아닌 볶음밥 같은 것을 대신 바치는 상황이 장래에라도 생길까 하고 반문했을 때 출석자 전원은 그것은 있을 수 없다는 쪽으로 의견을 모았다.

1989년 조사를 위해 니가타에 갔을 때 농가에서 "쌀겨 세 홉만 있으면 양자 보내지 마라"는 옛날 표현이 아직도 쓰인다는 것을 알게 되었다. 쌀이나 쌀겨는 부의 상징인 동시에 가족 총체의 은유이기도 하다. 이 표현이 의미하는 것은 가족이 나누어 먹을 것이 아주 조금이라도 있으면 자식을 '타인' 에게 주지 말라는 뜻일 것이다.

이 외에도 쌀을 사용한 표현은 오늘날 도시, 농촌을 불문하고 꽤 남아 있다. 예를 들면 "찬밥 먹는다", "남의 밥을 먹는다" 등을 들 수 있다. 가정의 밥이라면 갓 지은 따뜻한 밥을 떠올리기 때문에,

거꾸로 '찬밥', '남의 밥' 은 가족의 따뜻함에서 배제되어 타인에게서 멸시받는 고난의 생활을 단적으로 표현한 것이다.[73)]

이와 같이 쌀의 '공식(共食)' 은 일본인의 문화적 자기의 은유로서 쌀이 절대적 중요성을 가지도록 해 준다. 농가가 볍씨를 보존하고 다음해의 볍씨를 파종하는 관습도 마찬가지로 중요하다. 제2장에서 언급했듯이 아주 최근까지 일본의 농촌에서는 각 집에 따라, 각 지방에 따라 독자적인 볍씨를 보존하고 그것으로 벼농사를 지었다. 이런 관행은 일본만의 특유한 것은 아니다. 구드만 · 리베라(Gudeman and Rivera 1990 : 12～3, 118 등)는 콜롬비아의 사례를 소개하는데 이곳에서도 이런 식의 관행을 통해 '가족 총체로서의 자기' 를 상징적으로 재생산한다.

가족보다 큰 사회적 단위인 공동체에 대해 생각해 보자. 농촌의 공동체에도 여러 가지 의례를 통한 공식의 기회가 있다. 사람들은 쌀, 떡 등을 나누어 먹는다. 이러한 공동체의 의례는 항상 도시에 나가 있는 사람, 다른 곳으로 시집간 사람이 돌아와 모두 한곳에 모여 음식을 먹는 기회가 된다. 오늘날에는 많은 젊은 세대가 도시

73) 이 외에도 여러 가지 표현이 남아 있나. 예를 들면 '고메카미' (과자놀이를 말하는데 일본어 발음으로는 쌀을 씹는다는 의미도 된다 : 역주)란 음식을 씹을 때 움직이는 부분이라는 의미(柳田 1982d : 157~8)이며, 또 "야키모치오 야쿠(燒餠を燒く"(그대로 번역하면, 구운 떡을 굽는다는 의미가 된다—역주)는 구운 떡처럼 볼을 불룩하게 하는 것, 즉 질투한다는 의미이다. '떡치기 시세' 는 심하게 유동하는 주식 시세를 가리키는데 이것은 주식이 떡을 치는 것처럼 눈이 핑핑 돌게 상하로 오르내리는 것에서 나왔다고 한다.

에서 일하므로 모두가 모이는 것은 옛날부터의 의례, 축제 때뿐이다. 즉 쌀이나 떡을 먹을 기회에 산산이 흩어진 가족이 모이는 것이다.

농촌 사람들뿐 아니라 도시 사람들에게도 모두가 음식을 나누어 먹는 신년 축하 때 무엇보다 중요한 것은 쌀이다. 신년에는 도시, 시골을 불문하고 전국에서 마찬가지의 '공식' 의례가 행해진다. 이때는 수확 의례 때의 공식과 마찬가지로 신들과 인간의 공식 후 모인 사람 전원이 공식을 한다. 신 앞에 가가미모치(鏡餅 : 신불〈神佛〉에게 바치거나 설에 도코노마에 차려 두는 둥글 납작한 대소 2개의 포갠 떡—역주)를 바치는 관습도 오늘날 전국의 가정에서 두루 볼 수 있다.[74] 그리고 1월 11일의 가가미비라키(鏡開き)에는 이 떡을 쪼개어 가족이 나누어 먹는다. 가가미모치의 거울 모양은 신을 상징하기 때문에 가가미모치는 쌀의 혼이며 따라서 이것을 먹는 사람에게 특별한 힘이 주어진다고 믿는다(柳田 편 1951 : 94~5). 요컨대 신년에 가가미모치를 신에게 바치고 그것을 나중에 모두가 나누어 먹는 일련의 관습은 신들과 인간의 공식, 그리고 모인 사람들 전원의 공식 기회인 것이다.

쌀, 주걱이 가족 내에서 공식의 상징이듯이 술은 사교의 장, 특히 남성들의 사교의 장에서 공식의 상징이다. 여럿이 마시러 갔을

74) 거울과 신의 관계를 민속학적으로 연구한 것으로는 이시바시(石橋 1914)의 업적을 들 수 있다. 또 물도 거울처럼 신성을 드러내는 역할을 하는 경우가 있는데 이것을 민속학적으로 조사한 것으로 나카야마(中山 1976)의 연구가 있다.

때 결코 자작을 해서는 안 된다. 상대의 잔에 술을 따르고 그 상대가 또 다른 상대에게 술을 따르는 식으로 술은 한없이 따라지고 이것이 공식의 가장 중요한 포인트이다. 여기서 쌀, 즉 밥이나 떡을 공식하는 것과 술을 공식하는 것의 차이는 전자가 같은 것을 전원이 나누어 먹는 데 대해 후자는 '사회적 교환'의 요소가 들어가 있다. 서로 상대의 잔에 술을 따르지 않고는 공음(共飮)은 있을 수 없다. '자작'은 자신이 자신의 잔에 술을 따르는 행위로 좋지 않은 사회적 소외감, 쓸쓸함을 상징한다.

쌀, 떡, 술 등이 모두 일본인에게 공식을 위한 음식으로 얼마나 중요한가를 살펴보았다. 이것들은 사람들을 연결하거나 인연을 돈독히 하는 데도 중요한 역할을 한다. 무언가 특별한 의례의 기회가 없더라도 일상 생활 속에서 쌀, 떡, 술 등을 나누어 먹음으로써 연대 의식이 길러진다. 학교 친구든 직장 동료든 "한솥밥을 먹는다"는 말이 표현하는 것처럼 같은 것을 나누어 먹음으로써 '친구끼리', '우리끼리'라는 강한 연대 의식이 배양된다는 것은 새삼 지적할 필요도 없다.

이렇게 쌀을 공식함에 따라 집단 내의 연대 의식이 강화되는 것은 학교, 사회, 공동체 등의 제한된 소집단뿐 아니라 가장 큰 사회 집단, 즉 '일본국' 전체까지 확장시킬 수도 있다. 그 경우 갑자기 중요성을 가지는 것이 논이다. 국학파의 사상, 우키요에와 관련시켜 앞에서도 조금 살펴보았지만 일본의 논은 일본 자체의 공간, 시간 나아가 '우리 국토' 자체의 상징이 된다.

8. 일본인의 상징적 세계와 농업 이데올로기

벼농사를 기반으로 한 일본의 상징적 세계관은 원래 그것을 구축하는 데 기여한 천황제 및 농업 자체의 존재감이 약해진 후에도 여전히 우세를 유지한다. 고대 천황제가 정치적, 경제적 기반을 잃게 되자 이번에는 후대의 군사 정권이 농업을 기반으로 한 상징적 세계를 점차 농업 이데올로기로 발전시켜 사회 전체에 침투시킴으로써 스스로의 정치적, 군사적 목적을 위해 이용했다. 그리고 고대 벼농사에 종사한 사람들의 상징 구조가 시대가 지남에 따라 서서히 벼농사와는 관계없는 사회 각 계층, 각 직업으로 퍼져 갔다.

쌀이 계속해서 일본인에게 특별한 의미, 가치를 가지는 유력한 상징으로 기능해 왔던 것은 놀랄 만하다. 이제까지 농업 중심 사회라고 생각해 왔던 근세조차 앞에서 볼 수 있었듯이 실제로는 비농업적 요소를 많이 갖고 있었다. 그리고 오늘날 고도 기술 시대의 벼농사는 양으로 볼 때 거의 중요성을 가지지 않는다. 그럼에도 불구하고 농촌, 시골 그리고 농업에 둘도 없는 아름다움과 가치를 부여하는 경향은 정부, 매스컴, 여행사 등 여러 가지 캠페인에서 더 눈에 띈다.

어떻든 '농업 국가 일본'의 이미지가 이토록 확고하게 정착된 것은 역사적 전개의 결과이며 천황제가 만든 것은 아니라는 점을 확인하는 것이 중요하다. 고대 이후 소수의 정치 지도자들은 농업 이데올로기를 사회 전계층, 전지역으로 침투시키려고 노력했다. 그러나 침투가 빠르게 진행된 요인은 정치 지도층의 능력이나 교묘한 책략이 직접적인 원인이라기보다는 쌀과 벼농사가 일본인의 일상 생활 속에 특별히 중요한 상징으로 정착했기 때문일 것이다. 쌀이 일본인의 가장 유력한 문화적 자기의 은유가 된 것은 여러 가지 일상 생활 속의 관습, 의례 등을 통해서이다. 그 일례가 공식이다. 공식은 어떤 사회에서나 볼 수 있는 관습 · 의례이며 음식을 나누어 먹음으로써 사람들은 연대 의식을 강화한다. 공식에 사용되는 음식이 그 집단 전체의 '자기' 를 드러내는 경우도 많다.

일본인이 문화적 자기의 은유로 쌀 · 벼 이상으로 가치를 두는 것은 논이다. 논은 개개의 농가에게 '우리 조상으로부터 전해 내려오는 토지' 를 의미한다. 그 '토지' 에서 아주 최근까지도 각 농가는 독자의 볍씨로 진짜 '자가미(自家米)' 를 만들어 왔다. 그러므로 농가 사람들의 자기 인식은 쌀과 논이라는 두 가지 유력한 은유의 상승 작용으로 한층 견고해졌다. 더욱이 논은 '우리 조상으로부터 전해 내려오는 토지' 라는 범위를 넘어 일본 국토 자체와 겹쳐지기에 이른다. 논의 이와 같은 한없는 아름다움, 그리고 모내기 때의 녹색에서 수확기의 황금색으로 변하는 색조는 그대로 일본 사계의 변화를 상징한다.

이와 같이 '농업 국가 일본' 이 일본의 이미지로 서서히 정착된 역사는 비농업 인구가 역사의 주류에서 벗어나 사회의 주변으로 밀려난 역사이기도 하다. 마타기(일본 동북 지방의 산간에 사는 사냥꾼 무리—역주) 신앙으로 알려진 스와(諏訪) 신앙에서는 의례의 일부로 동물의 산 제물을 바쳤는데 그들이 모시는 신은 우세를 떨치는 야마토 민족에 대항하여 싸웠다고 한다(柳田 1951 : 310). 마타기보다 더 차별 대우를 받았던 것은 피차별 부락민들이었다. 일본 사회에서 '내부의 타자'인 그들 위에 선 일반 일본인은 스스로의 부정을 투사하여 그들을 소위 듀몽이 말하는 '부정 인수 전문' 희생양으로 만들었다.

이러한 역사의 전개와 더불어 다음과 같은 현상을 지적할 수 있다. 농민은 영주들에 대해 잇키를 일으킬 때 짚으로 만든 도롱이를 걸쳤다. 이것은 스스로를 벼의 신 · 혼과 상징적으로 연결시킨 것이다. 또 벼농사 및 농업 이외의 직업에 종사하는 사람들 사이에서 여러 가지 연중 행사는 쌀이 지닌 특별히 중요한 상징으로서의 의미, 가치에 준하는 것이 많았고 그들의 일상적 관행도 마찬가지였다.

아이러니한 것은 이렇게 널리 침투하고 정착한 쌀 · 논의 상징은 정치 지도자에게 딱 맞는 상황을 제공했다. 쌀 · 논의 상징적 의미와 가치가 국수주의적 정치 목적 수행에 얼마나 효과적으로 이용되었는가는 더 말할 필요도 없다.

제7장

쌀을 통해 표현하는 '자기'와 '타자'

앞 장에서는 쌀과 논이 일본인에게 작게는 가족에서, 크게는 국가에 이르기까지 소위 집단으로서의 자기를 상징하게 되는 역사 과정을 살펴보았다. 집단으로서의 문화적 자기 인식의 변천 과정은 일본 국외의 역사 변천 과정과도 밀접한 관계가 있다. 일본인은 역사적으로 여러 '타자'와 접촉해 왔다. 이 장에서는 타자와의 관계 속에서 일본인의 자기 인식이 형성된 과정을 역사적으로 파악해 보고자 한다. 이 책에서의 '자기'란 사회 집단으로서의 자기를 말한다. 그래서 최근 인류학의 관심사인 개인의 '자기' 인식에 대해 깊이 논하는 것은 보류하기로 한다.

모스의 설(Mauss 1985〈1938〉)을 먼저 소개하고자 한다. 모스에 의하면 개인의 자기는 발전적으로 3단계를 거친다. 원시적인 전체의 일원으로서 역할을 담당하는 personage(구성원이 되는 인물—역주)에서 '자기'로서의 의식이 형성되는 personne(주체적인 개인—역주), 그리고 최종적으로는 현대 서양의 개인주의 즉 자기 자신에 대해 확실한 인식을 가진 moi(자기)로 완성된다. 한편 듀몽(Dumont 1970〈1966〉, 1986)은 전체주의와 개인주의 및 계층과 평등이라는 두 개의 대립 개념을 사용해서 개인적 자기에 대해 논한다. 이 외에도 '자기', '개인으로서의 인식' 등의 개념에 대해서는 카리더스 · 콜린즈 · 룩스 공편(Carrithers, Collins and Lukes 1985)을 비롯해서 많은 문헌이 있다.

개인으로서의 자기를 어떤 각도에서 어떻게 파악하는가도 논자에 따라 다르다. 미드, 찰스 테일러 등으로 대표되는 transaction학파는 개인의 자기를 행동 주체(에이전트)로 본다. 포스트 모더니즘 학파는 바흐친의 '다음(多音 : polyphony)' 개념에 주목하여 '서로 융화되지 않고 권력 관계도 조화롭지 않으며 산만하게 뭉쳐진 주체'에 의한 '타협적 현실(negotiated reality)' (Clifford and Marcus 1986 : 14~5)이라는 틀로 자기의 문제를 다시 파악하는 것이 중요하다고 지적한다. 덧붙여 현대 일본 사회에서 제재를 찾은 콘도(Kondo 1990)의 *Crafting Selves*는 제목에 잘 나타나 있듯이 포스트 모던의 입장에서 행해진 연구의 일례이다.

일본인의 자기에 대한 영어 논문과 저서로는 켈리(Kelly 1991)의 상세한 문헌 일람이 있다. 또 심리인류학의 견지에서 이루어진 연구로는 슈웨더의 공동 연구(Shweder and Miller 1985 ; Shweder and Sullivan 1990)가 있다.

앞에서 말한 것처럼 이 책의 주요 관심은 개인으로서의 자기가 아니라 사회 집단으로서의 자기이다. 어떤 집단이 다른 집단과 접촉할 때 양자는 '타자'를 통해 '자기'를 재인식하는 경우가 많다. 그리고 양 집단간 접촉으로 각각 '교섭'—이 '교섭'에는 양자의 권력 관계가 크게 반영되지만—이 이루어지고 문화적 자기 인식을 재확인하게 된다. 이 과정은 국가와 국가 간의 관계에서도 동일 사회 내의 다른 집단들 사이에서도 마찬가지다. 타문화 집단(타자)을 통해 자문화 집단(자기)을 재인식할 때 개인의 자기 인식은 대개 큰 의미를 가지지 않는다. 이것은 근래 세계 각지에서 내셔널리즘과 민족 집단이 대두되는 것을 보면 명백히 알 수 있다.

자기 인식에 대한 두 가지의 다른 연구 관심, 즉 개인의 자기 인식 및 타집단과의 상호 교섭으로 형성된 집단으로서의 자기 인식은 결코 상호 모순되지 않는다(이 점에 대해서 상세한 것은 제1장 각주 4번을 참조).

이하 본론에서는 먼저 일본인이 가진 '개인' 및 '사람'의 개념에 대해 생각해 보겠다. 그럼으로써 일본인이 역사상 접촉 · 교섭을 가진 '타자'를 어떻게 파악하고 이해해 왔는가를 알 수 있다.

1. '사람'의 개념

일본인에게 '사람'은 사회적으로 다른 사람과 상호 의존 관계에 있는 존재이다. 이를 단적으로 나타내는 것이 '인간'이라는 말이다. 즉 '사람'은 사회의 여러 틀 속에서 다른 사람과의 '사이(間)'에 의해 규정되는 존재인 것이다(和辻 1959).[75] 이 개념에서 사회

75) 최근 인류학에서 조사 대상인 사람들 자신이 사회의 개념을 가지고 있든 없든, 연구자가 일방적으로 추상적인 '사회'라는 개념을 적용하는 것은 타당하지 않다는 논의가 있다. 이 논의에 대해서는 잉골드(Ingold 1986,

집단이 개별적이고 독자적으로 판단하는 개인으로 이루어지는 것은 아니라는 게 확실해진다.[76)]

일본인의 일상 생활에서도 이러한 상대적인 자기(상호 의존적 자기)의 개념을 보여 주는 장면이 많다. 일본어 회화의 경우 말하는 사람도, 듣는 사람도 직접적으로 가리키거나 보여 주지 않고 동사, 조동사, 명사 등을 미묘하게 나누어 사용함으로써 양자의 입장과 관계를 표현하는 것도 그 일례이다(상세한 것은 Ohnuki-Tierney 1994 ; Martin 1964 ; Miller 1967 ; Shibamoto 1987 : 267~72를 참조).[77)]

유의해야 할 것은 일본인이 '사람'을 상대적 · 상호 의존적 존재로 여긴다고 해서 일본인은 언제나 다른 사람과의 사이를 제일로 생각하며, 집단의 큰 목적을 위해 자신을 희생하며, 충돌하지 않고 모두와 화기애애하게 지낸다고 단정하는 잘못을 범해서는 안 된

1990) ; 스트라던(Strathern 1988) ; 울프(Wolf 1988)를 참고.

76) 인간과 개인을 이와 같이 이해하는 것은 하마구치(濱口 1982)와 마찬가지로 필자도 일본인에 한정된 것이라고는 생각지 않는다. 단 일본인의 경우 개개인은 상호 의존 관계에 있을 때 비로소 존재할 수 있다는 개념을 명확히 의식하고 있다. 이와 대조적으로 개인주의 개념이 충분히 확립된 서구 사회에서는 개개인이 실제로는 상호 의존하고 있음에도 개인은 완벽히 독립된 존재라고 사람들은 생각한다.

77) 미국의 회화는 이와 전적으로 대조적이다. 미국에서는 어디까지나 평등성이 존중되어 설령 쌍방간에 신분의 고하가 있더라도 말 자체에 차이가 드러나진 않는다. 그러나 영어로도 대화 내용 이외의 동작이나 말투 등을 통해 충분히 경어 같은 효과를 보일 수 있고 실제 그렇기도 하다.

다. 일본인이라면 누구나 아는 은근무례(慇懃無禮)라는 말에 단적으로 표현되듯이 바보 같은 정중함이나 완벽한 예의작법을 일부러 써서 통렬하게 야유하거나 모욕하거나 분노를 폭발시키는 것은 얼마든지 볼 수 있다.

일본인은 내부적으로 타자와의 관계를 통해 자기 모습을 만들어 왔고, 전체로서의 문화적 자기 인식도 '타자'인 타국인들과의 관계 속에서 형성시켜 왔다. 단 집단으로서의 자기 인식을 형성하는 데는 상징적 세계에 있는 마레비토 신이 중요한 역할을 한다. 즉 정(正)과 부(負)의 힘을 모두 가진 이원적 마레비토 신은 마찬가지로 이원적 성향을 가진 인간, 즉 일본인의 재귀적 자기이다. 그리고 일본인은 부정으로부터 자기를 지키기 위해 마레비토 신이 가진 정의 에너지를 의례를 통해 받아들여야 한다.

실제의 역사 속에서 살펴보면 일본인에게 외국인이 상징적 마레비토 신과 동일한 존재라는 것을 알 수 있다. 일본은 동아시아의 고립된 섬이기 때문에 외부와의 접촉을 거의 경험하지 않았다고 생각하는 사람이 있다. 그러나 실제 일본의 역사를 보면 수많은 외부와의 접촉・교류가 있었으며 그때그때 타자와의 관계로 인해 일본인으로서의 자기 인식이 반복해서 만들어졌다. '타자'의 뛰어난 면을 모방하고 도입하려는 일본인의 지칠 줄 모르는 욕구는 중국 문화에 이어서 서양 문화도 받아들였다. 문자에서 예술, 과학 기술에 이르기까지 모든 것을 탐욕스럽게 모방하고 도입하며 나아가 이의 초월을 추구한다.

특히 커다란 충격을 가져온 것은 5세기에서 7세기에 걸친 중국

당 문화와의 접촉 · 교류와 19세기 후반 서양 문화와의 접촉 · 교류였다. 압도적으로 선진적인 문화 앞에서 일본인이 보인 반응은 두 번 다 조급하게 결사적으로 배울 수 있는 한 배우자는 태도였다. 그래서 당이나 서양의 모방이 적극적으로 이루어졌다. 일본어와는 문법적으로나 발생적으로도 전혀 다른 중국의 문자를 그대로 들여와서 일본어의 독특한 문자 체계로 변화시킨 것도 한 예이다. 야금술, 도시계획 등을 비롯한 광범한 문화와 기술도 당에서 수입되었다. 폴락(Pollack 1986)이 지적한 것처럼, 다른 한편으로는 일본 고유의 문화 및 일본인으로서의 문화적 자기 인식을 지키고자 하는 대립적인 현상도 강했다.

300년 가까이 되는 쇄국 후 19세기 중반에 개국한 일본은 또다시 압도적인 서양 문명과 접촉 · 교류한다. 고도의 과학 기술을 비롯한 온갖 문명을 배우려고 노력하는 한편 전과 마찬가지로 일본 고유의 문화 및 일본 고유의 문화적 자기 인식을 견고히 지키려는 노력도 강했다. 19세기 후반 일찍이 위용을 자랑하던 중국은 내우외환으로 쇠약해졌고 일본인에게서 초월적 타자의 지위는 서양이 차지했다. 폴락(Pollack 1986 : 53)은 이 상황을 다음과 같이 표현한다.

> "과거 1세기 반 동안 서양은 대극에 있는 존재였다. 즉 서양은 세계라는 거울 속에서 일본인이 자신의 모습을 구하면서 스스로의 이미지를 투영한 '타자' 이다"

어떻든 오랜 일본 역사를 단 두 번의 '타자' 와의 접촉 · 교류의 과정으로 설명하는 것은 지나치게 단락적이다. 그렇지만 외부와의 접촉 · 교류가 얼마나 밀접하게 일본 사회 내부의 전개와 관련되는 가를 웅변적으로 말해 주는 것은 사실이다. 더욱이 외부와의 접촉 · 교류는 일본인의 일본인(집단)으로서의 문화적 자기 인식에도 매우 중요한 영향을 미쳤다. 일본인에게—아니 어떤 다른 민족, 국민에 대해서도 해당되지만—집단으로서의 자기 인식은 항상 '타자'와의 관계에서 형성되어 왔기 때문이다.

일본인이 '자기'와 '타자'를 논할 때 특히 흥미있는 것은 '자기' 인식을 형성하는 데 쌀이나 벼가 실로 중대한 역할을 했다는 점이다.

2. 내지쌀과 수입쌀—일본인 대 아시아인

일본인이 '타자'인 여러 외국인과 접촉 · 교류를 가질 때마다 결정적인 '자기'의 은유가 되는 것은 어느 시대든 쌀과 벼였다.

제4장에서 보았듯이 8세기의 『고지키(古事記)』, 『니혼쇼키(日本書紀)』는 일본이 천황가의 벼농사에 대한 여러 가지 의례를 통해서 중국 문화와 확실히 다른 일본 독자의 문화를 부각시키기 위해 얼마나 애썼는가를 보여 준다. 실은 벼농사가 원래 중국 대륙에서 전해진 것임에도 불구하고, 일본인은 『고지키』와 『니혼쇼키』에 역시 중국에서 받아들인 문자를 사용하여 벼농사의 일본 기원설을 정리해 넣었다. 일본이라는 국명조차도 중국에서 보았을 때 해가 뜨는 곳에 있는 나라라는 의미로 이름붙인 것이다(아마노 씨와의 사적인

편지에서). 세계적으로 볼 때 타문화로부터 언어나 종교를 받아들인 예는 많다. 그러나 일본인의 경우 문화적 자기 인식이 상징적 세계에서 최초의 '타자'인 중국인과의 담론 과정에서 태어나고 형성되었다는 점이 매우 특이하다.

일본인은 압도적으로 선진적인 중국 당 문화와 처음 만났을 때 그것을 받아들이는 데 크나큰 열의와 노력을 들인 반면, 문화적 자기까지 중국과 융합하는 것에는 강한 저항을 보였다. 그래서 원래 중국에서 도입한 것에는 '한(漢)'이나 '당(唐)'을 붙여 '한자', '한문', '당풍(唐風)', '당물(唐物)' 등으로 구별했다.

'화한절충(和漢折衷)"은 일본식과 중국식을 섞은 양식을 말하는데 이 시대의 상황을 가장 단적으로 또 정확하게 나타내는 것은 '화혼한재(和魂漢才)'일 것이다. 중국의 뛰어난 문화와 일본 고유의 정신과의 결합이라는 뜻이다. 이 말은 일본인으로서의 문화적 자기 인식을 어떻게 지킬 것인가라는 꺼질 줄 모르는 열의와 노력을 대변한다.[78] 그런데 '화혼한재'의 '혼'은 앞에서 본 고대 일본의 쌀 · 벼=벼혼=신의 혼과 상통한다. 덧붙여 일본인이 사람과 동물의 차이라고 느끼는 것은 사람에게는 정(情)과 혼이 있으며 그에 따라 사람은 감정을 가진다는 점이다. 이것은 서구의 개념과 비교하면 그 차이를 잘 알 수 있다. 즉 서구에서는 사람을 동물과 구분하는 것은 '정'이 아니라 '이(理)'라고 생각하기 때문이다(Ohnuki-

78) 화혼한재는 지금은 일반적으로 듣기 힘든 말이지만 표현이 없어진 것은 결코 아니다. 전년 사쿠라 은행 창립 10주년 기념 행사 때 기념품으로 고객에게 선사한 것이 『和魂漢才辭典』(藤堂明保 편, 도쿄 : 昭文社)이었다.

Tierney 1987). 따라서 일본인에게 '화혼한재'는 일본 문화의 기본에 깔려 있는 개념이다. 일본 문화 자체도 역사 과정에서 일회적이 아니라 근본적으로 변화해 왔다. 통틀어 일본 문화라고 부르기는 하지만 고대에서 현대에 이르기까지 같은 개념으로 지속된 것은 결코 아니다.

중국인이 유일한 '타자'로서 흔들리지 않는 지위에 있는 한, 일본인은 중국인과의 관계만으로 문화적 자기 형성을 생각하면 되었다. 그러나 18세기경이 되면서 이미 중국인 대 일본인이라는 단순한 도식으로 파악하기 어려운 상황이 되었다. 포르투갈인이 등장하여 화승총과 비누 등 '문명의 이기'를 전해 주고 네덜란드인은 일본인에게 익숙한 한방보다 훨씬 진보한 난의학을 소개했다. 독일인, 영국인, 미국인 등도 각각 일본인에게 놀랄 만한 고도의 과학기술, 의료, 공학 등을 과시했다. 일본인은 이 모든 뛰어난 '문명의 이기'를 일괄적으로 '서구'('서양')의 것으로 받아들였다. 영국이냐 프랑스냐 하는 국가나 국민성의 차이는 '서양', '서양인'이라는 괄호 속의 극히 하찮은 차이일 뿐이었다. 일본인이 이것저것 뭉뚱그려 '서양'이라는 대괄호로 묶은 것처럼 '서양' 쪽에서도 일본인과 다른 아시아인을 한꺼번에 '오리엔탈(동양인)'이라는 대괄호로 묶어 아시아 내부의 문화나 인종의 다양성을 거의 고려하지 않았다.

이것은 그 후 일본인이 일본인으로서 독자의 문화적 자기 인식을 형성할 때 복잡한 과제를 남긴다. 즉 일본인은 서양과의 관계에서 독자의 문화적 자기 인식을 가질 필요가 있을 뿐 아니라 다른 아시아 제국, '오리엔트(동양)'와도 확실히 다른 고유의 문화적 자기 인식을 형성하지 않으면 안 되었다. 다음 절에서 보겠지만 일본인과 서양인의 독자성은 각각 미식(米食) 문화 대 육식(또는 빵) 문화라는 모습으로 비교적 용이하게 표현할 수 있다. 그러나 일본인과 다른 아시아인들과의 문제는 그렇게 간단하지 않다. 아시아 국가의 사람들은 대개 일본인과 마찬가지로 미식을 하기 때문이다. 따라서 일본인의 독자성은 '일본 국토에서 영근 쌀' 대 '외국산 쌀' 이라는 차이를 중심으로 강조된다.

일본인의 은유인 '내지미(內地米)' 가 다른 아시아인의 은유인 '외미(外米)' 와 상징적으로 대치되는 것은 근대 말경부터이다. 18, 9세기 국학파 학자가 어떻게든 일본 고유의 문화적 자기 인식의 기초를 마련하고자 주목한 것은 농업 중심의 이데올로기 및 벼농사이다. 그들은 이것을 일본 고래의 문화, 사회의 모습으로 간주했다. 국학파 4거두 중 한 사람인 히라타 아쓰타네(平田篤胤, 1776~1843)는 일본인이 쌀을 경작하는 것과 쌀을 먹는 것은 모두 신도(神道)의 신들에게 제사지내고 감사의 마음을 나타내는 것이라고 생각했다. 일본 국토에서 익은 쌀만이 신의 은혜를 입은 쌀이라는 사고를 바탕으로 히라타 아쓰타네는 중국산 쌀을 '인간의 필요에 따라 경작한', '열성(劣性)' 의 것이며 그러므로 "그것을 먹는 사람들은 허약하다"(Harootunian 1988 : 211~2)라고 말한다. 히라타 아쓰타네는 노동하는 것도 식사를 하는 것도 종교적인 행위라고 여기고 식사할 때는 침묵을 지키는 일본인에 비해, 식사중에도 '개같이' 언쟁을 하는 다른 아시아인들을 멸시했다. 일본인과 다른 아시아인들의 차이를 인간과 동물의 차이에 비유한 것이다. 어떻든 분명한 사실은 열성 쌀을 먹고 바른 식사법을 모르는 사람들을 일본인 이외의 아시아인들이라고 통칭했다는 것이다.

국학파, 나아가 메이지의 학자는 중화, 즉 문명의 중심이라는 이미지와 직결되는 '중국' 이라는 국명을 '시나(支那)' 라고 바꾸어 불렀다. 이에 따라 중국인이 스스로를 세계의 중심이라고 표현한 국명을 무시했다.

메이지에 들어와서도 일본인이 다른 아시아인들과 자신들을 구별하는 데 쌀은 일본인의 상징으로 결정적 역할을 했다. 이것은 나쓰메 소세키(夏目漱石)의 『갱부(坑夫)』에도 생생하게 묘사된다. 도쿄의 양가에서 자라고 출가한 19세의 청년은 정체를 알 수 없는 어떤 남자와의 인연으로 광산에서 일한다. 당시 갱부는 그보다 "하등"한 직업을 찾아볼 수 없을 정도로 천한 직업이었다. 갱부보다 열등한 직업이 있느냐고 묻는 것은 12월 31일날 올해가 몇 일 남았느냐고 묻는 것과 같았다. 청년이 광산에 들어가 처음으로 식사를 할 때 눈에 띈 것은 밥통이었다. 그때까지 이틀 동안 청년은 아무것도 먹지도 마시지도 못한 상태였다. 피로하고 의기소침해 있디가 밥통을 보자 금세 맹렬하게 식욕이 솟았다. 밥그릇에 담는 것도 답답하여 즉시 젓가락을 대었지만 놀랍게도 밥은 너무 찰기가 없어서 세 번이나 뜨려고 했지만 세 번 다 뜰 수가 없다. 왜 그런지를 생각했다. 이제까지 19년 인생에서 이런 경험은 한 번도 해 본 적이 없었다. 청년이 젓가락질을 멈추고 생각에 잠긴 것을 보고 다른 갱부들이 일제히 웃음을 터뜨렸다. 그중 한 사람이 청년을 가리키면서 "얼굴 봐. 보기 좋다"라고 큰 소리로 말하자 다른 사람이

"제삿날도 아닌데 은미(銀米)를 생각하고 있으니. 그러니까 돌아가라고 했는데도"라며 끼여들었다. 또 다른 사람이 "남경미 맛도 모르면서 갱부가 되려 하다니 시작부터 틀려먹었어"라고 고함질렀다(夏目 1984 : 560~1). 더 가만히 있을 수가 없어 청년은 재빨리 밥을 입 속에 퍼 넣었는데 맛이 마치 벽에 바르는 진흙 같아서 청년이 아는 밥맛과는 전혀 달랐다. 『갱부』에는 다음과 같은 부분도 있다. 갱부 중 한 사람이 청년에게 자신은 학교에 잘 나갔지만 행동이 좋지 않아서 '광산에서 밥을 먹는' 신세로 전락했다고 설명한다(夏目 1984 : 556).

갱부 생활의 비참함은 남경충으로도 표현된다. 이 벌레가 곳곳에서 무수히 나오기 때문에 갱부들은 고민스러워한다. 소세키는 『갱부』의 종장에서 청년으로 하여금 광산 경험은 남경미를 먹고 남경충에게 먹히는 생활이었다고 회고하도록 한다(夏目 1984 : 674).

학력이 있으면서도 갱부로 '전락한' 갱부는 이렇게 말한다.

> "일본인이라면 일본을 위해 일하는 직업이 좋겠지. 공부를 한 사람이 갱부가 되는 것은 일본의 손해다"(夏目 1984 : 645~6).

이상과 같이 광산에서의 비참한 생활은 중국산 쌀, 즉 남경미와 남경충으로 상징된다. 그리고 이와는 대조적으로 광산 밖의 생활이 일본인에게 어울리는 생활로 묘사된다. 이것을 도식화하면 다음과 같다.

'내지미' 대 '중국미' = '은' 대 '진흙'

전항이 일본인의 문화적 자기를 나타내는 데 대해 후자는 주변화된 외부의 타자, 즉 여기서는 일본인이 바라본 중국인을 나타낸다. 다시 한번 반복하면 일본이 근대화 과정에서 필요로 한 것은 한편 서양과 분명히 다른 고유의 문화적 자기 인식 확립이었고, 다른 한편 다른 아시아 국가의 국민과 명확히 다른 일본 독자의 문화적 자기 인식의 성립이었다. 다시 말해 일본의 근대화 과정은 이중의 문화적 자기 형성 과정이었다.

3. 쌀과 고기—일본인 대 서양인

근세 말, 즉 에도 시대 말 일본인은 쇄국정책하에서도 고도로 앞선 서양 문명의 존재에 커다란 관심을 가졌다. 그런 상황에서 국학파 학자는 농업 및 농촌을 기반으로 하는 생활과 사상이야말로 고래부터 일본 독자의 문화적 자기 인식을 나타내는 것이라고 논했다. 이런 풍조는 국학파 학자 사이에서뿐 아니라 사회 전체에서 널리 받아들여졌다. 일본의 사계절, 국토, 풍경이 벼농사와 관련된 사물, 예를 들어 볏단 등이 때로는 후지산을 배경으로 우키요에에 표현되었다.[79] 현대까지도 이런 경향은 계속된다. 덧붙여 야나기타

79) 가와세 하스이(川瀨巴水, 1883~1957)의 "이즈(伊豆) 반도에서 후지를 보

구니오 등이 말하는 '상민(常民)'이 당초 산에서 생활하는 사람들에서 농업에 종사하는 평야의 사람들을 가리키게 된 것은 근대 일본이 처음으로 서양과 대결한 러일전쟁 이후의 일이다. 이 시기에 일본은 상호 모순된 두 가지 일을 동시에 수행하려고 했다. 한편으로는 조속히 '근대화 · 산업화'를 달성하려 했고 다른 한편으로는 일본 독자의 문화적 자기를 확립하여 고대 벼농사에 얽힌 사상, 상징을 역사의 저편에서 발굴하여 재생시키려고 했다.

이와 같이 쌀이 일본인의 은유로 재부상한 것이 마침 일본이 오랜 쇄국을 부수고 개국하여 서양과 억지로 대면한 메이지 시대였다는 것은 결코 우연이 아니다. 신생 메이지 정부가 국민 통일 시책의 근간을 농업 이데올로기로 삼고 이를 바탕으로 위대한 성과를 올릴 수 있었던 것도 일본인이 당시 서양 문명에 비해 스스로가 '뒤떨어짐'을 충분히 인식하고 있었기 때문이다. 막 개국한 일본인이 접한 서양의 과학 기술은 경이로운 것이었다.

일본인의 문화적 자기와 '타자'인 서양인과의 차이는 쌀 대 고기로 표현된다. 일본인에게 서양인의 식생활은 뭐니뭐니 해도 먼저 육식이었다. 6세기에 불교가 전래된 이래 일본에서는 살생도 금지하고 동물 고기를 먹는 것도 법적으로 금지했기 때문에 '공적'으로는 물고기와 채소만으로 일본인의 식생활이 이루어졌다.[80]

다"라는 그림에는 후지산을 배경으로 볏단이 그려져 있다. 이 근대판 우키요에는 현재 보스턴의 미술관에 보관되어 있다.

80) 육식을 계속한 사람들도 있었는데 이 사람들도 직접 '무슨무슨 고기' 대신에 꽃이름을 붙여서 불렀다. 말고기는 벚꽃, 멧돼지는 모란, 이런 식이다.

개국 후 '문명 개화' 시대가 되면 벼농사를 없애고 대신에 서양과 같은 낙농업을 부흥시켜야 한다는 극단론까지 나타난다. 일본인이 계속해서 쌀, 생선, 야채만으로 이루어진 식생활에 의존해서는 육식으로 단련된 서양인의 체력을 뛰어넘을 수 없다는 것이 그 주된 취지였다(筑波 1986〈1969〉: 109~12). 나아가 미식(米食) 문화와 미개 문화, 세련되지 않은 문화를 연결시켰다(筑波 1986〈1969〉: 113).[81]

한편 이와 정반대로 미식 문화 및 벼농사의 중요성과 우위를 주장하는 목소리도 높았다. 1954년 페리가 두 번째로 내방했을 때 일본의 미식 · 벼농사 문화의 우수성을 과시하기 위해 씨름꾼이 쌀가마를 들어올리는 광경을 연출했다(Bolitho 1988 ; 筑波 1986〈1969〉: 109~12). 메이지 이후, 특히 제2차 세계대전 동안 일본의 쌀, 즉 내지미는 일본인의 가장 강력한 자기 상징이었다. 특히 백미, 순미(純米)라고 불리듯이 내지미의 청정한 순백이 일본인 자체의 청정함, 오염되지 않은 고결함의 은유가 되었다. 제6장에서 언급했듯이 제2차 세계대전중 엄격한 식량 통제하에서 새하얀 내지미—영양학적으로 보면 정미 과정에서 중요한 영양분을 깎아 버린 쌀 —는 나라를 위해 싸우고 있는 전장의 병사에게 우선적으로

81) 쓰쿠바 씨에 대한 비판 중에서 자주 지적되는 것은 쓰쿠바 씨가 소위 일본인론의 입장에서 대상을 파악하는 경향이 있다는 점이다. 일반적으로 일본인론은 순수한 학술 논의가 아니며 일반인들을 겨냥하여 그들이 받아들일 만한 주장과 의견을 개진하고 전체적으로 내용이 배타적이지만, 여기서 쓰쿠바 씨의 출판물을 인용한 것은 민속학적 자료로서이다.

보냈다. 그리고 백미의 배급은 거의 기대할 수 없는 상황에서 국내에 남은 '후방'의 일본인에게는 어려움을 극복하고 전쟁에서 이기면 외지미가 아닌 새하얀 '내지미'를 마음껏 먹을 수 있다고 선전했다.

일찍이 일본과 중국 문물에 대해 '화(和)'·'한(漢)'을 붙여 그 차이를 두드러지게 한 것처럼 일본과 서양의 차이도 '화'(또는 방〈邦〉, 일본)·'양(洋)'을 붙여서 그 차이를 명확히 했다. 다음은 그 몇 가지 예이다.

와쇼쿠(和食)—요쇼쿠(洋食)
와가시(和菓子)—요가시(洋菓子)
와시(和紙)—요시(洋紙)
와후쿠(和服)—요후쿠(洋服)
니혼슈(日本酒)—요슈(洋酒)
니혼칸(日本館)—요칸(洋館)

여기에 더해 외국어의 명칭을 그대로 씀으로써 일본 문물과의 차이를 명확히 하는 경우도 있다. 가타카나로 '와인(ワイン)'이라고 써서 쌀로 만든 와인인 '니혼슈'와 구별하여 후자의 독자성을 드러내는 것이 그 예이다.

좀더 우회적인 표현으로 "요코메시를 먹다"가 있다. 요코메시(요코메시는 가로를 말하는 요코〈横〉와 밥을 말하는 메시〈飯〉를 붙여 만든 조어이다—역주)란 양식을 말하는데 서양의 알파벳이 일본이나 중국과 같이 세로쓰기가 아니라 가로로 씌어지기 때문에 이렇게 불리게 된 것 같다. "요코메시를 먹다"라고 하면 단지 양식을 먹는다는 실제의 행위뿐 아니라 서양식 생활 양식을 채용한다는 뉘앙스도 포함한다.

현대 일본에는 곳곳에 외국 식품, 레스토랑이 있다. 패스트푸드 체인인 맥도날드, 피자, 켄터키프라이드치킨, 데일리 퀸, A&W, 베이글 등과 함께 소위 세계 각국의 미각을 골라 뽑은 고급 레스토랑인 오토퀴진도 일반 일본인 사이에 인기가 높다. 한편 순수한 일본식, 즉 화식(和食)이 요즘 눈부신 인기를 누리고 있다. 아마도 이러한 서양 식품 · 요리의 대홍수 속에 있기 때문에 나타나는 역작용일 것이다. 전차의 차내 광고나 신문의 광고란에 여러 종류의 요리를 아름답게 늘어 놓은 화식 · 가이세키(懷石) 요리(요리를 만드는 대로 한 가지씩 손님에게 내놓는 고급 요리를 말한다—역주)가 눈을 끈다.

현재 일반적으로 화식(和食)의 원형은 다도에서의 가이세키 요리(다도에서 차를 대접하기 전에 내놓는 간단한 요리—역주)이다. 화려하고 세련된 일품 요리가 아름답게 배치된 가이세키 요리의 사진을 보고 현재의 일본인은 일본 요리의 '본질'을 '배운다'. 그러나 실제로 이 가이세키 요리는 일찍이 차를 마시는 자리에 내놓는 가이세키 요리와는 다른 현대적 '발명'이다. 원래 화식의 원형이 분명하게 존재하진 않았다. 더욱이 지금 일본 식품이라면서 일본인이 먹고 있는 것도 실은 거의 수입품이다. 중요한 것은 서양 식품 · 요리의 홍수 속에서 일본인은 독자의 문화적 자기를 유지하는

'일본 고유'의 식사 · 요리를 현대식으로 '다시 만들고' 있다는 점이다.

화식이라면 밥이 반드시 '주'가 되지만 양으로 볼 때 다른 부식의 가지 수나 양에 비해 대체로 밥의 양은 적다. 화식이 고급이면 고급일수록 부식의 가지 수가 많아지고 다채로워지며 이에 따라 주식인 밥의 비율도 적어진다. 즉 고급 화식에서는 주식과 부식의 양적 지위가 역전된 것이다. 그렇지만 화식이 화식이기 위해 절대 빠질 수 없는 유일한 품목은 고급 화식이든 보통 가정에서 만드는 화식이든 어디까지나 밥이며, 밥의 양이 많고 적음은 전혀 관계가 없다. 그 예로 인기있는 '와후(和風)스테이크'에 화풍(和風)이라고 이름붙이는 것은 스테이크에 서양식의 빵이 아니라 밥을 대신 내놓기 때문이다. 여기서 알 수 있듯이 주식이란 양적, 영양학적으로 일본인의 식생활에서 가장 중요하다라는 식으로 단순히 이해할 수 있는 것이 아니라, 문화에 깊이 뿌리내린 상징적 중요성을 지닌 식품이다.

와후스테이크의 경우처럼 원래 서양 요리에 밥을 함께 내놓을 때는 가타카나를 써서 '라이스'라고 부르는 것이 보통이다. 이 같은 경향은 최근에 특히 현저하여 예를 들면 밥으로 싼 라이스버거에는 데리야키버거, 사몬버거, 긴피라버거 등 다수의 상품이 등장하여 높은 인기를 모으고 있다. 라이스버거 외에도 돈까스, 스테이크, 오믈렛 등 라이스와의 콤비가 익숙해졌다. 레스토랑에 가서 주문할 때에는 웨이터가 대개 "라이스로 하시겠습니까, 빵으로 하시겠습니까"라고 묻는다. 여기서도 '밥'이 아니라 '라이스'라고 부름으로써 화식과 양식이라는 두 가지의 요리 시스템을 구별하는 것이다.

밥만 듬뿍 있고 반찬이 우메보시와 단무지인 경우는 가난을 대변하는 말이 되기도 한다. 서양에서도 빵으로 배를 채우고 수프나 소금에 절인 고기를 조금 먹는 식사는 대개 가난한 계층의 식사이다. 그러나 양의 다소와 관계없이 밥은 '어떤 식사에서도 권좌'를 확고하게 지키고 있다(Dore 1978 : 86).

4. 서양의 단립미와 일본의 단립미

미국이 일본에 쌀수입 자유화 압박을 가해 왔을 때 일본 내에서는 일본산 쌀 및 일본의 농업 자체를 견고하게 지켜야 한다는 광범하고 강한 반대 운동이 전개되었다. 특히 전후 일본에 미국은 최대의 '타자'였다. 그 반대 운동의 근저에는 '타자'의 압력에 대해 문화적 자기를 방어하려는 욕구가 있다고 말할 수 있다. 그렇다고 현대 일본인이 쌀에는 혼이 있고 벼의 혼은 신 자체라고 믿는다는 뜻은 아니다 더욱이 지금 일본인 중에 쌀과 천황제 사이에 일찍이 긴밀한 상징적 관계가 있었다는 것을 아는 사람이 어느 정도 있을까? 이미 천황제는 일본인의 문화적 자기의 상징으로는 거의 의미가 없다.

외국산 쌀의 수입 자유화 문제가 일어난 것은 이번이 처음은 아니다. 일본이 '외국쌀'을 실제로 수입한 것도 일찍이 몇 번이나 있었고 또 '외국쌀'을 재배했던 일조차 있었다. 역사학자 샌섬은 그 사정을 다음과 같이 기술한다.

> "13세기에 중국을 거쳐 인도네시아산 쌀이 전해졌다. 이 품종은 올벼로 한냉한 기후에도, 충해에도 강했기 때문에 14세기 말까지 서일본 일대에서 널리 재배되었다. 사누키(讃岐)와 하리마(播磨)의 다이고지(醍醐寺) 장원의 기록을 보면 쌀로 거둔 조세의 약 3분의 1이 이 외국 품종의 쌀이다. 이 품종은 윤기, 향, 맛이 모두 순국산 품종에 비해 떨어졌지만 가난한 사람들은 이 쌀을 주로 이용했다"(Sansom 1961 : 183).

오늘날 소위 일본쌀도 사실은 '전통 만들기'의 산물이며 고대의 품종과는 거의 완전히 다르다. 더욱이 '일본의 쌀'이라고 꼬집어 말할 수 있는 품종이 존재했던 적은 한 번도 없고 극단적으로 말하면 농가마다 각각 독자적인 품종의 쌀을 재배해 왔다.

어떻든 외국산 쌀 중에서도 캘리포니아쌀이 유달리 문제가 된 데는 이유가 있다. 캘리포니아쌀이 일본쌀과 모양도 맛도 별로 다르지 않기 때문이다. 중국, 타이 등의 쌀은 장립미이기 때문에 일본쌀과 비교하면 한눈에 구별되는데 캘리포니아쌀은 일본에서 가져간 볍씨를 육종해서 재배한 것이다. 그러나 많은 일본인에게 모양이나 맛이 어떻든 캘리포니아쌀은 어디까지나 외국쌀로서 '타자'라는 상징적 의미를 가진다. 외국에서 익은 쌀은 설령 볍씨가 일본산이라도 외국, 즉 '타자'다라는 논리이다.

쌀수입 자유화 반대 운동의 강력한 추진 모체 중 하나인 농협은 일본이 이미 미국 최대의 농산물 수입국이며 일본에 수입되는 옥수수의 77.1%, 콩의 88.5%, 밀의 58.7%, 사탕수수의 53.7%가 미국산이라고 주장한다(*Zenchu Farm News* No.5 1987년 1월호 : 2). 그리고 반대 이유를 다음과 같이 말한다.

"일본의 농업에서 쌀은 다른 농산물과는 비교할 수 없이 중요하다. 쌀의 완전 자급자족을 견지하는 것이 일본의 농업과 농가의 존속에 필수 요건이라는 것은 의심의 여지가 없다. 2,300년에 이르는 일본 농업의 역사를 보면 벼농사가 일본 국민의 사회 문화 생활 전반에 걸쳐 미친 영향의 크기와 깊이는 실로 심대하다. 일본 사회의 질서, 신앙, 제사, 먹을거리, 의류, 주거에 이르기까지 벼농사의 영향을 벗어난 것은 거의 없다. 벼농사는 일본 문화의 원형을 형성했다고 볼 수 있다. 또 일본의 농업 및 농가를 영위하는 데는 전통적으로 쌀농사가 기본이 되었고 낙농이나 원예 등 쌀 이외의 농업은 어디까지나 제2차적인 지위에 있으며 이것 역시 벼농사를 기반으로 했다(*Zenchu Farm News* No.5 1987년 1월호 : 2. 강조는 저자).

자유민주당의 정무조사회 과학기술부 회장이며 참의원 의원인 오카베 사부로(岡部三郎) 씨도 국회에서 이 같은 취지의 주장을 전개했다.[82] 일본에서 벼농사가 얼마나 중요한가를 강조하기 위해

82) 참의원 외무위원회 회의록 제5호(제118국회)의 의사록 p.7.

오카베 의원은 도쿄 간다가와(神田川) 상류 지역이 일찍이 논지역에서 시가지로 전환되면서 강의 범람, 홍수가 빈발하게 되었다고 지적한다. 논이었을 때는 강우량의 60%가 논으로 들어갔는데 시가지가 되고 나서는 강우량의 90%가 간다가와에 집중적으로 유입되어 하류에 홍수가 빈발하게 되었다고 주장한다. 즉 오카베 의원의 논지는 벼농사는 단지 먹을거리를 생산하는 생활면에 그치지 않고 일본 국토를 보전하는 데도 중요성을 가진다는 것이다. 논은 자연적인 댐이 되어 홍수를 막고 또 토양 보전에도 효과적이며 지하 수맥을 지키고 물을 정화하고 국토의 아름다움, 경관을 유지하는 데 극히 많은 공헌을 한다는 주장이다. 나아가 오카베 의원은 아시아 · 몬순 지대의 벼 재배 국가에서는 쌀농사야말로 가장 자연에 잘 적응하는 토지 이용법이라고 주장한다.

농협이나 농업 관련 표를 지지기반으로 하는 자민당 의원의 이와 같은 주장은 놀랄 만한 일은 아니다. 만약 수입 자유화 반대가 그들 사이에서만 이루어진다면 반대 운동의 중요성도 반감된다. 그러나 실로 광범한 직업, 연령, 지역의 사람들이 반대 운동에 가담했기 때문에 그 중요성을 가볍게 여길 수는 없다. 수입 자유화에 반대하는 사람들은 생산자도, 소비자도 함께 쌀과 일본인의 문화적 자기를 긴밀하게 연결시킨다. 『아사히신문』의 사설(1990. 6. 30)에 따르면 1988년 일본인 1인당 평균 칼로리 섭취량 2,629칼로리 중 일본에서 생산된 식품에서 섭취하는 것은 49%에 지나지 않는다. 그리고 그중 쌀에서 섭취하는 것은 54%뿐이다. 칼로리 섭취량만으로 보면 일본의 식량 자급률은 세계에서 가장 낮은 수준에 속한다. 그러므로 수입 자유화로 쌀의 자급이 위협받으면 일본인의 식생활 자급자족에 극히 위험한 상황이 발생할 것이라고 아사히 사설은 결론짓는다.

마찬가지로 이노우에 히사시(井上ひさし 1988) 씨도 이와테(岩手)현 농업국의 자료를 가지고 벼농사의 중요성을 강조한다. 이 자료에 의하면 동북 지방의 논은 자연 댐으로 큰 역할을 하고 있으며 만약 이와 같은 규모의 인공 댐을 건조하려면 약 100조 엔 정도의 경비가 필요하다고 한다(下垣内 1986 : 13~5 참조). 이렇게 벼농사는 토양의 보전에 기여할 뿐 아니라 일본 국토의 보전에도 기여한다는 논리가 가능하다. 토양 보전에 더해 일본의 식물 생태계, 일본의 대기도 벼농사의 덕을 본다는 논리도 일본인에게 널리 받아들여진다. 이노우에 히사시(井上ひさし 1988 : 103)가 한 말은 쌀수입에 반대하는 사람들의 심정을 대변한다. "미국쌀이 일본의 전원을 녹색이 흘러 내릴 듯한 풍경으로 멋지게 물들여 줄까요? 미국쌀이 일본의 공기를 신선하게 해 줍니까, 일본의 생태계를 지켜 줍니까?" 쌀이 일본 자체, 일본 국토, 일본의 깨끗한 물, 일본의 청정한 대기의 상징이라는 것을 알 수 있다.

쌀수입 자유화 반대 주장에는 또 캘리포니아쌀의 위험성을 강조하는 것도 많다. 캘리포니아쌀을 포함하여 일반 미국산 농산물에 여러 종류의 농약, 화학 약품이 대량으로 사용된다고 최근 자주 지적된다. 시모가이토(下垣内 1988 : 76~8)는 살충제, 방부제 등 미국에서 많이 이용하는 화학 약품의 리스트를 들면서 이에 비해 일본쌀은 안전하다고 강조한다. 농협은 외국산 농산물의 안전성에 관한 의문과 불안을 부각시켜 화학 약품을 사용한 외국산 농산물 및 그것이 인체에 미치는 치명적인 해독에 대해 매우 과장된 선전용 비디오 필름을 제작했다. 이 비디오는 사실을 다루는 데 공정성을 결여하고 있고 왜곡이 너무 심해서 일본 국내에서조차 비난을 받았다(『朝日新聞』 1988. 4. 1, 8. 3). 원래 일본 국내에서 재배하는 농산물에도 화학 약품을 많이 사용한다는 지적과 함께 내외에서 심한 비난을 받고 농협은 비디오의 사용을 중지했다.

어떻든 상징적 차원에서 보면 외국쌀의 위험성과 약해를 과장해서 다루는 근저에는 정·부정을 가르는 원칙의 중심에 일본인의 재귀성 구조가 있다. 농약, 방부제 등의 화학 약품은 **부정한 외국쌀**의 상징이며 따라서 **일본인의 깨끗한 문화적 자기**에 대한 위협이 된다.

캘리포니아쌀의 수입 문제에 관해 특히 저항이 크다는 사실 자체가 일본 국내에서 생산되는 쌀이 얼마나 일본인의 문화적 자기, 국토, 물, 대기 등에 관한 중요한 은유인가를 말해 준다. 여기에서 공통된 것이 '깨끗함=안' 이라는 상징적 원리이다. 자급자족의 중요성을 쌀 자급자족의 중요성으로 바꾸는 논리는 가장 일반적으로 사용되는데(大島 1984〈1981〉: 2~4 참조), 수입쌀 논쟁에서는 일본의 쌀을 '생명의 원천' (Yamaguchi, I. 1987 : 40), '생명선', '최후의 성역' (『神戸新聞』 1990. 7. 6), '최후의 울타리' (농림수산대신의 말, 『朝日新聞』 1990. 6. 27. 석간)라고 불렀다. 마지막 두 표현은 만약 일본이 쌀문제를 양보하면 미국의 갖가지 요구를 제한없이 받아들여야 하고, 그렇게 되면 원자력 병기를 들여오는 것마저 거부할 수 없을 것이라는 두려움을 표시한다.

5. 변화하는 문화적 자기 인식

일본은 극동의 고도여서 일반적으로 일본의 국민성은 섬나라 근성과 배타성이 강하다고 한다. 그러나 일본인의 문화적 자기는 역사 과정에서 접촉 · 교류한 수많은 타자와의 상호 영향으로 그때마다 변화를 거듭해 왔다. 지금 일본인의 문화적 자기의 은유가 된 쌀도 원래는 '외부'에서 전해진 것이다.

현대 일본은 소위 탈공업화 시대에 있으며 벼농사 중심의 농업국가라는 그림자도, 실체도 없다. 도 · 시 · 부 거주 인구가 전 인구의 과반수를 점하며 정부의 농업보호정책과 농업 조성금의 규모에는 반론이 높아지고 있다. 더욱이 일본인의 식생활 자체도 과거의 밥 중심에서 반찬으로 바뀌고, 그 결과 쌀의 소비량이 전후 큰 폭으로 감소했다. 그럼에도 불구하고 쌀이 일본인의 문화적 자기의 가장 중요한 은유임에는 변함이 없다. 그러므로 일본인에게 캘리포니아쌀의 수입 문제는 단지 식량을 수입하는 문제뿐만 아니라 일본인의 독자성 자체에 대한 위협에 어떻게 대처할 것인가의 문제이다. 정부의 우대정책을 받는 농가에 비판적인 태도를 취하는 도시 거주자조차 자기도 모르는 사이에 일본쌀의 상징적 가치를 지키기 위해 기꺼이 희생하겠다는 것이다.

6장에서 본 것처럼 캘리포니아쌀 수입 문제가 일본인의 관심을 불러일으킨 것은 쇼와 천황의 병상이 악화되고 마침내 죽음에 이른 시기와 우연히 겹친다. 그러나 쌀문제와 천황 및 천황제를 연관시켜 파악하는 견해는 거의 없었다. 과거 천황과 쌀의 상징적 관계는 현대 일본인에게는 잊혀진 역사의 한 조각에 지나지 않는다. 천황이 가진 상징성도 현저하게 쇠퇴하고 있다. 한편 쌀은 과거의 종교적 의미, 즉 성성(聖性)을 잃고서도 변함없이 일본인에게 문화적 자기의 결정적 상징이다. 일례로 최근 캘리포니아쌀 수입 자유화 문제로 미국의 압력을 받을 때와 같이 일본인의 '자기'가 '타자'의 위협에 노출되면 일본인의 감정을 강하게 움직인다.

일본이 소위 경제 기적을 이루어 번영의 시기에 있는 이 역사적 국면에서 왜 돌연 농업의 중요성을 강조하는 논의가 광범한 지지를 모으고 쌀을 지키려는 운동이 왕성하게 나타나는 것일까? 애초에 일본의 공업화와 경제 발전 자체가 '타자'에 의해 '자기'를 재파악하고 개선하려는 노력의 결과이다(Ohnuki-Tierney 1990b). 19세기 후반 개국한 이래 서양 문명의 우위는 먼저 고도로 발달한 서양의 과학 기술이라는 구체적 형태로 인식되었다. 일본인의 상징적 세계 속의 마레비토 신은 외국인, 즉 서양인과도 만났다. 서양인은 일본인에게 '자기'를 비추는 거울, 다시 말하면 초월적 타자가 되었다. 서양을 따라잡고 뛰어넘자는 목표하에 최대의 노력을 경주한 것이 기술 분야였다는 것은 일본인이 기술 발전이라는 잣대로 서양의 우위를 느꼈다는 증거이다. 그래서 오늘날 일본은 서양을 기술 분야에서 능가함으로써 일본인 사이에서 '타자'에 대한 열등감은 다소 약해졌다. 일본이 세계의 하이테크 시장을 '정복'했다고 보는 사람은 외국에도, 국내에도 있다. 일본의 자동차 산업도 세계를 석권했다. 이것은 단지 경제, 하이테크 분야만의 '정복'을 의미하지는 않는다. 일본인에게 기술은 '타자'인 서양의 우위를 상징하기 때문에 서양의 기술을 능가하는 것은 초월적 타자 자체를 능가하는 것을 의미한다. 그리고 마침내 초월적 타자를 뛰어넘었다는 일본인 자신의 의식은 일본인으로서의 문화적 자기 인식에도 당연히 커다란 변화를 가져온다.

따라서 일본인의 재귀성이라는 측면에서 보면 지금 일본은 역사상 처음으로 외부의 '타자'를 '정복'한 획기적인 변화의 국면에 있는 것이다. 제2차 세계대전에서 '타자'는 맹위를 떨쳐 일본을 괴멸시켰으나 그로부터 반세기도 안 되어 '자기'와 '타자'의 지위는 역전되었다. 이제까지 중국인과 서양인이 점해 왔던 우위에 일본인이 섰다. 실로 역사상 처음 일어나는 대역전이었다.

그러나 한편 일본인은 서양이 여전히 자기들을 정말로 동등하게 여기지는 않는다는 것을 잘 알고 있다. 이런 에피소드가 있다. 미국의 3대 네트워크 텔레비전 방송국인 CBS의 유명한 뉴스캐스터인 댄 래더는 쇼와 천황의 장례 생중계를 위해 일본에 왔을 때 방송중에 세계 150개국에서 대표단을 보냈다고 말했다. 실제로는 163개국이 대표를 보냈다.[83] 일본인들은, 국제적 지위를 단적으로

83) 미국 3대 네트워크인 CBS는 제1급의 각광받는 뉴스캐스터인 댄 래더를 비롯해 대규모 인원을 도쿄에 보냈고 도쿄에서 전미를 향해 저녁 황금 시간대에 방송을 했다. 이것은 아마 그 규모에서나 질에서도 처음 있는 일일 것이다. 그러나 도쿄에서 행한 일련의 특별 방송은 변함없이 일본의 '이국

나타내는 데 결정적으로 중요한 조문단의 수를 미국 제1급 텔레비전 뉴스캐스터가 가볍게 여기는 것은, 일본이 아직 국제적으로 구미 제국과 같은 레벨로 인정받지 못하고 있다는 증명이라고 받아들였다. 또 일본인은 최근 미국의 반일 감정이 눈에 띄게 재연되는 것에 민감하게 반응한다. 표면적으로 관찰할 수 있는 일본인의 이러한 최근 상태와 표현의 근저에는 이제까지의 문화적 자기 인식을 대신하는 새로운 문화적 자기를 재형성해야 할 시기라고 생각하는 일본인의 '자기'가 있다. 페리가 내방했을 때와 같이 그때 재부상한 것이 벼농사 · 쌀이었다. 대륙에서 전래되었다고는 하지만 일본 역사 속에 튼튼하게 뿌리를 내린 벼농사 · 쌀은 일본을 상징하는 압도적인 지위를 점했다. 이에 비해 서양에서 전래된 과학 기술은 일본 고유의 것, 일본 및 일본인의 은유가 되기에는 너무 역사가 짧았다. 어떻든 일본인이 국내산 쌀을 지키는 것에 민감하게 반응하는 것은 일본인으로서의 자기를 재형성하려는 노력의 일부이다. 이 점에 대해 아이젠슈타트(Eisenstadt 1978 : 144)는 일본 사회에서 발달한 다원성은 유럽 여러 나라와 유사한 구조적, 조직적 다원성이라고 본다. 그러나 어디까지나 일본 국민으로서의 자기 인식이 역사적으로 지속되는 범위 내에서의 다원성이기 때문에 일본 국민으로서 가지는 자기 인식은 오랜 역사를 통해 확고한 안정성을 유지해 왔다.

적' 인 면을 강조하는 경향이 분명했다. 일례로 프로그램을 시작할 때 부채를 모티프로 한 디자인이 가구라(神樂 : 신에게 제사지낼 때 연주하는 음악—역주)의 음악과 함께 매회 사용되었다.

제8장

은유로서의 음식—비교문화적 고찰

이제까지 기회 있을 때마다 비교문화적 고찰을 해 왔지만 음식, 농업 및 자연에 대한 상징적 의미를 포함한 체계적인 논의는 충분히 할 수 없었다. 문화적 자기의 은유로 결정적인 역할을 하는 음식, 농업, 자연은 어떤 경우에는 특정 문화에만 고유한 성격을 가지고, 어떤 경우에는 광범위한 문화에서 공통성을 보이기도 한다. 이 장에서는 이 두 경우를 구체적인 사례에 비추어 살펴보겠다.

1. 특별한 음식과 일반 음식

사람들이 모이면 그만큼 의견이 다르듯이 하나의 문화 내에도 실로 다양한 음식물이 있다. 거의 모든 문화에 공통적으로 '이것이 우리 음식'이라는 위치를 차지하는 것이 있다. 나아가 권력자, 남성 또는 상류 계급의 음식이 따로 있는 것도 거의 각 문화에 공통적이다. 이하에서는 구체적인 예시를 통해 사회 계층 및 성적 차이를 명확히 드러내는 음식에 대해 고찰하겠다.

이전 세기까지 수렵 채집 생활을 영위해 온 남가라후토(樺太)의 아이누들에게는 곰고기가 특별한 음식이었다. 이것은 남성, 여성을 막론하고 마찬가지였다. 필자가 조사를 위해 아이누족과 함께 생활했을 때, 여러 가지로 조사에 협력해 준 여성 제보자는 곰고기의 맛을 자랑할 때 실로 열정적이었다. 그 기쁨의 표현에 대한 기억은 선명히 남아 있다. 그러나 곰과 관련된, 수렵에서 의례까지의 모든 행사는 남성이 담당하며 여성은 곰을 죽일 때 현장을 떠나야 한다(상세한 것은 Ohnuki-Tierney 1974, 1981을 참조). 우리는 아이누족 하면 곧 곰이라는 이미지를 떠올릴 만큼 일반적으로 양자를 밀접하게 연결시킨다. 그러나 실제로 곰고기를 먹는 것은 1년에 한두 차례, 운이 좋으면 서너 차례 정도에 지나지 않는다(Ohnuki-Tierney 1976). 덧붙여 아이누족들은 생물학적 성별을 분명히 구별하며 곰은 상징적으로는 남성신이다. 이 남성신인 곰고기가 아이누족 전체에 가장 중요한 음식인 것이다. 같은 예를 !Kung San에서도 볼 수 있다. 전 식량의 60～70%(중량 환산)가 식물성 식품임에도 !Kung San은 고기야말로 가장 중요한 음식이라고 여긴다. 순수하게 영양학적 측면에서 보더라도 그들이 일상적으로 먹는 몽공고(과실의 일종)는 고단백 식품의 일종으로 칼로리가 고기의 2배에 이른다고 한다(Lee 1968). 또 뉴기니에서는 얌감자가 가장 중요한 음식이어서 제사 등 특별한 일에 얌감자를 바친다. 여기서도 역시 음식을 통해 남녀의 차별이 드러나는데 , 얌을 재배하는 것은 남성이며 여성에게는 오로지 고구마를 재배하는 역할만 주어진다(Rosaldo 1974 : 19). 오스트레일리아 원주민 사이에서도 고기만이

'진짜' 음식으로 여겨지며 고기를 각 사람에게 분배하는 것은 남성의 역할이다(Kaberry 1939).

대개 수렵 채집 문화에서는 고기가 가장 중요한 음식이며 절대적인 가치를 가진다(Friedl 1975 : 13). 또 식물성 식품보다 압도적으로 높은 가치를 가지는 고기와 남성 사이의 특별한 관계는 수렵 채집 문화뿐 아니라 일상적으로 고기를 많이 먹는 여러 문화에 공통되는 특색이다. 그 한 예로 최근까지 미국에서 요리는 한결같이 여성이 담당하는 영역이었는데, 크리스마스나 감사제 등 특별한 식사에서 칠면조 통구이나 통햄, 로스트 비프 등을 자르는 것은 남성이다. 옥외 바베큐에서 고기, 특히 스테이크를 굽는 것도 남성이 하는 일이다. 근래 미국에서도 채식주의 경향이 강해져, 건강상의 이유로 육식, 특히 육상 동물의 고기를 가능한 피하고 어패류를 먹는 사람이 늘고 있다. 그렇지만 특별한 행사의 정찬에서, 자주 만나지 못하는 친지들이 함께 모여 식사할 때 완전히 채식 메뉴를 선택하는 경우는 거의 없다.

계층이 명확한 사회에서는 자신의 계층을 음식으로 확고히 한다. 메넬(Mennell 1985 : 64)에 의하면 유럽의 중세말은 요리법에서 뷰수령의 시대라고 한다 이 시대를 경계로 18세기 말부터 식사에 계층적 차이가 생기기 시작했다. 즉 상류 · 중류 계층의 '고급 요리'가 점차 명확한 형태가 된다. 이는 중세에 서유럽에 널리 퍼진 요리법과의 결별이었다. 이런 결별의 움직임이 최초로 일어난 것은 르네상스 시기 이탈리아의 궁정이었다. 1533년 앙리 7세와 결혼한 카트린느 드 메디치가 플로렌스에서 데리고 온 요리사가 프랑스에 이탈리아 요리를 전했다. 그것을 프랑스인이 예술의 영역까지 고양시켜 "유럽 요리의 최고급으로 치는 프랑스 요리의 지위를 구축하기에 이르렀다"(Mennell 1985 : 63). 이 같은 역사는 세계 각지에서 수없이 볼 수 있다. 브로델(Braudel 1973〈1967〉 : 12~5)이 단언하듯이 '세련된 요리'야말로 '모든 고도 문명'에 공통된 자산이다.

브로델은 '격차(distinction)'의 개념을 식품의 기호에도 적용하여 그것이 개개인의 계급, 성별, 육체를 중개한다고 말한다.

> "기호(嗜好)는 어떤 사회 계급의 문화가 마치 당연한 것처럼 자연화한 것이다. 그렇게 해서 몸에 밴 기호인 계급 문화가 이번에는 반대로 오늘날의 사회 계급의 모습을 만든다…. (즉) 개개인의 육체야말로 계급 문화가 가장 현저히 물체화한 것이다" (Bourdieu 1984〈1979〉 : 190).

'고급' 요리와 '보통' 요리가 어떤 역사 과정에서 태어났는가를 연구한 구디(J. Goody 1982)는, 서아프리카같이 극히 초보적인 윤작 농업과 무문자를 특징으로 하는 문화에서는 계급의 분화가 일어나지 않고 따라서 요리에도 차이가 없다고 논한다. 한편 반시나(필자와의 사적인 의견 교환에 의함)는 18세기 르왕고 왕국에서는 사회적 신분차가 음식에 의해 명확히 표시된다며 바나나는 지배계급의 음식이며 평민과 노예의 음식은 옥수수였다고 지적한다.

역사적으로 보아 어떤 '고급 식품'에 대한 '기호'가 일부 계층에서 점차 사회 전체로 침투해 가는 현상은 세계 각지의 문화에서 공통적으로 보인다. 원래 일본에서 쌀은 혼슈(本州) 중부 지배 계급의 음식이었다. 이것이 점차 전국, 전계층으로 퍼져 거의 모든 일본인에게 가장 중요한 음식이 되었다. 이 쌀은 시대가 지남에 따라 정백된 백미를 가리키게 되었고 정백되지 않은 현미는 가난한 사람들의 음식이라는 인식이 정착되었다. 영국에서의 빵의 역사도 이와 비슷하다. 18세기 말경이 되면 흰 빵이 검은 빵에 비해 '고급 식품' 으로 여겨져 항상 갈색 빵을 먹는 노동자는 "허약, 소화 불량, 구역질 등으로 항상 골치를 앓는다" 라고 생각했다(Thompson 1971 : 81). 또 설탕의 역사도 일본의 쌀과 영국의 빵과 같은 궤적을 거쳤다. 말할 것도 없이 설탕은 서구 식민지주의의 상징이다. 민츠(Mintz 1985)에 의하면 1100년경 영국에 전해진 설탕은 처음에는 일부 지배 계급의 사치 기호품이었다. 그것이 1650년경을 경계로 점차 세계로 퍼져 마침내 모든 계급에 일상적인 필수품이 되기에 이르렀다. 그리고 쌀이나 빵과 같이 설탕도 표백된 순백의 것이 가장 높은 가치를 가졌다.

> "과거 몇 세기 동안 흑설탕을 이용해 온 사회에서도 '발전' 에 따라 전통적인 자당 대신 '순수' 한, 정백 설탕을 압도적으로 선호하게 되었다"(Mintz 1985 : 193, 87도 참조).

그러나 고도 산업화로 풍요한 사회가 되자 이제까지의 경향과 반대의 움직임이 나타났다. '자연 식품' 붐과 함께 미국에서도 영국에서도 흰 빵 대신 갈색 빵의 인기가 높아졌다. 일본에서도 정백하지 않은 현미가 건강식으로 가게에 진열되었다. 현미의 경우 정말로 현미만을 먹는 사람은 수적으로 하잘것없지만, 자연 상태에 보다 가까운 무정백의 설탕은 미국과 마찬가지로 널리 인기를 얻고 있다. 이와 같이 음식의 역사를 더듬어 보면 세계 각지에서 공통적인 현상으로, 먼저 자연 식품이 있고 그것이 인공적으로 '세련' 된 '순수' 함을 나타내는 식품으로 바뀌고 그 후 다시 보다 자연에 가까운 상태의 식품으로 기호가 바뀌는 것을 알 수 있다. 커다란 원을 딱 한 바퀴 도는 형태이다.

이제까지 볼 수 있었듯이 쌀, 빵, 설탕은 모두 처음에는 일부 계급의 음식이었지만 이윽고 사회 전체, 전계층의 가장 중요한 음식이 되는 역사적 과정을 거쳤다. 그리고 쌀도, 빵도, 설탕도 정치 권력과 깊이 관련되었다. 이것은 사회 내부의 정치 권력에도 대외적인 정치 권력에도 해당된다. 아이누족의 곰 등 이 장에서 든 음식의 사례는 모두 높은 상징적 가치를 지니며 권력자, 지배 계급의 독점물이라는 기원을 가지지만, 그것이 결국은 사회 전체, 전계층 사람들에게 '이것이 우리 음식' 이라는 상징적 의미를 가지게 되었다는 공통의 현상을 보인다.

2. 음식 일반의 은유로서의 주식

일본에서도, 중국에서도 쌀은 쌀 자체를 가리키는 동시에 음식 일반을 가리킨다. 빵도 마찬가지다. "우리에게 매일매일의 빵을 주소서"라고 할 때 빵은 식량 일반을 의미하며, '브레드 위너(bread winner)'는 빵을 버는 사람, 즉 한 집안을 지탱하는 기둥을 말한다. 그리고 '브레드 앤드 버터(bread and butter)의 문제'는 서민의 생계에 직접 관련된 중요한 문제이며, '브레드 라인(bread line)'은 식량을 배급받는 실업자나 가난한 사람의 줄을 가리킨다. 획기적인 발명의 은유인 '기계로 썬 빵'도 전적으로 빵의 문화적 가치의 중요성 때문이다. 또 공간을 재는 표현으로 '브레드 박스(bread box)'라는 단어도 있다. 그리고 미국에서 자주 들을 수 있는 'dough'는 빵 반죽이라는 말인데 이것은 돈, 권력 또는 지위의 상징이다. 워싱턴에 있는 자선 시설은 실업자나 주거가 없는 사람들에게 식사를 제공하는데, 이 식사를 '브레드 오브 더 시티(bread of the city)'라고 부른다. 프랑스에도 빵을 의미하는 pain을 쓰는 표현이 셀 수 없을 만큼 많은데 유명한 로벨 사전에는 pain만으로 3단이 채워져 있다(Robert 1962 : 67~8).

빵이 쉽게 손에 들어올 수 없는 상태는 대개 사회 전체가 심각한 위기적 상황에 돌입할 때 그 전조로서 나타난다. 일본에서도 다이쇼 시대에 유명한 쌀소동이 있었다. 세계 가지에서 빵을 요구하는 서민이 폭동을 일으킨 예는 다 헤아릴 수도 없다. 무엇보다 먼저 프랑스 혁명을 떠올릴 수 있으며 최근에도 모스크바의 빵 부족이 불만에 쌓여 있던 서민에게 불을 당겼다. 이에 따라 중대한 위기에 직면했던 고르바초프의 정치 · 경제정책이 이윽고 기정 사실로 여겨졌다.

18세기 영국에서는 "공기와 물 다음으로 필요한 것이 밀이었다". 빵값이 오르면 가난한 사람들은 '빵 대신 과자를 먹으면' 되는 것이 아니라 정반대로 고기나 치즈는 비싸서 충분히 살 수 없기 때문에 대신 빵을 많이 먹어서 만족을 얻었다고 한다(Thompson 1971 : 91～2). 당시 영국 서민에게 설령 입수 가능하더라도 다른 식품은 결코 빵을 대신할 수 없었다.

벰바족의 가장 중요한 음식은 수수인데 리차드는 다음과 같이 소개한다.

> "벰바족에게 수수죽은 단순한 음식 이상의 의미를 가진다. 실제 '음식'이라고 불릴 만한 것은 유일하게 수수죽이며 (중략) 벰바인들이 눈앞에서 네댓 개나 구운 옥수수를 먹어치우고도 동료들과 '하루 종일 아무것도 못 먹어서 배고파 죽겠다'라고 얘기하는 것을 들었다"(Richards 1961〈1939〉 : 46～7).

일본에서도 밥이라면 식사를 의미하는데 벰바족의 경우도 수수죽이라면 식사 일반 또는 음식 일반을 가리킨다. 일본의 식사는 소량이더라도 밥이 없으면 '제대로 된 식사'가 아니다. 미국의 아시아 연구자들이 놀라는 것 중 하나가 아시아에서 조사를 할 때 현지 사람들의 얘기를 들어 보면 거의가 무언가를 먹고 있는데도 밥을 먹지 않으면 '식사를 했다'고 여기지 않는다는 것이다. 이제까지 본 것처럼 빵, 쌀, 수수는 실제로 먹는 양에 관계없이 음식 일반 또는 식사 일반을 나타내는 가장 중요한 식품으로 특별한 상징적 의미가 있다.

3. 문화적 자기의 은유로서의 주식

어떤 사회의 사람들에게 가장 중요한 음식이 그 사람들의 문화적 자기 은유가 되는 것은 세계 공통의 현상이다. 일본인이 국내산 단립미와 캘리포니아산 단립미의 차이에 집착하는 것은 전혀 놀랄 일이 아니다. 프랑스인이 프랑스빵에, 독일인이 독일빵에 또 이탈리아인이 이탈리아빵에 특별히 집착하는 것은 다시 설명할 필요도 없다. 어느 경우에나 특정한 쌀이나 빵이 '우리'의 문화적 자기를 '그들(타자)'과 구별되는 독자의 존재로 성격짓는 데 결정적인 역할을 한다. 최근 발간된 아시아계 미국인을 대상으로 한, 『라이스』(*Rice*)라는 잡지가 있다. 즉 쌀을 먹는 아시아계 미국인은 빵을 먹는 백인 미국인이나 토르티야를 먹는 중남미계 미국인과 다르다는 상징적 자기 표상이다.[84] 또 다른 예로 19세기 중앙아프리카 카사이강 유역에 살고 있던 펜데 사람들은 사탕수수를 주식으로 하는 '우리'와 다르게 옥수수를 주식으로 하는 이웃의 무분족을 '그들'이라고 부르며, 각각 주식의 차이에 따라 문화적 자기의 차이를 만들어 스스로의 고유성을 지켰다(Vansina 1976 : 177). 제1장에서 본 것처럼 주식뿐 아니라 조리법에서 식사법에 이르기까지 먹는 것과

84) 『라이스』지는 프린스턴 대학의 넬 페인터(Nell Painter) 교수가 지적해 주었다.

관련된 모든 '습관'이 아무리 사소하게 보여도 그 문화에서는 문화적 자기 자체와 관련된 중대사이다.

(1) 공식—나누어 먹는다는 것의 상징적 의미

공식을 위한 음식은 일본의 쌀, 영국의 빵 등 그 문화의 중요한 상징적 의미를 가지는 음식이 된다. 가장 두드러진 예는 기독교의 성찬식이다. 참례자 전원이 빵과 와인을 나누어 먹는데, 이것은 그리스도의 피와 살을 상징한다. 그리스도가 최후의 만찬에서 제자들과 나누어 먹은 것도 빵과 와인이며 성찬식에도 빵과 와인은 필수 요소이다. 세속화한 현대의 일반 식탁에서도 다른 요리는 각각의 접시에 담는 데 비해 빵만은 순서대로 각각에게 돌리는 것이 보통이다. 즉 과거도, 현재도 종교적이든 세속적이든 미국, 유럽 등 빵이 주식인 문화에서는, 빵은 빠질 수 없는 공식 음식인 것이다.

앞에서 소개한 벰바족은 수수를 공식 때 반드시 먹는다.

"(벰바족 사이에서는) 옛날부터 전해 내려오는 표현이나 종교적 의례 속에 수수죽이 얼마나 문화적으로 중요한 의미를 가지는가를 표현하는 것이 많다. 속담이나 옛날 이야기 속에 나오는 수수죽(ubwali)은 단지 수수죽뿐 아니라 음식 일반을 의미하기도 한다. 일례로 벰바 사람들은 '이제까지 오랫동안 수수죽을 먹여 준 모계의 아저씨가 도움을 필요로 하는데 어떻게 거절해'라든가 '그는 저 사람의 자식이잖아. 자기 자식을 위해 수수죽을 만들어 주는 정도는 당연하잖아' 라는 식의 표현을 쓴다" (Richards 1961〈1939〉: 47).

이상에서 알 수 있듯이 벰바족에게는 수수죽이 공식에 절대 필요한 음식이며, 그것은 벰바족이 실제로 먹는 양의 다소와는 거의 관계가 없다. 수수죽의 중요성은 그 상징적 의미와 문화적 가치에서 나온다.

어떤 특별한 음식을 모두가 나누어 먹는 공식은 거의 모든 문화에서 이루어지며 사람과 사람을 서로 묶어 주는 가장 강력한 행위이다. 그 힘은 상징적으로 성교와 비교할 수 있을 정도이다. 레비 스트로스는 물질, 메시지, 여성의 교환에 의한 커뮤니케이션 이론에서, 음식을 나누어 먹는 것과 성교가 상징적으로 같은 의미를 가지는 것은 거의 모든 문화에 공통된 유형이라고 지적한다. 레비 스트로스는 남아메리카의 예를 들어 다음과 같이 말한다.

"… 여기에 든 신화는 모두가 어느 정도 성적인 내용을 표현한다. 남아메리카의 단어에도 먹는 것과 성은 밀접히 관련된다. 튜파리족의 경우 남녀의 성교를 표현하는 말은 '질을 먹다' (중략), '음경을 먹다' (중략)이다. 또 브라질 남부 카이강의 방언에는 '성교하다' 와 '먹다' 라는 의미를 동시에 가지는 동사가 있다" (Lévi-Strauss 1969b〈1964〉: 269).

일본 황실의 오나메사이에서도 공식 의례, 농업 생산, 인간의 생식이 상징적 동의·등가로 표현된다. 다시 말해 나누어 먹는 것과 성교하는 것은 사람과 사람과의 관계를 튼튼히 얽어 문화 전체의 모양을 만드는 것이다. 쌀, 빵, 수수 등 각 문화에 독특한 주식이 상징적으로 중요한 의미를 가지는 것은, 양적으로 사람들의 공복을 채우기 위해 중요하기 때문이 아니라, 공식을 위한 음식으로 절대 빠질 수 없기 때문이다.

(2) 공식을 위한 음식—식물성 식품

구조기능주의자이든 구조주의자이든 인류학자들은 공식에 관해 높은 관심을 가지며, 그 문화적 의미의 중요성에 대해서는 거의가 동의한다. 그러나 이제까지의 논의를 보면 공식을 위한 음식으로 식물성 식품보다 동물의 고기 특히 커다란 야생 동물의 고기에 관심이 집중되었다. 큰 야생 동물이 공식의 예로 자주 등장하는 이유 중 하나로, 희생 의례를 행한 후 모두가 고기를 나누어 먹는 것을 들 수 있다. 작은 동물로는 모두가 먹을 만큼 충분한 고기를 얻을 수 없다. 그러므로 커다란 야생 동물이 공식을 위한 음식이 된다. 아이누족의 남성이 위험을 무릅쓰면서 곰사냥에 나서는 것도 !Kung San의 남자들이 기린을 쫓아 정처없는 수렵에 나서는 것도 모두가 나누어 먹을 만큼 충분한 고기를 얻기 위한 것이며,[85] 실제

85) 기린 사냥 장면은 영화 "헌터 맨"에 등장한다. 마샬(Marshall 1976 : 357)에 의하면 기린 사냥을 하는 것은 아주 드물며, 영양류, 산돼지, 타조 등이 사냥에서 익숙한 '큰 물건'이다.

로 그들은 그 고기를 부족 전체에 가장 중요한 음식이라고 부른다. 그리고 아이누에서도, !Kung San에서도 여성은 감자나 몽공고(나무 열매)를 채집하는 역할을 담당한다. 양으로 보면 감자나 나무열매가 식생활의 중심인데도 둘 다 곰고기 또는 기린고기가 가지는 특별한 문화적 가치 앞에서는 영향력이 약하다. 이상이 일반적인 '큰 야생동물=공식용 음식' 논의이다.

그러나 이제까지 보아 온 것처럼 동물의 고기가 아니라 쌀이나 수수 등 식물성 식품도 충분히 공식을 위한 음식이 될 수 있다. 공식 음식으로 이제까지 식물성 식품에 그리 관심을 두지 않았던 것은 아마 세계 여러 사회에서 고기가 식물보다 높은 가치가 있다고 생각했기 때문일 것이다. 또 하나의 이유로는 조사하는 인류학자가 대개 서양 문화의 가치관을 갖고 있어서 그 가치관의 렌즈를 통해 타문화를 관찰하고 해석했다는 측면도 있다. 서양 문화에서 식물성 음식은 고기에 비해 항상 낮은 가치가 주어졌다. 그리스 신화나 성서를 보아도 고기와 식물성 음식은, 그 가치와 의미가 명확히 다르다. 고기에는 항상 높은 의미가 부여되고 오로지 남성만이 이와 관련된 역할을 한다. 그리스 신화의 헤라클레스는 '사냥하는 남성(man the hunter)'의 전형이며, 한편 다이아니라(Delanira)는 '경작하는 여성(woman the tiller)'의 전형이다. 또 성서 속의 아벨과 카인 이야기에서 신은 카인보다 아벨을 좋아하는데 양치기인 아벨은 동물을 제물로 바치고, 경작자인 카인은 수확물을 제물로 바치는 것과 상징적으로 통한다. 고기에 높은 가치를 두는 문화에서는 선호되지 않는 자를 농업 및 식물성 음식으로 표현하는 것이다.

덧붙여 공식 의례 연구의 제일인자인 로버트슨 스미스도 이미 제4장에서 인용한 대로 희생 동물의 고기만이 신과 사람의 정찬(正餐)에 필수품이며 곡물은 단지 신에게 바치는 제물에 지나지 않는다고 단언한다.

"고기를 나누어 먹음으로써 모인 사람들 사이에 사회적 유대가 생긴다. 함께 먹지 않는 사람과는 서로 타인이며, 이들과는 신앙으로 묶이지도 사회적 상호 관계를 구축하지도 않는다"(Smith, W. R. 1972〈1889〉: 269. 강조는 저자).

로버트슨 스미스는 프레이저의 견해를 인용하면서 그것을 각주로 처리한다. 진정한 희생 의례에서의 공식은 막 수확한 햅쌀로도 멋있게 처리할 수 있으며, 먹는 사람들은 쌀의 혼, 즉 신성을 믿는 것이라는 프레이저의 해석은 고려하지 않는다. 로버트슨 스미스는 공식 음식으로 동물의 고기든 식물이든 '객관적'인 근거를 붙이지는 못한다는 것을 간과했다. 이 책에서 반복적으로 보았듯이 쌀에도 생명이 있으며 혼이 있다. 일본인에게뿐 아니라 쌀을 먹는 문화권 사람들에게 쌀은 신 자체이다. 파리에 의하면 인도 북부 지방의 매장 의례에서는 곡류가 관습적인 음식으로 사용되는데 쌀은 브라만 카스트에게는 정말 '특별한, 대체할 수 없는 음식'(Parry 1985 : 613)이다. 그리고 19세기 이래 죽은 자의 뼈와 익힌 쌀을 섞어서 승려에게 먹이는 습관이 있다고 지적한다.

로버트슨 스미스 외에도 식물성 식품이 동물성 식품보다 가치가 낮다고 미리 규정하는 연구자가 많은데 유명한 역사학자인 브로델도 그중 한 사람이다. 브로델은 농업 생산물이 인간의 칼로리원으로 얼마나 낭비가 적고 효율이 높은가에 대해 말한 후, 역시 동물의 고기에 보다 높은 문화적 가치를 두고 다음과 같이 말한다.

> "경작지는 수렵, 낙농을 위한 광대한 토지의 희생으로 생겨난다. 그리고 몇 세기 동안에 대다수의 인구가 고기 중심이 아니라 무미건조하고 변화가 적은 식물성 음식을 먹는 데까지 영락하고 말았다. 고대 그리스에 '보리죽을 먹는 자는 싸움에 도전할 기력도 투지도 없다' 는 표현이 있다. 또 1세기 후(1776)의 어떤 영국인은 '고기를 충분히 먹는 남자 중에는 용감한 자가 많지만 경박한 음식을 먹는 남자 중에 용기 있는 자는 적다' 고 말했다" (Braudel 1973〈1967〉: 68. 강조는 저자).

서양 여러 나라의 문화에서 고기의 문화적 가치는 남성과 밀접하게 관련될 뿐 아니라 특정 사회 계층, 즉 상류 계층과 깊이 연결된다. 산업 혁명 이전의 유럽에서 야생 동물(수렵 동물)의 고기는 상류 계층의 상징이었다. 19세기가 되면 신흥 부르주아 계급이 가축의 고기를 먹게 되는데 야생 수렵 동물의 고기는 높은 문화적 가치를 계속 가졌다. 오늘날에도 수렵이라면 어디까지나 고급이며 게다가 남성적 이미지가 따라다닌다. 이와 대조적으로 유럽의 하류 계층 및 농촌 지역의 식생활은 흑빵, 수프, 계란, 낙농품 중심이었다(Mennell 1985 : 62~3).

다시 한 번 강조해 두지만 어떤 음식이 공식으로 선택되는 배경에는 '객관적' 인 이유가 존재하지 않는다. 중요한 것은 특별한 음식이 동물의 고기든 식물성 식품이든 높은 문화적 가치를 가지며 공식의 대상이 된다는 사실이다.

4. 자연으로서의 식물성 음식

일본 문화에서 쌀의 상징성과 관련하여 결정적으로 중요한 것은 논의 상징적 중요성이다. 일본의 논은 농업 자체를 나타내는 동시에 일본의 농촌 지대, 그리고 옛날의 좋은 시대를 나타낸다. 농업, 시골, 옛날의 좋은 시대는 일본의 토지, 물, 자연 전체의 상징이며 나아가 일본 국가, 일본 국민의 상징이다. 이와 같이 농업의 상징적 가치가 동아시아 농업 지대에서 유럽 낙농 지대에 이르는 여러 문화권에서 폭 넓게 보이는 것은 매우 흥미있는 현상이다. 왜냐하면 농업은 원래 인간에 의한 자연의 정복, 자연을 인공적 경작지로 전환하는 과정이기 때문이다(Tuan 1989 : 82).

어떻든 농업과 자연은 선악의 이원적 의미로 사용된다. 뉴비 및 R. 윌리암즈도 지적했듯이 '영국의 전원(English countryside)' 이 실은 문화적 창조물이라는 것은 새삼 설명이 필요없다. 윌리암즈가 설명하다시피 '영국의 전원' 과 도회에는 대비적 가치가 요구된다.

"시골의 이미지에는 자연 그대로의 생활, 즉 평화, 순박, 소박함 등이 빠질 수 없는 요소이다. 한편 도시에는 입신 출세, 많은 사람과 사귈 기회가 넘치는 장소, 전등이 밝게 빛나는 장소의 이미지가 겹쳐 있다. 이와 함께 시골, 도시에는 각각 강렬한 부정적 이미지도 만들어졌다. 도시는 굉음이 넘치고 세속적 이해에 지배되며 야망으로 소용돌이치는 장소이며 한편 시골은 시대에 뒤떨어지고 무지, 고루하며 기회가 없는 장소라는 고정관념이 생겼다"(Williams, R. 1973 : 1).

이 전원(시골) 대 도시(도회)의 대비는 오늘날도 계속되는 정도가 아니라 더욱 강화되고 있다(Williams, R. 1973 : 46~54). 덧붙여 아테네 사람들도 "영구히 잃어버린 신들의 낙원인 것처럼 전원 생활을 더 더욱 추억"한다(Tuan 1986 : 34). 뉴비(Newby 1979)도, 18세기의 어떤 영주가 '마치 그린 듯이 완벽한 자연미'를 추구하여 본래 그대로의 자연을 영내에 다시 만들었다는 이야기를 소개한다. 이렇게 해서 '재현'된 자연은 '실제의 농경과 관련된 (중략) 현실적 노동 국면'을 배제하고 만든 것이기 때문에 '자연의 모습과 대립되는' '자연'이라고 해야 한다(Newby 1979 : 16). 이렇게 문화적으로 창조된 '영국의 자연미'는 윌리엄 켄트, 랜슬롯 브라운(게이퍼빌리티 브라운이라는 이름으로도 불리었다), 험프리 레프톤 등 걸출한 화가의 그림에 의해 한층 더 깊게 사람들의 이미지로 정착되었다.

"영국의 도시에 사는 사람들에게… 전원 · 시골은 순박한 사람들이 자연 속에 파묻혀 온건한 목가적 생활을 영위하는 이상향, 또는 이와 전혀 반대로 무료, 조야, 음울하며 근친상간이 만연할 것 같은 뒤처지고 고립된 장소로 비쳤다"(Newby 1979 : 13).

1970년대 "뿌리깊고 오랜 불황에 빠진 영국에서는 도시 공업 지대의 쟁의, 스트라이크, 두 자리수의 인플레 등 어두운 뉴스가 이어지는 중이었고 이런 상황인 도시와는 대조적인" 진짜 '영국의 시골' 이 사람들의 마음을 매료시켰다. 특히 달력의 그림이나 초콜릿 상자 뚜껑에 그려진 그림을 통해서만 시골을 '알고 있는' 정도의 중류 계층 사람들 사이에서 시골에 대한 동경이 유난히 강했다(Newby 1979 : 14~8). 부유한 계층의 사람들은 마리 앙트와네트가 베르사이유에 조그만 농장을 꾸미고는 양 치는 기분을 즐기던 것처럼 자신의 영토 내에 만들어 놓은 '자연' 을 만끽할 수 있었다(베르크 1990 : 122).

뉴비가 소개하는 '진짜 영국의 전원' 은 제6장에서 고찰한 일본의 시골 대 도시의 구조와 비슷하다. 에도 시대 말과 메이지의 국학파 지식인도 농촌과 도시에 완전히 대조적인 가치와 의미를 두고자 했다. 농촌의 순박함은 높이 찬양되는 반면 농촌 사람들은 촌뜨기로 비하하는 것이 보통이었다. 국학파 학자 · 지식인은 일본의 근대화, 산업화를 열렬하게 지지했지만 한편 그에 따른 도시에서의 삶의 질 저하, 열악화에는 깊게 개탄했다.

18세기 영국에서 걸출한 화가가 '영국의 전원', '영국의 자연' 을 회화로 표현하여 사람들의 이미지로 정착시킨 것처럼 일본에서는 '자연'을 옮긴 우키요에(浮世繪)의 걸작이 배출되었고, 프랑스에서도 인상파 화가가 프랑스 시골의 '자연'을 화폭에 재현하여, 거기에 표현된 자연이야말로 마치 '진짜의 자연'인 것처럼 받아들였다. 19세기의 화가는 즐겨 전원을 제재로 선택했는데, 그중에서도 클로드 모네(1840~1926)의 일련의 짚더미 그림, 장 프랑수아 밀레(1814~1875)의 "저녁종", "이삭줍기" 등이 유명하다. 그 외에도 전원, 시골을 제재로 한 인상파의 작품은 수없이 많다.[86] 잇달아 브레텔 & 브레텔도 프랑스와 다른 유럽의 여러 나라 농민을 접하고는 그들이 순수한 상태로 다른 차원에서 생활하고 있다고 표현한다(Brettell, R. and Brettell, C. 1983 : 8).[87]

베르크는 자연 경관, 조형의 역사를 비교 연구의 관점에서 말한다. 인간의 생활이 자연의 산물보다 스스로의 노동으로 인한 제작물에 더욱 크게 의존하게 되자, 자연은 인공적으로 만들어진 소위 역사적 산물이 되었다고 지적한다(베르크 1990 : 87). 전원과 시골은 도시에 의해 태어난 것이지 농민이 출현시킨 것은 아니다(베르크 1990 : 110~2). 마찬가지로 농민에게 그 존재 의미와 가치를 부

86) 농촌, 전원 풍경을 제재로 한 인상파의 회화에 농민이 들어가 있는 것은 아주 소수밖에 없다(Belloli 1984. 특히 "프랑스의 전원" : 241~73). 설령 농민의 모습이 있더라도 피사로의 그림처럼 대개는 조그맣게 그려졌다. 그러나 농민을 주제로 한 작품도 전원, 농촌 풍경을 제재로 한 작품에 지지 않을 만큼 다수 있다(Brettell, R. and Brettell, C. 1983).

87) 브레텔 & 브레텔은 더욱이 농민과 '원시적인 사람들'을 상징적으로 같은 의미로 파악한다. 필자는 이 양자간의 관계는 그렇게 단순히 등치시킬 수 있는 것이 아니라 복잡한 상징 구조를 따른다고 생각한다.

여한 것은 실은 농업이 아니라 산업화였다고도 말할 수 있다.

(1) 과거로서의 자연

자연 경관과 경제 활동의 상징에는 시간의 상징이 붙어 있다. 과거와 현대를 대비시키면 시골 · 농업과 도시 · 공업의 대비와 멋지게 겹치는 것을 알 수 있다.

> "최근이나 오랜 옛날이나 좋았던 옛날은 놀랄 만큼 유사성을 가진다. 즉 자연 그대로 소박하며 온화한 평온감을 주는 동시에 생생한 활기에 넘친다. 로빈 카손의 주인공에게 '진부한 회색빛 현대의 삶'은 '신선하고 색채로 넘치는' 르네상스의 베니스에 비하면 전혀 매력이 없는 것이었다"(Lowenthal 1985 : 24).

윌리암스(Williams, R. 1973 : 47)가 Satire XV에서 인용한, "그러나 오늘날에는 뱀조차 인간보다 이야기를 잘 정리할 줄 안다"라는 문장에서 볼 수 있듯이 과거에 대한 특별한 의미 부여는 매우 이른 시기에 이미 있었던 것 같다.

일본에서도 마찬가지 현상이 보인다. 국학파의 흐름을 탄 메이지의 지식인은 전통 일본과 근대 일본을 대치시켰는데 이와 함께 일본의 농촌과 도시도 대치시켰다. 급격한 근대화는 일본인에게서 순진성, 고결함 등을 빼앗아 갔고 이것은 도시 생활에서 가장 현저하게 드러났다. 이에 비해 농촌은 과거의 순박, 청결 등의 자질이 아직 근대화 때문에 더럽혀지지 않고 보존되어 있는 곳이며 이런 자질의 원천이라는 의미를 띠었다(Gluck 1985 : 178). 따라서 메이지 시대에는 농촌이야말로 일본 국가의 초석이며 농촌에서 건전한 육체가 만들어지지만 도시의 타락한 생활은 일본인의 신체까지 허약하게 만들었다는 논의가 드물지 않았다(Gluck 1985 : 179, 181).

그런데 글러크에 따르면 20세기 초기 시골 · 농촌 생활의 이미지에는 결코 위와 같이 좋은 면만 있지는 않았다. 실제로 에도(江戶) 본래의 좋은 측면을 파괴한 것은 시골에서 상경한 사람이라는 의견도 꽤 지지를 받았다. 먼저 1870년대에 도시로 제1진의 인구 이동이 있었는데 이때 무사가 이주를 하고 이어서 도시의 공장에 일자리를 찾아 농민들이 에도(도쿄)로 집중되기 시작했다. 지방에서 이렇게 대규모의 인구가 유입됨으로써 에도(도쿄)의 생활의 질이 저하되었다는 설은 특히 에도(도쿄)의 사람들에게 설득력을 가진다.

그렇지만 일본에서는 역시 농업, 농촌의 생활, 가치를 미화하는 경향이 압도적으로 강하다. 고대 일본에 실재했을 일본 '고유의' 문화를 찾아서, 인류학자까지 이 '농업 · 농촌 신화'(Gluck 1985 : 181)를 미화하고 고양시키는 데 큰 역할을 했다. 오늘날에도 역시 일본인은 자연을 바란다. 그 하나가 다분히 향수를 불러일으키는 '고향' 붐일 것이다. 이 붐은 관과 민 양쪽의 지지를 받아 전후 미증유의 여행 붐을 낳았다. 이 붐은 도시인의 '고향'에 대한 향수의 감정을 북돋울 뿐 아니라 '시골' 사람들도 이 '고향' 이미지와 꼭 맞는 새로운 고향 만들기에 커다란 열의를 보였다.

대체로 평온한 시대에도 과거는 '좋았던 옛날' 로 미화하기 쉬운데, 사회적 위기에 직면할 경우 이 과거에 대한 이상화는 더욱 극단적이 된다. 이것은 일본뿐 아니라 어떤 사회라도 마찬가지이다. 사람은 위기 상황에 처하면 자기 자신과 자기 문화에 대해 근본적인 재검토를 한다. 자기 자신을 포함하여 모든 것이 분명한 윤곽을 잃고, 사회의 존재, 의미, 가치 등도 이미 절대적인 의미는 없어지기 때문이다. 유럽의 세기말(*fin de siécle*)은 이러한 사회적 대변동 시기이며, 일본에서는 막부 말기부터 대정봉환(大政奉還)에 걸친 시기, 그리고 전후 '기적적인' 경제 부흥을 이룩하여 다시 대국의 지위에 오른 격동의 시기를 거치면서 국내외로부터 국제적 역할, 지위, 문화적 자기 인식에 대해 근본적으로 되돌아볼 필요가 생겼다. 이러한 위기 상황 속에서 개인이 희구하는 것은 스스로의 문화적 자기의 확고한 핵, 즉 무엇에도 동요되지 않는 원초적으로 고유한 문화적 자기이다. 그것이 존재하는 것은 어디까지나 '신화의 시대', 즉 먼 역사의 저편일 뿐이지만, 그것을 희구해 마지않는 사람들은 농촌, 농민의 생활 속에서 그 잔재를 구한다.

(2) 일본의 자연으로서의 논

이제까지 보아 온 것처럼 농업, 농촌 · 전원 및 자연이 담당하는 의미와 가치는 문화의 차이를 넘어 광범위한 공통점을 가지는 반면 각 문화별 특수성도 결코 무시할 수 없다. '자연' 중에서도 서양 문화에서는 '야생의 자연' 이 특히 중요하며, 수렵 채집 생활민의 문화 · 생활에 대해 서양인 일반이 끊임없이 흥미를 가지는 것도 자연=야생의 자연이라는 의미 부여가 뿌리깊기 때문이다. 또 '시골의 소박한 생활'을 이상화하는 '목가적 생활 문화'(Frye 1971 : 43)의 영향도 크다. 이는 일상 생활이나 자연에 대한 사람들의 접촉 방식에서 그 편린을 볼 수 있을 뿐 아니라, 그리스도를 아기양, 목사를 양치기, 신자를 양의 무리에 비유하는 기독교에서도 간파할 수 있다(Frye 1971).

이러한 서양의 '야생의 자연'과 대조적으로 일본 문화 속의 '자연'에는 사람의 손을 전혀 거치지 않은 자연은 거의 존재하지 않으며, 야생의 동물도 없다. 수렵 채집 문화가 일찍이 실재했음에도 불구하고 각별히 관심을 두는 일도 없다. 목축은 원래 일본에 한 번도 뿌리를 내린 적이 없기 때문에 목가적 생활 문화가 일본인을 매료시키지는 못했다. 일본인에게 자연은 사람 이외의 동물로 정의되는 장소가 아니다. 이와 같이 일본의 '자연'과 유럽의 '자연'은 현저하게 다르다. 유럽의 여러 문화에서는 방목지가 차차 농경지로 전환되는데, 이 전환으로 서로 대립되는 토지 이용법, 즉 농업과 목축을 둘러싸고 적지 않은 알력이 있었던 것은 브로델이 일찍이 지적했다. 제한된 지면 때문에 충분히 논의를 끝낼 수는 없지만 동물이 차지하는 중요성에 대해서는 특히 일고할 가치가 있다. 성서 속에는 동물과 식물이 상징적으로 남과 여의 대비와 겹쳐서 표현되어 있다. 서양의 여러 문화가 지나간 시대를 농촌, 농업 속에서 찾아내고자 할 때, 과거는 농업과 농촌뿐만 아니라 수렵이나 목축 속에서도 구할 수 있다.

그러나 일본인이 자연 속에서 보는 것은 혼을 가진 식물의 존재이지 야생의 동물이 아니다. 그러므로 일본 국토가 황야에서 싱싱한 벼이삭으로 덮인 '미즈호노쿠니(瑞穂の國)'로 변하면 벼, 식물이 일본인의 생활 환경을 만드는 중심적 존재가 되고, 이와 함께 전(前) 시대의 수렵 채집 문화의 역사는 일본 문화 속에서 그 자취가 점차 엷어졌다.

유명한 정원에서 전형적으로 볼 수 있듯이 일본의 자연은 깔끔하게 문화화된 자연이다. 즉 사람의 손길이 구석구석까지 닿아 있음에도 불구하고 아무리 보아도 '자연' 그대로인 것처럼 철저하게 '인공'의 흔적을 지운다. 그러므로 농민의 모습이 보이지 않는 논 풍경은 소위 '일본의 자연'의 정수이다. 여기에는 냄새나는 거름도 없고 땀흘리는 중노동도 없다. 여기에는 인공이 배제된 이상화된 농업만이 있다. 그리고 이것은 지나간 좋았던 시대와 그대로 겹쳐진다.

일본인이 싱싱한 재료를 가능한 한 그대로의 상태로 먹기를 즐기며, 시간이 오래 걸리는 조리법을 잘 쓰지 않는 것도 역시 위에서 말한 일본인의 자연관과 깊은 관련이 있다. 일류 요리사는 실제의 조리 솜씨보다 오히려 최고의 소재를 음미하는 재능으로 결정된다. 회를 떠서 본 모양새로 만드는 것 등은 솜씨에 달려 있다. 정원 꾸미기에서 살펴본 예는 일본 요리에도 해당된다. 즉 요리사는 선택한 소재를 가능한 한 '자연' 그대로의 상태, 아니 때로는 살아 있는 모습 이상으로 자연스럽게 보이도록 최대한 노력을 기울인다. 생선이나 야채 등 소재의 상태, 칼자국을 넣는 법, 그릇을 고르는 법 등 세부에 이르기까지 '자연' 그대로의 상태를 만들어 내려고 고심한다. 대잎이나 창포잎 등을 그릇 대신 이용하는 것도 이러한 노력의 일환이다. 또는 실제의 잎이나 꽃이 아니어도 그것과 비슷하게 만든 도기나, 인간과 자연과의 관계를 상징적으로 나타낸 형태, 예를 들어 배, 나무통 모양의 그릇을 선호하여 사용하는 것도 마찬가지 이유이다.[88]

일본의 '자연'이 이러한 성질의 것이라면 일본인에게 밥만큼 자연스러운 자연은 없다. 밥은 자연 상태에서 가장 먼 상태, 즉 철저하게 손을 들여 정백한 백미에 열을 가해서 지은 것임에도 불구하고 '자연'을 상징하는 것이다.

5. 고도 산업화 사회와 농업의 상징적 중요성

농업이 '자연'을 상징하기에 충분하다면 농업과 '우리 국토', '우리 국가'가 상징적으로 연결되더라도 전혀 이상하지 않다. 미국, 유럽 공동체, 영국, 프랑스 등 세계 각국에서 농업보호주의가 뿌리깊은 것도 그 때문이다.[89] 유럽 통합을 저해하는 요인 중 하나가 가맹국별 농산물 무역보호정책이 서로 다르기 때문에 통일된

88) 덧붙여 일식의 '날것'에는 샐러드가 들어가지 않는다. 서양 요리에서 샐러드는 신선하기는 하지만 '날것'으로는 여기지 않는다.

89) 각국별 농업 보호, 보조액은 콜더(Calder 1988 : 235)의 〈표 5-1〉에 자세히 실려 있다.

농업정책을 설정할 수 없다는 것이다. 전 가트(GATT) 의장인 윌리엄스(1992)가, 우루과이라운드의 성패는 농업 문제에서 각국이 합의에 도달할 수 있는가 아닌가에 달려 있다고 지적한 것은 기억에 생생하다.

그런데 농업보호정책은 라틴아메리카 제국 등 '진짜 농업국' 에는 거의 없으며, 역으로 고도 산업국에서 폭 넓게 펼쳐지고 있다. 산업화가 진행되면 될수록 농업, 농촌의 존립 자체에 대한 위기감이 커지는 듯하다. '자연' 의 소멸을 어떻게 해서든 저지하고자 하기 때문이다. 건강에 좋은 식품으로 인기있는 소위 '자연 식품' 은 반드시 식물성 식품이다. 그러나 농업 보호 논의에서 자주 들을 수 있는 것은 농산물(식물성 식품)은 몸에 필요한 칼로리와 영양을 만족시키기 위해 불가결한 식품으로, 없어서는 안 된다는 주장이다. 국민의 생활 수준이 극히 높은 산업화 사회에서 이런 논의가 변함없이 널리 받아들여지는 것은 주목할 만하다.

제9장

상징 '행위'와 역사적 변화—자기, 민족주의, 국가주의

음식 연구는 상징인류학에서 역사가 길다. 음식 및 음식의 금기에 관한 이론적 연구는 더글러스(Douglas 1966), 리치(Leach 1968), 레비 스트로스(Lévi-Strauss 1963〈1962〉, 1969b〈1964〉), 탐비아(Tambiah 1979) 등을 비롯해서 수많은 뛰어난 업적이 있다. 인류학의 음식에 대한 이해를 깊게 하는 데 신들에게 바치는 제물에 대한 연구가 해낸 공헌도 크다. 단, 주식의 상징적 의미에 대한 연구는 이제까지 체계적인 연구가 이루어지지 않았다.

이 책에서 '주식'은 양적으로 주요한 식품이다라는 일반적 견해를 근본적으로 고쳐 생각하고자 한 것은 그 때문이다. 현대의 풍요한 사회에 익숙한 사람들, 즉 도시에 사는 사람들의 경우에 편중해서 '주식'인 쌀이나 다른 음식의 상징적 가치를 좀 지나치게 강조했는지도 모르겠다. 실제로 스펜스(Spence 1977 : 261)가 지적했듯이 '혹독한 기근의 경험 또는 기근에 대한 공포'가 음식의 의미, 가치, 나아가서 먹는 법, 식사 등에 커다란 영향을 미치는 경우가 있다고 보는 것은 타당하다.[90] 제5장에서 보았듯이 일본에서도 몇 번

90) 스펜스(Spence 1977 : 261)의 "농업이 그렇게 중요한 것도 또 먹는 즐거움

이나 기근으로 수많은 사람들이 아사했다. 프랑스에서도 당통이 말하는 것처럼 근세의 농민은 죽어서 천국에 가는 대신 살아 있는 동안에 '식사를 듬뿍' 하는 쪽을 망설이지 않고 선택할 만큼 그들에게 '배불리 먹는 것'은 '최고의 기쁨'(Darnton 1985 : 33～4)이었다. 주식인 쌀, 빵 등이 오늘날보다 양적으로 훨씬 중요한 시대가 있었다는 데는 이론의 여지가 없다. 그러나 설령 식량 부족의 시대라고 하더라도 쌀, 빵 등 주식의 상징적 가치, 의미의 중요성은 언제나 지대했다.

주식이 상징적 의미와 가치를 가지는 것은 결코 일본의 독특한 현상이 아니라 세계 각지의 문화에 공통으로 보이는 현상이다. 이 책에서는 일본 문화의 '특수성'이라는 신화의 베일을 벗겨 내기 위해 타문화의 실례를 들어 비교했는데, 욕심이 좀 과해서 범위를 지나치게 확장했는지도 모르겠다. 어떻든 이 책에서는 지금까지 일반에게 받아들여져 온 여러 견해와 이론을 근본적으로 다시 파악하려고 했다. 결과적으로는 답을 끌어내기보다 새로운 질문과 의문을 보다 많이 제기하고 만 것 같다. 마지막 장에서는 주제를 두세 가지로 좁혀 이제까지 논해 온 것을 종합하면서 고찰하겠다.

이 그토록 즐거운 것도 기근에 대한 공포가 항상 머리속에 있었기 때문이다"라는 견해를 그대로 받아들일 수는 없다.

1. 상징적 '행위(practice)'—쌀의 물질성과 의미성

이 책에서는 이제까지 쌀을 마치 불변의 물질이며 또 하나의 상징적 의미를 가진 것으로 취급해 왔다. 그러나 물질로서의 쌀은 다양성을 가질 뿐만 아니라 쌀의 상징적 의미도 결코 고정된 것은 아니다.

일본인의 자기와 문화적 자기 인식의 상징으로서의 쌀의 의미는 일견 단일하게 보이지만, 일본인의 문화적 자기 자체가 '타자'와의 접촉 · 교류를 거칠 때 몇 번이나 모습을 바꾸어 왔기 때문에, 쌀이 나타내는 의미가 변화하더라도 이상할 것은 없다. 중국인을 '타자'로 삼은 시대와 서양인을 '타자'로 삼은 시대의 일본인의 문화적 자기는 다른 것이 당연하다.

더욱이 쌀이 상징적으로 나타내는 일본인의 문화적 자기가 이와 같이 역사를 통해 변화함에 따라 '물질'로서의 쌀도 변화해 왔다. 대륙에서 전래된 쌀은 열대, 아열대성이지만 후대의 일본쌀은 이것과 전혀 다른 품종이다. 일본의 벼농사는 전통적으로 농가별로 그 집에서 수확한 벼를 다음해에 파종하므로 실로 무수한 품종이 최근까지 병존해 왔다. '일본의 쌀'이라고 해도 실제로는 다양한 품종의 쌀이 포함된다.

육식을 하는 타자인 서양인에 대해 일본인은 일반적인 쌀로 문화적 자기를 나타내지만, '타자'가 장립미(長粒米)를 먹는 중국인이 되면 쌀의 단립성(短粒性)이 의미를 갖는다. 그리고 일본의 단립미와 모양도 맛도 같은 캘리포니아쌀의 수입 자유화가 문제시되면 일본인의 문화적 자기를 상징하는 것은 일본 국토에서 자란 것 자체가 의미 부여의 중심이 된다. 이것은 프랑스인, 독일인, 이탈리아인이 빵에 대해 종류, 모양 등 세세한 부분에까지 집착하는 것과 똑같다.

또 사람이 밥을 어떻게 다루는가에 따라 밥의 의미가 여러 가지로 바뀐다. 고급 일본식에는 여러 가지 요리가 함께 나오는데 이것을 '고급 와쇼쿠(和食)' 답게 하는 결정적 열쇠는 밥이다. 그러나 같은 밥이라도 대중 식당에서 나오면 공기밥이 된다. 밥을 담는 그릇, 식사하는 장소, 설비에 따라 같은 '물질' 이라도 전혀 다른 의미와 가치를 가진다.

레스토랑에서는 같은 밥인데도 양식 메뉴일 경우 '라이스' 로 불리며, 일식 메뉴인 경우에는 '밥' 으로 불린다. 명칭을 바꿈으로써 밥의 의미도 결정적으로 변화한다.

쌀은 사회 생활을 하는 각자가 '자기를 표현' 하기 위한 상징으로 이용한다고 해석할 수도 있다. 예를 들어 밥 없는 점심을 '모던' 성의 상징으로 여기는 경우가 그렇다. 미국에서 얼마간 생활한 경험을 가진 일본인은 종종 캘리포니아쌀의 맛과 즐거웠던 해외 생활을 겹쳐 회상한다. 그중에는 미국에 특별히 부탁해서 우송받을 정도로 그 맛을 그리워하는 사람들도 있다(『朝日新聞』 1987. 5. 12).

상징의 의미가 에이전트(사회의 구성원)에 의해 지배된다는 것은 널리 인식되어 왔다. 그러나 상징이 되는 것의 '물질' 로서의 성질도 에이전트와 사회적 맥락이 규정한다는 사실에 대한 인식은 거의 없다. 이 책에서는 상징으로서의 쌀을 역사적 틀 속에서 논해 왔는데, 거기서 밝혀진 것은 '일본의 쌀' 이 항상 같은 품종의 쌀을 가리키지는 않는다는 사실이다. 앞에서 말한 것처럼 외국이라는 '타자' 와 접촉 · 교류를 가질 때마다 문화적 자기 인식이 새롭게 모습을 갖추고, '자기' 의 은유인 쌀도 품종이나 특질의 차이를 넘어 '일본의 쌀' 이 되며, '물질' 로서의 쌀도 의미와 마찬가지로 에이전트가 사용하는 방법에 따라 몇 번이나 변화해 왔다.

기호론과 인류학 일반에서는 의미의 다양성이 관심의 중심이다. 상징이란 원래 다의적이다. 졸저(Ohnuki-Tierney 1990a, 1991b)에서 지적한 것이지만 하나의 상징이 은유가 되며 환유, 또는 대유나 반어가 되기도 하는 다양한 수사적 기능을 갖는다. 이 책에서 더욱 명확해진 것은 상징의 '물질성' 도 다양성을 가진다는 사실이다.

그렇다면 역설적으로 일본인의 문화적 자기는 변화하는 동시에 변하지 않는다고도 할 수 있다. 쌀도 마찬가지로 여전히 일본의 쌀임에는 변함 없지만 그 의미는 변화를 거쳐 왔고 물질성도 함께 변해 왔다. 쌀은 일의적인 동시에 다의적이다. 쌀은 항상 일본인의 문화적 자기의 은유였지만 그 '자기' 자체가 역사 과정에서 변화해 왔다. 덧붙여 이 책은 한마디로 말하면 일본인의 '문화적 자기로서의 쌀' 을 분석한 일본인의 '자기' 및 쌀에 대한 연구인데, 여기서 밝혀진 것은 물질로서 다종다양한 쌀이 다종다양한 '자기' 를 나타낸다는 점이다. 상징화의 과정은 매우 다이내믹하다. 일부 기호론에서는 하나의 시니피앙(記表)이 복수의 시니피에(記意), 즉 의미와 결합한다고 이해하지만, 시니피앙과 시니피에의 관계는 더욱 역동적이고 복잡하다고 보는 데까지는 이르지 않은 것 같다. 이 점에서 이 책이 기호론의 보다 깊은 이해를 위해 일조하기를 바란다.

다음으로 역사적 변화에 개인이나 사회가 어떻게, 얼마만큼 관여할 수 있는가라는 오랜 학계의 과제에 대해 검토하고자 한다. 어떤 개인도 역사적 변화를 자유자재로 조정할 수는 없다. 무어(Moore 1986 : 322)도 마치 누군가가 역사를 만든 것처럼 논하는 개인 중심의 역사관을 비판하면서, 이런 접근 방식은 '분석 대상을 한정하고 원인과 결과의 분석에도 치명적'이라고 주의를 환기시킨다. 앞에서 살펴본 쌀과 화폐를 예로 들어 보더라도 화폐는 사회적 틀 및 그것을 사용하는 사람, 사용법 등에 따라 깨끗한 돈도, 부정한 돈도 될 수 있지만, 쌀에는 화폐와 같은 다양성이 없기 때문에 사회적 틀이 어떻든 누가 어떻게 사용하든 부정한 쌀이라는 것은 있을 수 없다. 세속화된 오늘날 쌀이 성성(聖性)을 가지는 것은 극히 제한된 경우지만 설령 쌀이 화폐 대신 사용된다고 해도 쌀은 결코 '부정한 돈'이 되지는 않는다. 개인이든 집단이든 인간이 역사의 변화에 관여하는 힘에는 분명히 한계가 있다. 개인 중심의 역사관을 지나치게 믿으면 진정한 역사를 이해할 수 없다.

2. '자기'의 환유와 은유

문화적 자기의 상징으로 음식이 특히 강력한 작용을 하는 데에는 나름대로 이유가 있다. 어떤 특정 음식이 어떤 특정 사회 집단의 문화적 자기의 은유가 되기 위해서는 서로 깊이 관련된 두 가지

조건을 만족시켜야 한다. 첫째 그 사회 집단이 실제로 그 음식을 먹고 그것이 한 사람 한 사람의 피가 되고 살이 된다는 이미지를 갖고 있어야 한다. 이 음식은 한 사람 한 사람에게 구체적 모습을 띠어야 하는 것이다. 실제로 혈육의 일부가 되기 때문에 이 음식은 개인의 자기 환유이다. 둘째 그것은 서로 나누어 먹는 이미지를 갖고 있어야 한다. 이 과정을 통해 음식은 개인의 환유에서 공동체의 환유가 된다. 앞에서도 볼 수 있었듯이 일본인의 공식 때 쌀은 빠질 수 없으며 공식에 쓰이는 쌀은 한 사람 한 사람의 일본인의 환유에서 '일본인 전체'의 환유가 된다.

이와 같이 환유인 동시에 은유인 지점에 음식의 상징으로서의 힘이 있다. 쌀의 예에서 볼 수 있듯이 상징으로서의 음식은 일본인에게 이치와 인정 모두에 강하게 호소하는 힘이 있다. 인간 사고의 근본 원칙인 은유와 환유에 주목한 레비 스트로스는 은유와 환유 사이의 '전환, 반전환'으로 우리의 주의를 환기시킨다(Lévi-Strauss 1966〈1962〉: 150). 오랜 인류학적 해석에서 은유의 중요성을 강조해 온 페르난데스(Fernandez 1974 : 125~6, 1982 : 558~62)도 이 점에서는 레비 스트로스와 같은 입장을 취한다(Frernandez, ed. 1991 참조). 또 여러 가지 수사법 중에서 은유야말로 가장 중요하다는 견해를 가진 사람들도 은유 속에 환유적 법칙이 포함된다는 사실은 인정한다. 예를 들면 드 만(de Man 1979)은 은유가 효과적이기 위해서는 환유적 관련을 가져야 한다고 지적하고 제네트(Genette 1972)도 은유와 환유와의 병존, 상호 침투성을 강조한다.[91]

91) 야콥슨(Jakobson 1956), 레비 스트로스(Lévi-Strauss 1966〈1962〉: 150), 리

이와 같이 음식은 개인의 '자기' 상징이든 사회 집단 또는 국민 전체의 상징이든 사람들의 이성에 강하게 작용할 뿐 아니라 소위 '위장'을 직접 장악하는 힘도 가진다. '우리의 음식' 대 '그들의 음식'의 대비가 '우리' 대 '그들'의 강렬한 문화적 자기 인식과 연결되는 것도 이상할 것은 없다. 이 '자기' 대 '타자'의 구별 의식은, 음식에 의해 '타자'와의 차이를 강조하고 '자기'를 눈에 띄게 만들고 또 '그들'을 "타자'로 차별함으로써 한층 강해진다. 제1장에서 인용한 중국 고대의 예를 여기서 다시 한 번 들겠다. 고대 중국 사람들은 곡류를 먹는 것과 조리한 고기를 먹는 것으로 스스로를 주변 지역의 '야만인'과 구별했다.

"주변 다섯 지역에 사는 것은… 먼저 동방의 부족은 헝클어진 머리에 신체에 문신을 한다. 불을 대지 않고 날것을 그대로 먹는다. 남방의 부족은 … 얼굴에 문신을 하고 다리는 안쪽으로 구부러져 있다. 불을 대지 않고 날것을 그대로 먹는다. 서방의 부족은 … 헝클어진 머리에 모피를 몸에 두르고 있다. 곡류를 먹지 않는다. 북방의 부족은 … 동물의 모피를 몸에 두르고 동굴에 산다. 곡류를 먹지 않는다"(Chang 1977b : 42에 인용).[92]

치(Leach 1976)는 은유를 유사성에 의한 결합, 환유를 접근, 인과 관계, 방법과 목적, 내용과 외곽 등과 같은 관계를 통한 결합으로 본다. 리치는 인과 관계, 즉 '원인과 결과'의 결합을 별격으로 분리시켜 이것을 은유와도 환유와도 다른 시그널에 넣는다. 상세한 사항은 졸저(Ohnuki-Tierney 1990a, 1991a)를 참조.

92) 이 인용은 제임스 레디의 번역(1885)에 의한 *The Li Ki, the Sacred Books*

여기서 알 수 있듯이 '야만인'은 곡류를 먹고 조리한 고기를 먹는다는 두 원칙 중 어느쪽이 결여되어 있으며 그것으로써 중국인과 구별된다. 창(Chang 1977a)이 말하듯이 '음식 의미론'은 사회구조를 단적으로 나타내는 것이다.

어떻든 '우리'의 고결함, 순수함은 '우리'의 문화적 자기의 상징인 음식에 의해, 또 그것을 혈육의 일부로 하는 우리의 신체 자체로 구체화된다. 역으로 '그들'('타자')의 열악, 오염 등은 '그들'의 음식, 먹는 방법으로 구체화된다. 천황의 상징적 의미와 권력이 존재했던 것은 실제로는 긴 역사로 따져볼 때 극히 제한된 짧은 시기에 지나지 않는다. 그러나 쌀은 계속해서 강력한 일본인의 문화적 자기로 남았고, 이것은 쌀이 환유와 은유의 역할을 맡고 이치와 인정 양쪽에서 지지를 받기 때문이다.

3. 자기 원천—순결, 국토, 역사

(1) 순결—자기, 민족주의, 국가주의

근래 인류학에서도 민족 및 민족주의에 관한 연구가 활발하다. 식민지주의 시대의 종언과 함께 세계 각지에서 민족에 대한 자각이 새로운 형태로 표현되어 민족주의가 대두되었다. 소비에트 연

---

of the East, ed. by F. Max Müller, Vols.27 & 28, Oxford : Clarendon Press.

방의 붕괴 이전부터 이 추세는 분명한 것이었다. 지금까지 논해 온 일본인의 자기 인식의 상징적 측면은 세계 각지의 민족주의 · 국가주의의 상징적 차원과 공통되는 점이 많다. 먼저 비교학적 견지에서 각지의 민족주의 · 국가주의의 상징적 차원을 분석해 보자.

얄만(Yalman 1992)에 의하면 오스만 투르크 등과 같은 광대한 지역에 걸친 제국에서는 "원칙적으로 영토 내의 다양한 종교, 법관습, 민족적 전통의 존속을 시인하는 정책을 취"했지만 이와 대조적으로 민족주의 · 국가주의의 경우 그 민족의 순결이 결정적 중요성을 가지며 다양성의 존재에 대한 관용도는 현저히 낮아진다(Yalman 1992 : 1～2)[93] 또 윌리엄스도 민족 국가 건설에 '민족 순결의 신화 만들기'가 얼마나 불가결한 요소인가를 강조한다(Williams, B. 1989). 그것은 신생 국가든 오랜 역사와 전통을 자랑하는 국가든 마찬가지이다. 예를 들어 그리스인은 '그리스 민족의 순결한 에덴 동산'을 추구해 마지않는다(Herzfeld 1987 : 82). 또 최근 캐나다 퀘벡의 민족주의가 고양되는 큰 원동력은 점점 잊혀져 왔던 퀘벡인의 언어인 프랑스어 본래의 순수성을 되찾고자 하는 바람이라고 한다(Hander 1988).

이와 같이 세계 각지의 사례에서 밝혀진 것은 순수, 순결의 개념이 민족의 일부이든 민족주의의 일부이든 또 반드시 정치적 색채를 띠지 않더라도 어떤 경우든 '자기'의 형성과 분리되기 어렵게

---

93) 얄만(Yalman 1992 : 2)은 국가(Nation)와 민족(Ethnicity)의 차이로서, 전자만이 영토 및 국가 기구를 가진다고 구분한다.

결합되었다는 점이다.

이 책은 고대부터 현대까지의 일본 역사를 가지고 쌀과 일본인의 문화적 자기 인식의 관계 및 변화를 고찰했는데, 그 과정에서 일본의 경우도 '순결'과 '자기'는 끊을래야 끊을 수 없는 관계라는 것을 알 수 있었다. 즉 '자기'의 '순결'은 정치적 민족 의식의 고양 또는 민족주의의 대두를 기다리지 않더라도 본래적으로 항상 '자기'와 분리되기 어려운 일부인 것이다.

그러나 자기의 순결은 두 개의 얼굴을 가진다. 히틀러가 독일 '민족의 순혈(純血)'이라는 기치하에 집시와 유대인을 유례없이 억압한 것은 아직도 세계사의 생생한 기억이다. 일본에서도 쌀이 가지는 순결과 신성(神性)이라는 에너지는 메이지 이래 국가주의를 고양한다는 목적에 이용되어 왔다. 제2차 세계대전중 '쌀밥'을 다시 배불리 먹을 수 있도록 전쟁에 이기자는 슬로건이 일본 국민에게 강렬하게 어필한 것은 다시 지적할 필요도 없다. '자기'의 '순결'은 정치적 영향을 받는 일 없이 '미(美)'로 고양되는 경우도 있다. 역으로 배타적 민족주의·국가주의라는 이름으로 사회 또는 국가 내외의 '타자'를 차별하는 정치 도구가 된 일도 있었다. 때로는 '자기'의 완벽한 순결을 지나치게 강조하여 '타자'를 희생양으로 삼는 경우도 있다. 후자에 대해서는 다음 절에서 다시 논의하겠다.

(2) 공간적·시간적 표상

최근 인류학에서는 시간과 공간의 은유, 즉 역사와 국토(영토)의 은유가 민족주의 · 국가주의에 얼마나 중요한지가 점차 밝혀지고 있다. 제8장에서 본 것처럼 시간 · 공간의 은유가 '자연'의 개념으로 나타나는 경우도 있다. 카퍼러(Kapferer 1988)가 행한 스리랑카와 오스트레일리아의 민족주의 비교 연구를 보더라도 오스트레일리아 민족주의에서 공간 · 시간의 은유와 그것들이 자연 속에서 구현되는 중요성은 분명하게 부각된다. 또 허츠펠드는 '역사의 소유를 둘러싼 분쟁'을 크레타 섬의 어떤 마을의 조사에 기초하여 『역사 속의 장소』(*A Place in History*)로 정리했다(Herzfeld 1991). 책 제목에 표현되어 있는 것처럼 문화적 자기를 모색하는 현대 그리스인의 자기 인식도 일본인과 마찬가지로 역사를 통해 변해 왔지만 구체적인 모습은 건축과 건축 양식을 통해 드러나며 그 하나하나에는 사람들과 토지(장소)의 역사가 새겨져 있는 것이다.

감정을 불러일으키는 것 같다고 표현할 만한 쌀의 힘은 일본인에게 쌀이 환유인 동시에 은유이기도 한 데서 나온다. 쌀을 먹음으로써 쌀이 실제로 혈육의 일부가 된다고 생각하면 쌀은 일본인 개인에게 환유이다. 한편 일본인이 공식으로 쌀을 나누어 먹고 일본인으로서, 즉 같은 집단 내의 동료로서 의식을 기른다는 측면에서 보면 쌀은 일본인의 문화적 자기의 은유이다. 그러나 이것으로 쌀의 상징적 힘을 모두 설명하지는 못한다. 쌀 이외의 음식과 음료에 대해서도 정도의 차는 있지만 마찬가지이기 때문이다.

쌀이 결정적으로 다른 음식과 다른 것은 일본의 공간과 시간, 더 구체적으로 말하면 국토와 역사와 분리할 수 없다는 점이다. 그러나 이 경우의 쌀은 단지 우리가 평소 먹는 쌀알만을 가리키는 것이 아니라 논도 포함한다. 8세기에 이루어진 『니혼쇼키』와 『고지키』가 원래 아시아 대륙에서 전해진 쌀을 일본 고유의 것으로 변형시켰다는 것은 앞에서 밝혔다. 일본의 '창조 신화'에서는 황무지가 '풍요로운 벼이삭의 나라'로 다시 태어난다. 논이 소위 '일본 국토'의 생모 역할을 한 것이다. 그리고 시대가 흘렀지만 논은 각각의 농가에게 '선조로부터 전해 내려오는 토지'였으며, 풍성한 황금 이삭이 넘실거리는 논이 넓어지는 것으로 영주와 다이묘의 권세가 커지는 것을 표현했다.

쌀이 비할 데 없는 강력한 상징적 힘과 오랜 역사를 자랑하는 것은 아마 쌀이 일본인의 신체와 일본 국토 양쪽을 다 나타내기 때문이다. **천황제든 농업이든 상징으로서의 강력함, 역사의 파도를 헤쳐 나가 존속하는 지구력에서 둘 다 쌀에는 훨씬 미치지 못한다.** 쌀 이외의 음식 또는 『니혼쇼키』와 『고지키』에는 전혀 등장하지 않는 차 등의 음료를 보더라도 쌀에 비할 만한 것은 없다.

일본인의 공간 개념에 대해 살펴보자. 사방이 바다로 둘러싸인 섬나라에서 생활하는 일본인에게는 외부의 타자와 자기 사이에 각별히 경계선을 그을 필요가 없다. 따라서 '자기'와 공간 사이에는 밀접한 관계가 있지만 이 관계는 '타자'와 '자기'와의 공간을 구분할 필요 때문에 생긴 것은 아니다. 이 점은 세계 각지에서 보이는 민족 문제와 다르다. 양 독일을 분단했던 '베를린 장벽'에 전형적으로 드러나듯이 거의 대부분의 경우 각 민족 또는 사회 집단별로 타민족과 스스로를 구별하기 위해 분명한 경계선을 그을 필요가 긴박해진다.

앤더슨의 유명한 '상상의 공동체' 국가론에서 소위 국가는 '국경'으로 둘러싸인 내부에 존재하는 '제한된(공간내의) 상상'의 산물을 가리킨다(Anderson, B. 1991 : 7). 일본같이 물리적으로도, 정치적으로도 굳이 국경선을 그을 필요가 없는 곳에서조차, 공간적 경계의 존재를 인식하는 것이 얼마나 상징적 중요성을 가지는가를 단적으로 말해 준다. 우리가 계속해서 명확한 형태로 문화적 자기 인식을 하기 위해서는 '공간' 속에서 '자기' 자리를 확정하는 것이 결정적으로 중요하다. 일본의 예가 보여 주듯이, 이 중요성은 본질적으로 상징적 중요성이다.

일본인에게 논은 '우리 국토'라는 공간을 나타내는 동시에 시간을 나타내기도 하다. 일본의 자연은 계절마다 논의 풍경이 바뀐다. 봄의 모심기, 초여름의 파란 논, 벼이삭이 달린 가을, 추수 후 그루터기가 눈에 묻힌 겨울. 논이 보여 주는 시간은 순수함, 소박함 나아가 외국의 영향에 물들지 않는 일본의 티없는 과거와도 중첩된다. 논은 일본인에게 '우리 역사'의 모습을 보여 주는 것이다. 후대에 일본의 원천적 역사를 모색하고 구축하려고 노력하는 과정에서 『니혼쇼키』와 『고지키』가 몇 번이나 재조명되고 그때마다 새로운 해석이 이루어진 것도 이 때문이다.

(3) '위반'으로서의 토지 무소유

쌀 · 벼를 '우리 토지'와 연결하는 것은 일본인 대 외국인의 경우뿐 아니라 일본 사회 속의 '우리' 대 '타자'의 관계에서도 중요하다. 제6장에서 본 것처럼 중세말 이래 농업을 기반으로 한 세계관이 농업 이데올로기로 전환된 것과 병행하여 일본 사회 내의 비정주민은 조직적으로 주변화되었다. 정주민과 비정주민의 주된 차이는 전자만 과세 대상이었다는 점이다. 비정주민에 대한 호칭에서 알 수 있듯이 모두가 주변화된 공간과 연결된다. 가와라모노(河原者), 산조(散所) 등이 그러하다. 즉 경제 원칙인 과세와 비과세의 차이가 공간적 은유에 의해 신분의 차이로 표현되었다고 생각할 수 있다.[94]

정주민 농민은 토지와 깊이 결합된다. 농촌 공동체의 장은 반드시 토지 소유자이며 그에 의해 생산 양식, 생산 관계 나아가 소비까지도 지배된다. 토지 소유가 지배 권력의 원천이다.

'자기=쌀' 또는 '우리 국토=논'으로 나타나는 자기 인식의 역사 과정에서 비정주민처럼 '제대로' 정착할 장소를 가지지 못했거나 가지고자 하지 않았던 사람들은 사회의 주변인 즉 사회 '속에

---

94) 일본에 있는 그 외의 소수 민족으로는 아이누족을 들 수 있다. 아이누족은 수렵 채집 생활을 하고, 따라서 농경민처럼 '우리 국토', '우리 영토'라는 공간의 관념은 가지지 않는다. 아이누족도 지시마 열도, 사할린, 홋카이도 등 장소에 따라 상당히 차이가 있다. 이 중 홋카이도의 아이누족만이 수렵 채집 생활을 계속 유지하면서 정주지를 가졌다. 1779년 에조(蝦夷 : 아이누족의 옛이름—역주) 지역을 직할령으로 한 후 일정한 '거류지'에 정주를 강요하여 토지를 경작하도록 했는데 이때 아이누족에게 쌀이 새로운 주식으로 주어졌다고 한다(Takakura 1960 : 55~6). 단 일본 본토의 비정주민과 달리 아이누족의 주변화 역사는 '농업국 일본'이라는 이데올로기 발전의 역사 과정과 별로 밀접하게 연결되지 않는다.

존재하는 타자' 가 되어, '정통' 의 '농업국 일본' 과 그 역사로부터 소외되었다. 농업 이데올로기의 발전은 정주민인 농민과 무사 계급을 정치적 · 상징적 중심에 두어 비정주민의 주변화를 강제했다. '토지를 가지지 않는 것' 은 사회적 일탈을 의미하기도 했다.

이상을 정리하면 음식인 쌀도 토지인 논도 그 자체로는 아무런 부정적 의미를 생산하지 않지만 그 둘은 다의적으로 강력한 상징이기 때문에 배타적인 정치적 목적에 꼭 맞는 도구가 된다(Hardacre 1989의 국가 신도의 연구 참조).

홉스봄(Hobsbawm 1992 : 7)은 현대의 민족주의와 민족 문제의 격화 요인을 '사회적 소외' 에 있다고 본다. 일본의 경우 '사회적 뿌리가 없는 풀' 은 농업 이데올로기의 발전 과정에서 부수적으로 만들어진 산물이며, 그 결과이지 원인은 아니다. 일본에서는 농업 이데올로기가 국가주의의 사상적 핵을 이루었다.

4. 문화 식민주의와 역사적 변동의 시대

이제까지 과거와 현재, 국내와 국외의 발전이 상호 관련되며 커다란 역사적 흐름 속에서 합류되는 과정을 조사 해명해 왔다. 아래에 인용하는 것은 이러한 합류점을 선명하게 보여 주는 무어의 묘사이다.

"킬리만자로의 숲에서 알몸에 모포만을 걸친 마사이족 남성을 만났다. 탄자니아의 키 작은 나무 사이로 난 샛길을 창을 든 채 걷고 있다. 주의해서 보니 귀고리 대신 코닥 필름의 축을 귀에 매달고 있다. 이 귀고리 하나를 보아도 그가 마사이 전래의 문화를 단지 그대로 이어서 후대에 전하는 역할을 하는 게 아니라는 것이 분명하다. 그의 귀고리는 뉴욕주 로체스터에서 제조된 플라스틱으로 만든 것이며 몸에 감고 있는 붉은 모포는 유럽제, 칼은 영국의 셰필드 강철이다. 끈을 달아 목에 늘어뜨리고 있는 가죽 주머니 안에는 탄자니아 지폐가 들어 있다. 탄자니아 정부가 관할하는 가축 거래 시장에서 가축을 판 돈이다. 가축값은 세계 경제에 의해 좌우된다. 그가 걷고 있는 샛길 근처 도로에는 버스가 지나고 관광객도 많다. 국제 경제의 파도는 도처에 미치고 있다" (Moore 1986 : 4~5).

이 시대에도 문화는 안팎에서 일어나는 발전의 영향을 주고받으면서 변화하는 모습이 생생하게 그려져 있다.

무어가 묘사한 마사이족의 남성과 마찬가지로 허츠펠드 (Herzfeld 1991 : 112)에 나오는 크레타 섬의 레셈노스 건축도 내외의 변동에 휩쓸린 역사적 흐름의 단면을 선명하게 보여 준다. 사진 (26번)에는 "특유한 역사의 합류점—가로등, 베니스풍 석조 건축, 산산이 부서진 터키풍 창"이라는 설명이 붙어 있다. 이들 하나하나가 다양한 역사의 합류를 상징하며 "과거 속에서 무엇이 선택될까는 현재 상태와의 균형에서 결정된다"(Herzfeld 1991 : 257)라는 사실을 말해 준다.

어떤 역사적 국면에서도 '자기'와 '타자'의 상호 관계, 상호 영향 상태는 양자의 정치적 · 경제적 역관계에 크게 좌우된다. 쌍방의 힘이 완전히 균등한 경우는 극히 드물다. 이것은 '서양'이 압도적인 정치적 힘을 가지고 아프리카, 아시아 등 구식민지를 지배한 것에서 분명히 알 수 있다. 더욱이 구식민지 제국이나 그 이외의 문화에 대한 '서양 문명'의 문화적 지배는 상상을 초월할 정도로 넓고 깊다. 일본인은 자신보다 우세한 '타자'—중국인, 후에 서양인—와 접촉 · 교류를 가질 때 동경과 숭배, 모멸과 반감 등 서로 모순되는 감정을 품었다. 그리고 오늘날 하이테크놀러지 분야에서 마침내 서양을 초월했다고 자부하는 단계까지 이르렀다. 그렇지만 일본 사회 내부에서는 여전히 프랑스 제품이 상류층임을 과시하는 수단이 되며(Ohnuki-Tierney 1990b : 202~3) 외부적으로는 우리나라의 쌀을 지키기 위해 철저한 응전의 태세를 보인다.

얄만(Yalman 1989 : 15)은 이란인의 아야트라 호메이니에 대한 열광적 숭배를 '서양의 침투에 대한 사무친 분노'의 표현이라고 지적한다. 그것은 아시스 난디의 강렬한 표현인 '식민화된 정신'을 상기시킨다. '식민화된 정신' 개념은 살만 루시디의 소설을 둘러싼 일련의 사건 즉 서양의 정치적 · 문화적 지배 아래 놓여 온 민족들이 서양과의 관계에서 '자기'에 대해 가지는 복잡한 감정까지 설명한다(Yalman 1989 : 16). 이렇게 보면 '옥시덴탈리즘'은 단순히 '오리엔탈리즘'을 뒤집어 놓은 것은 아니라는 것이 명백하다.

상징적 힘의 우열은 '자기'와 '타자'인 서양과의 사이에서만 보이는 것은 아니다. 소위 서양 문명권 내부에서도 마찬가지의 관계가 존재한다. 그리스인을 유럽 원주민이라고 부른 허츠펠드에 의하면, 현대 그리스인도 '자기' 스스로와 '타자'에 대해 모순된 애증의 감정을 안고 있다. 빛나는 헬레니즘의 조락한 이미지는 현대 그리스가 가진 고결과 타락이라는 양면을 함께 표현한다. 또 농촌 사람들은 교양을 자랑하는 자를 즐겨 빈정거리지만 한편으로는 '읽고 쓸 수 있는 힘'에는 대항할 수 없다는 것도 인정한다(Herzfeld 1987 : 49).

역사의 교류 과정에서 상징적 '권력'의 불균등을 인식하는 이상으로 중요한 점은 그 불균등한 관계가 열등하다고 자인하는 문화에 어떠한 영향을 미치는가이다. 한 사회는 외국이라는 우세한 '타자'를 접할 때 희생양을 만드는 경우가 많다. 즉 주변화된 자기는 사회 내부에는 소수 집단을, 사회 외부에는 주변화된 '타자'를 형성시키는 것이다.

'문화적 식민지주의'라고 할 만한 이 메커니즘이 민족주의와 합류하면 '타자'와 '자기'에 대해 큰 폭발을 일으킨다. 과거에도 현재에도 이 폭발로 야기된 참극은 헤아릴 수 없을 만큼 많다. 많은 대외 전쟁이 그렇고 사회 내부의 소수 민족과 소수 집단에 대한 배척이 그렇다.

이 점과 관련 있는 것이 앞에서 본 마레비토 신의 개념이다. 외래신인 마레비토 신은 정의 힘과 부의 힘을 동시에 갖는다. 일본인에게는 역사를 통해 접촉 · 변화해 온 '타자'가 중국인이든 서양인이든 소위 실체화한 마레비토 신으로 파악되었다. 단지 마레비토 신을 모델로 얻은 '타자'는 일본인이 볼 때 항상 우세하지 않으면 안 된다. 일본인의 상징 세계에서 신은 인간보다 뛰어난 신성한 힘을 가지며, 인간은 의례를 통해 유익한 정의 힘을 신에게서 받아들이기 때문이다. 이러한 성격을 가진 마레비토 신이 실제 역사 속에서 정치적, 문화적으로 우세한 '타자'와 중첩되어 온 사실은 충분히 상상할 수 있다. 사실 세계 각지의 문화를 보더라도(제5장 주54)를 참조) 마레비토 신과 같은 개념을 가진 존재는 많다.

우세한 '타자'를 거부하고, '자기'의 재생을 위해 마레비토 신의 정의 힘을 받아들이는 것까지 거부할 경우, '자기'는 재활성 에너지를 자체 조달하지 않으면 안 된다. 캘리포니아쌀의 수입 자유화를 둘러싼 논의에서 최후의 울타리를 지키기 위해 들고 나온 것이 순백의 국내쌀과 논이다. 국내쌀은 약해 없이 청정하고 일본인의 혈육의 일부이며 나아가 일본인 전체의 문화적 자기를 상징하며, 논은 대기를 청정하게 보존하고 일본 고유의 순박·고결을 나타낸다는 주장이다. 이것들이 일본인을 활성시키는 에너지가 되었다. '자기'의 활성화와 정화는 스스로의 내부 또는 외부의 '타자'에 투영하여 이것을 배척함으로써 달성할 수도 있다.

일본인의 문화적 자기 인식은 문화적으로 우세했던 '타자'인 중국인과의 접촉·교류에 의해 형성되었다. 그리고 그 후 새로운 '타자'와 접촉·교류할 때마다 변화해 왔다. 다의적 상징인 쌀과 논은 '자기'의 다양한 변화 하나하나를 정확히 드러내는 데 비할 수 없는 힘을 가진다. 또 계속 변화하는 일본인의 '자기'에 필수적인 활성과 정화 에너지를 제공하는 풍부한 원천이다.

일본어판 후기

이 책은 1993년 *Rice as Self—Japanese Identities through Time* 이라는 제목으로 프린스턴대학에서 영어로 먼저 출판되었다. 그 원고는 1992년에 완료했기 때문에 1993년 말 '헤이세이(平成) 쌀소동'을 본 것은 원고를 쓴 후였다. 1993~94년에는 하버드대학에서 객원 교수로 있었기 때문에 대학의 옌칭(Yen-Ching) 도서관에서 일본의 각종 신문 · 잡지를 읽으면서 일의 전개를 지켜보았다. 또 다음해 일본을 단기 방문하여 그 모습을 가까이에서 조사했다.

1993년 12월의 드라마는 실로 화려했고 학문적으로도 매우 재미있었기 때문에 '역사 해석' 이라는 방향에서 논문을 한 편 썼다 (Ohnuki-Tierney 1995). 올해(1995년)도 1개월간 일본에서 그 후의 쌀수입 상태를 관찰했다. 이 '후기' 에서는 '헤이세이 쌀소동' 과 그 이후의 진행 상황을 간단히 고찰해 보겠다.

먼저 '헤이세이 쌀소동' 은 표면적으로는 일본과 미국, 호소카와(細川) 수상과 클린턴 대통령의 '결전' 이었다. 양쪽 다 팔을 걷어붙이고 '최후까지 버티겠다' 는 생각으로 국민 앞에서 실로 훌륭한 연기를 했다. 일본의 각 당이 쌀수입 반대 입장을 취하면서 막바지까지 전전긍긍했던 것을 독자들도 잘 기억하리라고 생각한다.

그러나 12월 14일 호소카와 수상은 '장래의 국익을 생각하여 결단' 을 내리고 일본 정부는 6년간의 관세화 유예와 4~6%의 최저

수입량 등을 정한 두니 의장의 조정안을 받아들이기로 했다(『朝日新聞』 1993. 12. 15). 이 발표 후 따로 데모가 있었던 것도 아니고 매스컴은 바로 초점을 정치개혁관련법안과 소비세율 인상으로 옮겼다.

뿐만 아니라 『아사히신문』은 12월 13일에, 『中央公論』은 12월호의 "소설, 결단! 쌀 마피아들의 X데이"(사토가와 오타로〈里川小太郎〉)에서 "진상"을 폭로했다. 쌀수입 반대는 표면적인 것이고 실제로 정부는 1980년대부터 쌀수입으로 서서히 채비를 하고 있었다. 1991년 미야자와(宮澤) 정권하에서는 아직 강한 수입 반대 자세를 견지하여 농림수산성은 "우리는 백호대다! 최후의 최후까지 싸우다 전사하겠다. 우리가 살 길은 그것밖에 없다"고 버텼으나 1992년에는 교타니(京谷)를 농림수산성의 사무차관에 임명했다. 그는 1988년에 쇠고기 · 오렌지의 수입 자유화를 원만하게 통과시킨 사람이다. 그러면서도 농림수산성은 마지막까지 표면적으로는 "죽을 때까지" 싸운다고 해 왔다(『朝日新聞』 1993. 12. 14).

1993년 냉해로 작황이 나빴던 것이 어떤 의미로는 좋은 '구실'이 되었다. 쌀수입이 결정되든 아니든 정부는 손바닥을 뒤집듯이 소비자에게 수입쌀을 권했다. 매스미디어는 국산미 부족으로 공황(panic) 상태에 빠진 소비자를 보도하는가 하면 정부는 초등학교나 소비자를 대상으로 쌀맛을 비교한 결과 수입쌀이 '의외'로 국산쌀과 별 차이가 없다고 선전했다. 정부는 호소카와 성명 직후에 소비자의 반대를 누르고 혼합미를 발매하여 타이쌀을 "맛이 없다"라고 하지 말고 "익숙하지 않다"라고 말하라는 지령을 내렸다(『朝日新聞』 1994. 3. 11).

1993년 말에서 1994년 전반에 걸친 '쌀소동'에 대한 상세한 내용은 일본 독자에게는 불필요하기 때문에(Ohnuki-Tierney 1995에 자세히 소개되어 있다) 여기에는 두 가지의 이론적 요점만을 말하겠다.

먼저 1994년도 말 '대단원' 때 소위 '역사적 은유(historical metaphor)'가 사람들과 매스컴에서 빈번히 사용되었다. 주제는 '쌀개국'이다. 막부 말 페리의 내방, 즉 쇄국에서 개국으로 방향을 전환한 사건과 이번 쌀수입의 유사성을 은유로 부각시킨 것이다. 오히려 유사성이 은유에 의해 만들어졌다.

이번에는 클린턴이 페리가 되어 흑선으로 일본에 쌀을 싣고 왔다(『朝日新聞』 1993. 12. 14). 야마다 신(山田紳)이 그린 정치 만화는 "마침내 '쌀개국' 원년인가"라는 제목을 달고 있었고 이보다 먼저 나온 『아사히신문』 1993년 12월 6일 오시마 이사오(小島功)의 정치 만화에는 무사복 차림에 긴 일본도를 든 호소카와 수상이 서양인과 결전하는 장면이 그려져 있었고 이 서양인에게 '쌀'이라고 씌어 있었다. 그 옆에서 지켜보는 무사 두 사람에게는 '정치 개혁'과 '경기(景氣)'라고 씌어 있었다. 물론 이 주제는 호소카와 수상이 '영주'의 가계였다는 사실과도 연결되지만 쌀수입이 '외압'이라는 것을 표시하는 데는 '흑선=외압'이라는 친숙한 은유가 효과적으로 사용되었다.

페리가 내방했을 때도 '쌀'이 중요한 역할을 했다. 페리가 두 번째 내방했던 1854년에 막부는 페리 일행에게 일본의 강력함을 보여 주기 위해 역사(力士)를 모아 일행 앞에서 쌀가마를 들어올리는 장면을 연출했다. 그때 요코즈나(橫綱)인 히타치야마(常陸山)가 일본인은 일본에서 재배한 쌀을 많이 먹기 때문에 이렇게 강하다고 설명했다고 한다(Bolitho 1988 : 8 ; 筑波 1986 : 109~12). 이것은 '외압'에 항상 '쌀'이 상징적으로 중요했다는 것을 말해 준다.

야마다 신(山田紳)의 정치만화(『朝日新聞』 1993. 12. 14)

문화인류학에서 "역사적 은유"는 샬린스의 작업(Shalins 1981 : 1985)에서 매우 유력한 하나의 패러다임이었다. 한편 오베야세케레(Obeyesekere 1992)가 샬린스 평을 단행본으로 정리할 정도로 비판도 많았다(이에 대해 샬린스는 오베야세케레 반론을 시카고대학 출판국에서 단행본으로 냈다. Shalins 1995).

이 두 사람의 논쟁은 차치하고, 쌀소동 때 사용된 역사적 은유를 보면 샬린스의 역사인류학에 의문을 던지지 않을 수 없다. 먼저 샬린스의 '역사'를 자세히 보면 그는 '오랜 역사의 구조(structure of long run)'와 '신화' 또는 마나라는 신앙을 마찬가지라고 본다(Sahlins 1981 : 9, 31 등). 이 점에는 레비 스트로스도 동의하며 신화의 구조가 역사를 통해 몇 번이나 반복하여 재현된다는 것이 근본적인 사고 방식이다.

따라서 샬린스가 말하는 "역사적 은유"는 '신화적 실재(mythical reality)'를 만드는 수단이다. 쿡의 방문이라는 역사적 시점과 하와이의 '신화' 시대가 은유에 의해 합쳐져 그의 사고 구조에서 역사가 배제된 것이다.

그러나 '은유'는 두 가지 사항에서 '유사성'을 인정하는 역할을 하는 것이지 결코 두 가지 사항을 통합하는 것은 아니다. '다른 것' 사이의 '닮은 점'을 가리키는 것이 은유이다. 하와이인이 어떤 의미에서 쿡을 로노신으로 여긴 것은 이 책에서 일본인이 서양인을 마레비토의 이미지로 본 것과 같이 놀랄 것도 없지만, 거기에서 비약하여 하와이인이 쿡의 방문이라는 역사적 시점과 신화의 세계라는 시점을 동일시했다고 보는 것은 지나치게 경솔하다.

쌀소동 때 보인 '개국'의 은유는 어디까지나 은유이며, 막부 말과 헤이세이는 두 가지 다른 역사의 시점이라는 전제 아래 같은 성질의 '외압'을 지적한 것이다. 일본인이 두 시기를 동일시했다면 누구나 웃고 말겠지만, 고대 하와이인이 동일시했다면 서로 통한다는 것을 생각해 볼 때 역시 인류학자의 '타자'(이 경우는 고대 하와이인)에 대한 생각 속에는 자신들과 동등한 사고 방식을 가지지 않은 '미개인'이라는 느낌이 어딘가에 있다(샬린스에 대한 나의 비판은 Ohnuki-Tierney 1995 참조).

역사를 알기 쉽게 해 버리는 것은 샬린스뿐 아니라 최근 매우 자주 오용되는 '전통의 발명(The Invention of Tradition)'(Hobsbawm and Ranger 편 1986)도 그렇다. 이 개념은 개인이 마음대로 전통을 '발명'한다는 느낌을 주며 단순화된 형태로 횡행하고 있다. 원래의 주장은 어떤 역사 과정에서 전통이 '재생' 된다는 취지가 강하다. 이 책 전체를 보더라도 아무것도 없는 곳에서 전통을 발명한다고는 씌어 있지 않다. 일본의 쌀같이 자기의 재인식을 강요당할 때는 이미 존재하고 있던 어떤 요소 속에서 전통을 만들어 낼 수 있다는 생각이다. 홀로코스트가 역사적 사실에서 '정통화를 위한 신화' 로 변화한 과정을 분석한 엘론(Elon 1993)의 예를 들어, 원래 '전통의 발명' 을 제시한 홉스봄(Hobsbswm 1993)은 인류학자의 역사 취급을 심하게 비난했다.

이러한 일련의 문제는 포스트 모던에서 부각된 '표상(representation)' 과 '역사' 의 문제를 재검토할 필요성을 말해 준다. '쌀은 일본인의 자기' 라고 할 때 이것 역시 은유이다. 역사적으로 보면 앞에서 말했듯이 일본은 오랫동안 '외국쌀' 을 수입해 왔다. 이것은 일본의 쌀과는 품종이 다르며 또 일본인이 모두 세 끼 쌀밥을 먹었던 것도 아니다. 그렇다고 '국산쌀' 을 '일본인의 자기"로 하는 일련의 인식을 역사적으로는 '거짓' 이라고 하면 과거 학계를 횡행했던 반대주의에 귀결되고 만다. '농업 국가 일본' 같이 이러한 표상은 매우 설득력이 있으며 포스트 모던에서 말하는 전체화(totalizing)의 힘을 가지고 있다. 원래 일본에는 농가밖에 없었다는 이미지를 설득력 있게 만든다.

역사인류학은 여러 가지 표상도 역사적 사실로 보면서 더욱이 역사 과정을 세밀하게 조사한다. 그래서 표상에 반하는 여러 역사적 사실과 정통화된 표상과의 관계를 조사해야 한다는 것이 미래에 해결해야 할 큰 과제이다.

마지막으로 헤이세이 쌀소동이 역사 구조, 일본인의 자기 '재귀 구조'에 어떤 영향을 미쳤는가를 생각해 보겠다. 가트(GATT)를 통한 쌀수입이 강요되었을 때 그때까지 별로 신경쓰지 않았던 '국산쌀'과 '외국쌀'의 구별이 뚜렷이 부각되었다. 그것은 자기 '위기'에 직면할 때까지는 불필요했던 자기 정의에 새로운 박차가 가했다는 의미이다. 이것은 혼합쌀(자기와 타자와의 혼합) 반대를 비롯하여 외국쌀에 대한 여러 가지 공포로 표현되었다. 외국쌀에는 위험한 화학 약품이 다량 들어 있다는 '수입 전'의 공포는, 수입 후에는 중국산 쌀에 곰팡이가 있고 이상한 냄새가 난다든지(『朝日新聞』 1994. 2. 26 ; 『每日新聞』 1994. 2. 25, 26) 타이쌀에 죽은 쥐가 있었다든지(『朝日新聞』 1994. 3. 19 ; 『每日新聞』 1994. 3. 19) 하는 식의 타자와 부정을 연관시키는 '사건'으로 나타났다.

반면 자신들은 그런 '섬나라 근성'을 가지고 있지 않다는 표시로 수입쌀을 환영한 사람들은 외국쌀을 맛있게 먹는 여러 요리법을 투고했다(『朝日新聞』 1994. 3. 10, 12일 그 외). 상징적으로 재미있는 것은 그것들이 모두 외국 요리 방법이라는 점이다. 예를 들면 카레, 볶음밥, 파에야 등에서는 '쌀' 맛에 직접 신경을 쓰지 않아도 된다는 식이다. 이는 외식 · 식료 유통업에 종사하는 사람들이 쓴 『수입쌀 비즈니스』(茂木信太郎 편 1994)에 잘 나와 있다. 이 책은 일본인이 얼마나 수입쌀을 이용하려고 하는가라는 관점에서, 실제로 매일 어느 정도 수입쌀을 먹고 있는가에 대한 앙케이트 결과를 싣고(16쪽) 일본의 식품업자가 수입쌀을 가지고 국산쌀과 같은 맛이 나도록 얼마나 열심히 궁리하는지 상세히 소개한다. 타이쌀은 전혀 다른 요리에 쓰기를 장려한다. 국산쌀의 맛을 낼 수 없는 타이쌀을 와쇼쿠(和食)가 아닌 '외국 요리'에 쓰는 것은, 자기 대 타자의 구별을 분명히 하는 행위이다.

현재 식품업자들은 확실히 수입쌀의 사용을 늘리고 있다. 소비자들 사이에서는 1994년 대풍작으로 마치 쌀소동 같은 것이 없었던 것처럼 깨끗이 원상태로 돌아온 것 같다. 1994년 초에는 국산쌀을 살 때 '외국쌀'도 세트로 사야 했다. 가게에도 여러 종류의 '수입쌀'이 진열되어 '다로와 메리'라고 이름붙인 혼합쌀 등이 등장했는데 지금은 고시히카리, 사사니시키, 그 외 여러 종류의 국산쌀이 쌓여 있다. 1995년 4월 1일은 정식의 '부분 개국'(『朝日新聞』 1995. 3. 31)이라고 보도되었지만 사람들은 거의 신경도 쓰지 않았다. 1993년에서 94년에 농가를 직접 돌면서 머리를 숙이며 국산쌀을 끌어모으던 양곡업자들의 태도가 사태가 진정되자 돌변하는 것에 실망과 반감을 품는 농민들도 많다.

헤이세이 쌀소동은 아날 학파에 기막힌 좋은 소재를 제공한다. 즉 작은 동요를 지속성 있는 변화로 잘못 파악하면 매우 곤란하다는 것이다. 1993년 말과 1994년 초의 시점에서 '역사'를 썼다면 지금 크게 고쳐 써야 한다. 문제는 그 이변이 역사의 구조에도 일본인의 자기 재귀성의 구조에도 아무런 영향을 미치지 않고 기억에서 사라져 갈 것인가라는 점이다.

프랑스 혁명조차 지금까지 평가해 온 만큼 근본적인 역사적 변화를 일으킨 것은 아니라는 견해가 있을 정도로 역사의 지속성과 변화는 미묘하다. 긴 안목으로 보면 헤이세이 쌀소동도 이제까지 축적된 역사적 변화가 드러난 것인 동시에 금후의 변화를 일으키는 하나의 요인이 될 것이다. 역사 과정을 은유로 표현하면, 일본 '식빵' 이나 '가이세키 요리식 프랑스 요리' 라고 생각한다. 일본인은 외래의 빵을 일본 고유의 '식빵' 으로 만들었으며, 이제는 일본인이 많은 외국에서도 이 식빵을 아침용으로 판다. '가이세키 요리식 프랑스 요리' 는 일본화한 카레나 그 밖의 외국 요리 범주에 들어간다.

본문에 쓴 것처럼 '일본의 쌀' 도 시간의 흐름에 따라 변해 가며 일본인의 자기도 마찬가지로 변해 간다. 이런 복잡한 역사적 '변화' 와 '재생산' 과정의 한 장면을 헤이세이 쌀소동에서 볼 수 있다.

참고문헌

일본어 문헌(일본어 발음을 기준으로 가나다순 배열)

後藤茂樹 1975「東海道五拾三次」『浮世繪大系 14』別卷II, 東京：集英社.

________ 1976(1975初版)「木曾街道六拾九次」『浮世繪大系 15』別卷III, 東京：集英社.

國立歷史民俗博物館 編 1987(1985初版)『日本の歷史と文化』, 東京：第一法規出版株式會社.

永原慶二 1972(1970初版)『日本經濟史』, 東京：有斐閣.

夏目漱石 1984「坑夫」,『漱石全集』第3卷, 東京：岩波書店(1907년 원단부터 신문에 연재한 것을 출판).

中山太朗 1976「水鏡天神」,『日本民俗學』Vol.1, 東京：大和書房, 181～188.

野口道彦 1978「中世の庶民生活と被差別民の動向」, 部落解放研究所 編,『部落問題概說』, 東京：解放出版社, 86～99.

能田多代子 1943『村の女性』東京：三國書房.

農林水産省統計情報部 編 1990『第65次農林水産省統計表』(1988～1989), 東京：農林統計協會.

新嘗硏究會 編 1955『新嘗の硏究』, 東京：吉川弘文館.

マセ, フランソワ 1985「元明太上天皇の葬儀が意味する葬送儀禮史上の斷絶点」,『宗教研究』No.226, 日本宗教學會, 57～77.
松前健 1977『日本の神神』, 東京：中央公論社.
松前健 編 1988『稲荷明神—正一位の實像』, 東京：筑摩書房.
松山利夫 1990「山村の生産活動と村落生活の諸相—飛驒・小八賀鄕を中心に」,『日本村落史講座』7, 東京：雄山閣出版, 65～89.
松平齊光 1977『祭—本質と諸相 古代人の宇宙』, 東京：朝日新聞社.
森永種夫 1967(1963初版)『流人と非人— 續・長崎奉行の記錄』, 東京：岩波書店.
森末義彰 1953『日本史の硏究』, 東京：旺文社.
盛田嘉德 1978『河原卷物』, 東京：法政大學出版局.
村上重良 1977『天皇の祭祀』, 東京：岩波書店.
______ 1986『天皇と日本文化』もんじゅ選書, 東京：講談社.
村上剛『したきりすずめ』, 大板：光洋出版.
宮本常一 1981「日本人の主食」,『東アジアの食の文化』(食の文化ジンポジウム 81), 東京：平凡社, 93～117.
宮田登 1975(1970初版)『ミクロ信仰の硏究』, 東京：未來社.
______ 1987『終末觀の民俗學』, 東京：弘文堂.
______ 1988『靈魂の民俗學』, 東京：日本エディタースクール出版部.

宮田登 1989「日本王權の民俗的基礎」,『史境』Vol.18, 25～30.

______ 1990『民俗學』, 東京：放送大學教育振興會.

三浦周行 1988「大禮制度の沿革」, 山本・佐藤 外 編『図説 天皇の即位礼と大嘗祭』, 東京：新人物往來社, 93～117.

Berque, Augustin 1990 篠田勝 英譯,『日本の風景・西洋の風觀』, 東京：講談社.

佐々木高明 1983(1971初版)『稻作以前』NHKブックス, 東京：日本放送出版協會.

________ 1985「イネと日本人―稻作文化と非稻作文化の間」大塚初重・森浩一 編『登呂遺跡と 生文化―いま問い直す倭人の社會』東京：小學館, 36～62.

________ 1986「繩文文化と日本人」, 東京：小學館.

________ 1991『日本史誕生』, 東京：集英社.

________ 1993『日本文化の基層を探る』, 東京：日本放送出版協會.

西鄕信網 1984(1967初版)『古事記の世界』, 東京：岩波書店.

坂本太朗・家永三郎・井上光貞・大野晋 1965『日本書紀』下, 東京：岩波書店.

________ 1967『日本書紀』上, 東京：岩波書店.

櫻井勝之進 1988「大嘗祭と神嘗祭」, 山本・佐藤 外 編,『図説 天皇の即位礼と大嘗祭』, 東京：新人物往來社, 32～34.

櫻井德太郎 1981(1974初版)「結衆の原點―民俗學から追跡した小地域共同體構成のパラダイム」, 鶴見和子・市井三郎 編,『思想の冒險―社會と變化の新しいパラダイム』, 東京：

筑摩書房, 187～234.

佐原眞 1990「米づくりと日本文化」,『日本のあけぼの』4, 東京：毎日新聞社.

杉山晃一 1988「東アジアの農耕神觀」,『日本文化硏究所硏究報告』Vol.24, 71～100.

鈴木滿男 1974『マレビトの構造—東アジア比較民俗學硏究』, 東京：三一書房.

_______ 1979「マレビト」, 井德太郎 編『講座日本の民俗』7, 東京：有精堂出版, 211～239.

茂木信太郎 1994『輸入米・ビジネス』, 東京：日本經濟新聞社.

城田吉六 1987『赤米傳承—對馬豆 村の民俗』, 福岡：葦書房.

_______ 1989「赤米の秘儀」『日刊アーガマ』No.103, 72～80.

下垣內博 1986『お米と文化』, 大板：全大板消費者團體連絡會.

_______ 1988『續 お米と文化』, 大板：全大板消費者團體連絡會.

下中彌三郎 1941a(1939初版)『神道大辭典』2, 東京：平凡社.

_______ 1941b(1940初版)『神道大辭典』3, 東京：平凡社.

網野善彥 1980『日本中世の民衆像—平民と職人』, 東京：岩波書店.

_______ 1983(1978初版)『無緣・公界・樂—日本中世の自由と平和』, 東京：平凡社.

_______ 1984「中世の旅人たち」, 網野 他 編『漂迫と定住』, 日本民俗文化大系 6, 東京：小學館, 153～266.

_______ 1987「中世の負擔体系—上分について」,『三浦古文化』41,

1～11.

________ 1989(1986初版)『異形の王權』, 東京：平凡社.

________ 1994『中世の非人と遊女』, 東京：明石書店.

網野善彦 · 上野千鶴子 · 宮田登 1988『日本王權論』, 東京：春秋社.

青木虹二 1967(1966초판)『百姓一揆の年次的研究』, 東京：新生社.

赤松俊輔 1988「權威の構造—天皇論のいま」,『朝日新聞』No.1 (1989年2月6日), No.2(2月7日), No.3(2月 8日).

赤坂憲男 1988『王と天皇』, 東京：築摩書房.

柳田國男 1981a(1968初版)「山人考」,『柳田國男集』第4巻, 東京：筑摩書房, 172～186. 1917 初發表.

________ 1981b(1963初版)「稻の産屋」『柳田國男集』第1巻, 東京：筑摩書房, 178～209.

________ 1982a(1968初版)「米の力」,『柳田國男集』第14巻, 東京：筑摩書房, 240～258.

________ 1982b(1970初版)「食物の個人自由」,『柳田國男集』第24巻, 東京：筑摩書房, 160～186.

________ 1982c(1970初版)「富士と筑波」,『柳田國男集』第31巻, 東京：筑摩書房, 129～139.

________ 1982d(1970初版)「米の島考」,『柳田國男集』第31巻, 東京：筑摩書房, 157～166.

________ 1982e(1964初版)「倉稻魂考」,『柳田國男集』第31巻, 東京：筑摩書房, 159～166.

________ 編 1951『民俗學辭典』, 東京：東京堂出版.

山本光・佐藤實 他 編 1988『図説 天皇の卽位禮と大嘗祭』, 東京：新人物往來社.
山折哲雄 1978『天皇の宗教的權威とは何か』, 東京：三一書房.
_______ 1990a「隱された天皇靈繼承のドラマ—“大嘗祭”の文化比較」,『日刊アサヒ』1990年 2月, 80～85.
_______ 1990b『死の民俗學』, 東京：岩波書店.
小田雄三 1986「古代・中世の出擧」, 朝尾直弘 他 編『負擔と贈與』日本の社會史 4, 東京：岩波書店, 93～116.
折口信夫 1965a「まれびと」,『折口信夫全集』第1巻, 東京：中央公論社, 78～82.
_______ 1965b「まれびとのおとづれ」,『折口信夫全集』第2巻, 東京：中央公論社, 33～35.
_______ 1975a(1928初版)「大嘗祭の本義」,『折口信夫全集』第3巻, 東京：中央公論社, 174～240.
_______ 1975b(1928초판)「神道に現れた民族論理」,『折口信夫全集』第3巻, 東京：中央公論社, 145～173.
_______ 1976a「異人と文學と」,『折口信夫全集』第7巻, 東京：中央公論社, 303～317.
_______ 1976b「柿本人麻呂」,『折口信夫全集』第9巻, 東京：中央公論社, 461～493.
_______ 1983(1947初版)「祭りの話」,『折口信夫全集』第15巻, 東京：中央公論社, 271～280.
大貫恵美子 1985『日本人の病氣觀—象徵人類學的考察』, 東京：

岩波書店.
大前研一 1986『新國富論』, 東京：講談社.
大林太郎(著者代表) 1983『山民と海民』, 東京：小學館.
________ 1973『稲作の神話』, 東京：弘文堂.
大島清 1984(1981初版)『食糧と農業を考える』, 東京：岩波書店.
大塚初重・森浩一 編 1985『登呂遺跡と 生文化—いま問い直す倭人の社會』, 東京：小學館.
太田記念美術館 編 1983『抒情繪師・廣重畵業展—習作から晩年まで』, 東京：太田記念美術館.
落合重信 1972『未解放部落の起源』, 神戸：神戸學術出版.
岡田精司 1970『王權の祭祀と神話』, 東京：塙書房.
乙益重隆 1978「弥生農業の生産力と勞動力」,『考古學研究』Vol.25, No.2, 17～28.
和辻哲郎 1959『倫理學』上巻, 東京：岩波書店.
渡部忠世 1987「稲と米をめぐるアジア的視野」,『アジア稲作文化の展開』稲のアジア史2, 東京：小學館, 5～32.
________ 1989「日本人と稲作文化」『日刊アガーマ』No.103, 81～91.
吉野裕子 1986『大嘗祭—天皇即位式の構造』, 東京：弘文堂.
吉田集而 1992「シンオジウム 遺傳學がしめした栽培イネの起源」,『みんぱく』Vol.16(6), 18～19.
吉村武彦 1986「仕奉と貢納」,『負擔と贈與』日本の社會史 4, 東京：岩波書店, 13～54.
横田建一 1988「大嘗祭の成立時代 補說」山本・佐藤 他 編, 1988

『図説 天皇の卽位禮と大嘗祭』, 東京：新人物往來社, 27～29.
橫井淸 1982(1975初版)『中世民衆の生活文化』, 東京：東京大學出版會.
上田一雄 1978「部落の分布と人口」, 部落解放研究所 編『部落問題概說』, 東京：解放出版社, 3～10.
上田賢治 1988「大嘗祭成立の背景」, 山本・佐藤 他 編,『図說 天皇の卽位禮と大嘗祭』, 東京：新人物往來社, 31～32.
ウィリアムズ, ピーター 1992「ウルグアイ・ラウンド交涉―成功と失敗の岐路」,『外交フォーラム』No.46, 53～58.
井上光貞 1984『日本古代の王權と祭祀』, 東京：東京大學出版會.
井上淸 1967『日本の歷史』上(1963初版)・中(1965初版)・下(1966初版), 東京：岩波書店.
井上ひさし 1988「コメのはなし5―アメリカのコメ」,『デイズ・ジャパン』Vol.1, No.6, 103.
石毛直道 1983「稻作社會の食事文化」, 佐々木高明 編,『日本農耕文化の源流』, 東京：日本放送出版協會, 391～414.
________ 1985「民衆の式辭」, 坪井洋文 他 編,『家と女性―暮らしの文化史』日本民俗文化體系10, 東京：小學館, 111～180.
________ 1986「米食民族比較からみた日本人の食生活」, 中鉢正美 編『生活學の方法』, 東京：ドメス出版, 10～26.
石森秀三 1984「死と贈答―見舞收納帳による社會關係の分析」伊藤幹治)・栗田靖之 編,『日本人の贈答』, 京都：ミネルプァ書房, 269～304.

石橋臥波 1914「民俗學の方面から觀たる鏡」,『人類學雜誌』Vol.29, No.6, 223～227.

伊藤幹治 1979「田の神」, 松前健 編,『神神の誕生』, 講座日本の古代信仰 2, 東京：學生社, 162～181.

________ 1984『宴と日本文化—比較民族學的アプローチ』, 東京：中央公論社.

________ 1988「稻作儀禮にみられる神觀念」『日本文化研究所報告』(シンポジウム,「日本文化と東アジア」, 1985～1986) 宮城・東北大學日本文化研究施設, 73～79.

坪井洋文 1984(1982初版)『稻を選んだ日本人』, 東京：未來社.

筑波常治 1986(1969初版)『米食・肉食の文明』, 東京：日本放送出版協會.

川副武胤 1980(1978初版)『古事記の世界』, 東京：教育社 .

勝俣鎭夫 1985(1983初版)『一揆』, 東京：岩波書店.

小松和彦 1983(1978初版)『神神の精神史』, 東京：傳統と現代社.

小松和彦・栗本愼一郎 1982『經濟の誕生』, 東京：工作舍.

小林一茶 1929『一茶俳句全集』, 東京： 春秋社.

小柳輝一 1972『食べものと日本文化』, 東京：評言社.

小山修三 1983「"斐太後風土記"にみる江戸時代の食生活」,『歷史公論』No.89, 雄山閣出版, 35～42.

小山修三・秋道智弥・藤野淑子・杉田繁治 1981「"斐太後風土記"にみる食糧資源の計量的研究」,『國立民族學博物館研究報告』6巻 3号.
小春久一郎『かちかち山・つるのおんがえし』, 東京：ひかりのくに昭和出版.
倉野憲司・武田祐吉 編 1958『古事記 祝詞』, 東京：岩波書店.
倉林正次 1988「大嘗祭の變革」山本・佐藤 他 編,『図説 天皇の即位 と大嘗祭』, 東京：新人物往來社, 36～37.
黑川小太郎 1993「小說 決斷! コメ・マフィアたちのXデー」『中央公論』12月(No.1302), 東京：中央公論社, 30～59.
黑田俊雄 1972「中世の身分制と卑賤觀念」, 部落解放研究所 編,『部落問題研究』Vol.33, 23～57.
久留島浩 1986「近世の軍役と百姓」朝尾直弘 他 編,『負擔と贈與』日本の社會史4, 東京：岩波書店, 273～317.
鬼頭廣 1983a「江戸時代の米食」,『歷史公論』No.89, 東京：雄山閣出版, 43～49.
________ 1983b「日本二千年の人口史」, 東京：PHP研究所.
田中卓 1988「"新嘗"から"大嘗"へ」, 山本・佐藤 他 編『図說 天皇の即位禮と大嘗祭』, 東京：新人物往來社, 28～39.
谷崎潤一郎 1959『谷崎潤一郎全集』第22卷, 東京：中央公論社.
高木俊輔 1983(1979初版)『ええじゃないか』, 東京：教育社.
高柳金芳 1981『江戸時代非人の生活』, 東京： 雄山閣出版.
多木浩二 1990(1988초판)『天皇肖像』, 東京：岩波書店.
通商産業省 1989『通商白書 平成元年版』, 東京：大藏省印刷局.
浜口惠俊 1982『間人主義の社會, 日本』, 東京：東洋經濟新報社.

長谷川熙 1987『コメ國家墨畵』, 東京：朝日新聞社.

林屋辰三郎 1980(1973初版)『日本藝能の世界』, 東京：日本放送出版協會.

洞富雄 1979『天皇不親政の起源』, 東京：校倉書房.

________ 1984『天皇不親政の傳統』, 東京：新樹社.

皇室文化研究會 編 1988「大嘗祭—悠紀・主基田의 諸儀」山本・佐藤 他 編『図説 天皇の即位礼と大嘗祭』, 東京：新人物往來社, 88～95.

肥後和男 1942(1938初版)『日本神話研究』, 東京： 河出書房.

樋口清之 1985『梅干と日本刀』上・中, 東京：祥伝社.

日田義信 1988「即位礼と大嘗祭の基礎知識」, 山本・佐藤 他 編『図説 天皇の即位礼と大嘗祭』, 東京：新人物往來社, 212～223.

영문문헌

Ahern, Emily Martin. 1981. *Chinese Ritual and Politics*. New York : Cambridge University Press.

Anderson, Benedict. 1991. *Imagined Communities*. London and New York : Verso.

Anderson, E. N. 1988. *The Food of China*. *New Haven*, Conn : Yale University Press

Aristotle. 1958. *The Politics of Aristotle*. E. Barker, ed. and trans.

Oxford : Oxford University Press.

Ashbrook, Tom. 1988. Japan's Farmers Strike Back. *Boston Globe*, January 13, 1988.

Augé, Marc. 1982[1979]. *The Anthropological Circle : Symbol, Function, History*. Cambridge : Cambridge University Press.

Bailey, Anne M. 1985. The Making of History : Dialectics of Temporality and Structure in Modern French Social Theory. *Critique of Anthropology* 5(1) : 7～31.

Bakhtin, Mikhail. 1981. *The Dialogic Imagination*. Austin : University of Texas Press.

Barker, Randolph, and Robert W. Herdt, with Beth Rose. 1985. *The Rice Economy of Asia*. Washington, D. C. : Resources for the Future.

Barthes, Roland. 1982[1970]. *Empire of Signs*. Richard Howard, trans. New York : Hill and Wang.

Bayly, C. A. 1986. The Origins of Swadeshi (home industry) : Cloth and Indian Society, 1700～1930. In *The Social Life of Things : Commodities in Cultural Perspective*, A. Appadurai, ed., 285～321. Cambridge : Cambridge University Press.

Bellah, Robert. 1967. The Japanese Emperor as a Mother Figure : Some Preliminary Notes. Paper presented at the Colloquium of the Center for Japanese and Korean Studies, University of California at Berkeley, October 11, 1967.

______ . 1970[1957]. *Tokugawa Religion : The Values of Pre-Industrial Japan*. Boston : Beacon Press.

Belloli, Andrea P. A. 1984. A Day in the Country : *Impressionism and the French Landscape*. Los Angeles, Calif. : Los Angeles County Museum of Art.

Belmont, Nicole. 1982. Superstition and Popular Religion in Western Societies. In *Between Belief and Transgression*, Michael Izard and Pierre Smith, eds., 9～23. Chicago : University of Chicago Press.

Berger, Peter L., and Thomas Luckmann. 1967. *The Social Construction of Reality*. New York : Doubleday.

Bloch, Marc. 1961[1949]. *Feudal Society*, L. A. Manyon, trans. Chicago : University of Chicago Press.

Bock, Felicia G. 1990. The Great Feast of the Enthronement. *Monumenia Nipponica* 45(1) : 27～38.

Bolitho, Harold. 1977. *Meiji Japan*. Cambridge, UK : Cambridge University Press.

______ . 1988. Sumo and Popular Culture : The Tokugawa Period. In *The Japanese Trajectory : Modernization and Beyond*, Gavan McCormack and Yoshio Sugimoto, eds., 17～32. Cambridge, UK : Cambridge University Press.

Bourdieu, Pierré. 1977[1972]. *Outline of a Theory of Practice*. Cambridge : Cambridge University Press.

______. 1984[1979]. *Distinction : A Social Critique of the Judgement of Taste*. Cambridge, Mass. : Harvard University Press.

______. 1990. *In Other Words : Essays toward a Reflexive Sociology*. Stanford. Calif. : Stanford University Press.

Braudel, Fernand. 1972[1949]. *The Mediterranean and the Mediterranean World in the Age of Philip II*. Vol.1 of 2vols. New York : Harper and Row.

______. 1973[1967]. *Capitalism and Material Life, 1400~1800*. London : Weidenfeld and Nicolson.

______. 1980[1958]. *On History*. Chicago : University of Chicago Press.

Bray, Francesca. 1986. *The Rice Economies : Technology and Development in Asian Societies*. Oxford : Basil Blackwell.

Brettell, Richard R., and Caroline B. Brettell. 1983. *Painters and Peasants in the Nineteenth Century*. New York : Rizzoli International Publications.

Calder, Kent E. 1988. *Crisis and Compensation : Public Policy and Political Stability in Japan, 1949~1986*. Princeton, N.J. : Princeton University Press.

______. 1989. Japanese Agricultural Policy : The Wax and Wane of Rural Bias. Paper presented at a session on "Agrarian Japan" during the Forty-First Annual Meetings of the

Association for Asian Studies.

Carrithers. Michael, Steven Collins and Steven Lukes, eds. 1985. *The Category of the Person*, Cambridge : Cambridge University Press.

Chang, K. C. 1977a. Ancient China. In *Food in Chinese Culture : Anthropological and Historical Perspectives*. New Haven, Conn. : Yale University Press.

_______ . 1977b. Introduction. In *Food in Chinese Culture : Anthropological and Historical Perspectives*, K. C. Chang, ed., 3～21. New Haven, Conn. : Yale University Press.

Chartier, Roger. 1982. Intellectual History or Sociocultural History? The French Trajectories. In *Modern European Intellectual History : Reappraisals and New Perspectives*, D. La Capra and S. Kaplan, eds. Ithaca, N. Y. : Cornell University Press.

Clifford, James and George E. Marcus 1986 *Writing Culture : The Poetics and Politics of Ethnography*. Berkeley : University of California Press.

Cohn, Bernard S. 1980. History and Anthropology : The State of Play. *Comparative Studies in Society and History* 12 : 198～221.

_______ . 1981. Anthropology and History in the 1980s. *Journal of Interdisciplinary History* 12(2) : 227～252.

Darlin, Damon. 1988. Dissension on Rice Issue Spurs Japanese to

Send "Shadow" Group to Trade Talks. *Wall Street Journal*, December 1, 1988.

Darnton, Robert. 1985. *The Great Cat Massacre : And Other Episodes in French Cultural History*. New York : Vintage Books.

de Heusch, Luc. 1985. *Sacrifice in Africa : A Structuralist Approach*. Bloomington : Indiana University Press.

de Man, Paul. 1979. *Allegories of Reading*. New Haven. Conn. : Yale University Press.

Donnelly, Michael. 1978. Political Management of Japan's Rice Economy. 2 vols. Ph. D. diss., Columbia University.

Dore, Ronald P. 1973[1958]. *City Life in Japan*. Berkeley : University of California Press.

______ . 1978. *Shinohata : A Portrait of a Japanese Village*. New York : Pantheon.

Douglas, Mary. 1966. The Abominations of Leviticus. In *Purity and Danger*, 41~57. London : Routledge and Kegan Paul.

Dumont, Louis. 1970[1966]. *Homo Hierarchicus*. M. Sainsbury, trans. Chicago : University of Chicago Press.

______ . 1986. *Essays on Individualism : Modern Ideology in Anthropological Perspective*. [Edition in French, 1983]. Chicago : University of Chicago Press.

Ebersole, Gary L. 1989. *Ritual Poetry and the Politics of Death in Early Japan*. Princeton, N. J. : Princeton University Press.

The Economist. 1987. Unique. They Call It. *The Economist*(December, 1987) : 32～33.

Eisenstadt. S. N. 1978. *Revolution and the Transformation of Societies : A Comparative Study of Civilizations*. New York : Free Press.

______ . 1995. The Japanese Historical Experience in Comparative Perspective. Chicago : University of Chicago Press.

Ellwood, Robert S. 1973. *The Feast of Kingship : Accession Ceremonies in Ancient Japan*. Tokyo : Sophia University Press.

Elon, A. 1993. The Politics of Memory. *The New York Review of Books*(October 7, 1993) : 3～5.

Feeley-Harnik, Gillian. 1985. Issues in Divine Kingship. *Annual Review of Anthropology* 14 : 273～313.

Fernandez, James W. 1974. The Mission of Metaphor in Expressive Culture. *Current Anthropology* 15(2) : 119～145.

______ . 1982. *Bwiti : An Ethnography of the Religious Imagination in Africa*. Princeton, N. J. : Princeton University Press.

______ . 1990. Enclosures : Boundary Maintenance and Its Representations over Time in Asturian Mountain Villages (Spain). In *Culture through Time*, E. Ohnuki-Tierney, ed., 94～127. Stanford, Calif. : Stanford University Press.

______ . 1991. *Beyond Metaphor : The Theory of Tropes in Anthropology*. Stanford, Calif. : Stanford University Press.

Frankenberg, Ronald. 1957. *Village on the Border : A Social Study of Religion, Politics and Football in a North Wales Community*. London : Cohen and West.

Frazer, James G. 1911～15. *The Golden Bough : A Study in Magic and Religion*. 12 vols. London : Macmillan.

Friedl, Ernestine. 1975. *Women and Men : An Anthropologist's View*. New York : Holt, Rinehart and Winston.

Frye, Northrop. 1971[1957]. *Anatomy of Criticism. Princeton*, N. J. : Princeton University Press.

Furet, François. 1972. Quantitative History. In *Historical Studies Today*. F. Gilbert and S. R. Graubard, eds., 45～61. New York : Norton.

Geertz, Clifford. 1960. *The Religion of Java*. New York : Free Press.

_______ . 1980. *Negara : The Theatre State in Nineteenth-Century Bali*. Princeton, N. J. : Princeton University Press.

Genette, Gerard. 1972. Metonymie chez Proust. In *Figures III*, 42～43. Paris : Editions du Seuil.

Gluck, Carol. 1985. Japan's Modern Myth : *Ideology in the Late Meiji Period*. Princeton, N. J. : Princeton University Press.

Godelier, Maurice. 1977[1973]. *Perspectives in Marxist Anthropology*. Cambridge : Cambridge University Press.

_______ . 1994. Mirror. Mirror on the Wall··· : The Once and the Future Role of Anthropology : A Tentative Assessment. In

Assessing Cultural Anthropology. Robert Borofsky, ed., 97～109. New York : McGraw-Hill.

Goody, Jack. 1982. *Cooking. Cuisine and Class : A Study in Comparative Sociology*. Cambridge : Cambridge University Press.

Gregory, Chris A. 1982. *Gifts and Commodities*. London : Academic Press.

Gudeman, Stephen, and Alberto Rivera. 1990. *Conversations in Colombia : The Domestic Economy in Life and Text*. Cambridge : Cambridge University Press.

Handler, Richard. 1988. *Nationalism and the Politics of Culture in Quebec*. Madison : University of Wisconsin Press.

Hane Mikiso. 1982. *Peasants, Rebels, and Outcastes : The Underside of Modern Japan*. New York : Pantheon Books.

Hanihara Kazuro. 1991. Dual Structure Model for the Population History of the Japanese. *Nichibunken Japan Review* 2 : 1～33.

Hardacre, Helen. 1989. *Shinto and the State, 1868～1988*. Princeton, N. J. : Prihceton University Press.

Harootunian, Harry. 1988. *Things Seen and Unseen : Discourse and Ideology in Tokugawa Nativism*. Chicago : University of Chicago Press.

Herrenschmidt, Olivier. 1982. Sacrifice : Symbolic or Effective? In

Between Belief and Transgression, Michael Izard and Pierre Smith, eds., 24～42. Chicago : University of Chicago Press.

Herzfeld, Michael. 1987. *Anthropology through the Looking-Glass*. Cambridge : Cambridge University Press.

_______. 1991. *A Place in History : Social and Monumental Time in a Cretan Town*. Princeton, N. J. : Princeton University Press.

Hobsbawm, Eric J. 1992. Ethnicity and Nationalism in Europe Today. *Anthropology Today* 8(1) : 3～8.

Hobsbawm, Eric J. and Terence Ranger, eds. 1986[1983]. *The Invention of Tradition*. Cambridge : Cambridge University Press.

_______. 1993. The New Threat to History. *The New York Review of Books*(December 16, 1993) : 62～64.

Hocart, A. M. 1952. *The Life-Giving Myth*. Lord Raglan, ed. London : Methuen.

_______. 1969[1927]. *Kingship*. Oxford : Oxford University Press.

_______. 1970[1936]. *Kings and Councilors : An Essay in the Comparative Anatomy of Human Society*. Chicago : University of Chicago Press.

Holtom, D. C. 1972[1928]. *The Japanese Enthronement Ceremonies*. Tokyo : Monumenta Nipponica

Hubert, Henri, and Marcel Mauss. 1964[1898]. *Sacrifice : Its Nature and Function*, E. E. Evans-Prichard, trans. Chicago : University of Chicago Press. 1898 ed. in French.

Hunt, Lynn. 1986. French History in the Last Twenty Years : The Rise and Fall of the Annales Paradigm. *Journal of Contemporary History* 21 : 209~224.

Ingold, Tim. 1986. *Evolution and Social Life*. Cambridge : Cambridge University Press.

_______ . 1990. An Anthropologist Looks at Biology. *Man* 25(2) : 208~229.

Jakobson, Roman. 1956. On Aphasia. In *Fundamentals of Languag*, R. Jakobson and M. Halle eds., 76~82. The Hague : Mouton.

JETRO (Japan External Trade Organization) 1989. White Paper on International Trade : Japan 1989. Tokyo : Japan External Trade Organization.

Kaberry, Phyllis M. 1939. *Aboriginal Woman, Sacred and Profane*. London : Routledge and Kegan Paul.

Kano, Yoshikazu. 1987. Rice Wars? *Journal of Japanese Trade and Industry* 6(2) : 40~42.

Kantorowicz, Ernst H. 1957[1981]. *The King's Two Bodies : A Study of Medieval Political Theology*. Princeton, N. J. : Princeton University Press.

Kapferer, Bruce. 1988. *Legends of People, Myths of State : Violence.*

Intolerance, and Political Culture in Sri Lanka and Australia. Washington : Smithsonian Institution Press.

Kelly, William W. 1989. The Price of Prosperity and the Benefits of Dependency : Rice Reserves and Reserve Regions in Contemporary Japan. Paper presented at the session on "Agrarian Japan" during the Forty-First Annual Meetings of the Association for Asian Studies.

______ . 1991. The Taut and the Empathic : Antimonies of Japanese Personhood. Paper read at the Institute for Culture and Communication, the East-West Center for a conference on *Self and the Social Order : China. India, and Japan*. August 5~9, 1991.

Kitagawa, Joseph M. 1990. Some Reflections on Japanese Religion and Its Relationship to the Imperial System. *Japanese Journal of Religious Studies* 17(2~3) : 129~178.

Kondo, Dorinne. 1990. *Crafting Selves : Power. Gender, and Discourses of Identity in a Japanese Workplace*. Chicago : University of Chicago Press.

Lakoff, George, and Mark Johnson. 1980. *Metaphors We Live By*. Chicago : University of Chicago Press.

Leach, Edmund. 1965[1954]. *Political Systems of Highland Burma*. Boston : Beacon Press.

______ . 1968[1964]. Anthropological Aspects of Language :

Animal Categories and Verbal Abuse. In *New Directions in the Study of Language*, E. Lenneberg, ed., 23～63. Cambridge, Mass. : Massachusetts Institute of Technology Press.

_______ . 1976. *Culture and Communication*. Cambridge : Cambridge University Press.

_______ . 1982. *Social Anthropology*. Glasgow : Fontana Paperbacks.

Lee, Richard. 1968. What Hunters Do for a Living, or, How To Make Out on Scarce Resources. In *Man the Hunter*, Richard B. Lee and Irven DeVore, eds., 30～48. Chicago : Aldine/Atherton.

Le Goff, Jacques. 1972. Is Politics Still the Backbone of History? In *Historical Studies Today*, F. Gilbard and S. R. Graubard, eds., 337～355. New York : Norton.

Lévi-Strauss, Claude. 1963[1962]. *Totemism*. Trans. by R. Needham. Boston : Beacon Press.

Lévi-Strauss, 1966[1962]. *The Savage Mind*, George Weidenfeld and Nicolson Ltd. trans. Chicago : University of Chicago Press.

_______ . 1967[1958]. *Structural Anthropology*. New York : Doubleday.

_______ . 1969a[1949]. *The Elementary Structure of Kinship*. London : Eyre and Spottiswoode.

_______ . 1969b[1964]. *The Raw and the Cooked*. Vol.1. In

Introduction to a Science of Mythology, John and Doreen Weightman trans. New York : Harper Torchbooks.

______ . 1983[1976]. *Structural Anthropology*. Vol.2 of 2 vols. Chicago : University of Chicago Press.

Lowenthal, David. 1985. *The Past Is a Foreign Country*. New York : Cambridge University Press.

Marshall, Lorna. 1976. Sharing, Talking and Giving : Relief of Social Tensions among the !Kung. In *Kalahari Hunter-Gatherers : Studies of the !Kung San and Their Neighbors*, Richard B. Lee and Irven DeVore, eds., 349~371. Cambridge : Harvard University Press.

Martin, Samuel. 1964. Speech Levels in Japan and Korea. In *Language in Culture and Society*, Dell Hymes, ed., 407~415. New York : Harper and Row.

Mauss, Marcel. 1966[1950]. *The Gift : Forms and Functions of Exchange in Archaic Societies*. London : Cohen and West.

______ . 1985[1938]. A Category of the Human Mind : The Notion of Person ; the Notion of Self. In *The Category of the Person*, M. Carrithers, S. Collins, and S. Lukes, eds., 1~25. Cambridge : Cambridge University Press.

Mayer, Adrian C. 1991. Recent Succession Ceremonies of the Emperor of Japan. *Japan Review* 2 : 35~61.

Mennell, Stephen. 1985. *All Manners of Food : Eating and Taste in England and France from the Middle Ages to the Present*. Oxford : Basil Blackwell.

Miller, Roy A. 1967. The *Japanese Language*. Chicago : University of Chicago Press.

Mintz Sidney W. 1985 *Sweetness and Power : The Place of Sugar in Modern History*. New York : Penguin Books.

Moon, Okpyo. 1989. *From Paddy Field to Ski Slope : The Revitalization of Tradition in Japanese Village Life*. Manchester, England : Manchester University Press.

Moore, Sally Falk. 1986. *Social Facts and Fabrications : "Customary" Law on Kilimanjaro, 1880～1980*. Lewis Henry Morgan Lecture Series. Cambridge : Cambridge University Press.

Morse, Peter. 1989. *Hokusai : One Hundred Poets*. New York : George Braziller.

Myerhoff, Barbara. 1980[1978]. *Number Our Days*. New York : Simon and Schuster.

Nagaoka, Jeffrey. 1987. Losing Appetite for the Rice Diet. PHP Intersect(December 1987) : 33～36.

Newby, Howard. 1979. *Green and Pleasant Land?* London Hutchinson.

Ninomiya Shigeaki. 1933. An Inquiry Concerning the Origin, Development, and Present Situation of the *Eta* in Relation to the History of Social Classes in Japan. *Transactions of the Asiatic Society of Japan* 10 : 47~154.

Obeyesekere, Gannath. 1992. *The Apotheosis of Captain Cook : European Mythmaking in the Paclfic*. Princeton : Princeton University Press.

Ohnuki-Tierney, Emiko. 1974. *The Ainu of the Northwest Coast of Southern Sakhalin*. New York : Holt, Rinehart and Winston. Reprint, 1984. Prospect Heights, III. : Waveland Press.

_______. 1976. Regional Variation in Ainu Culture. *American Ethnologist* 3(2) : 297~329.

_______. 1981. *Illness and Healing among the Sakhalin Ainu—A Symbolic Interpretation*. Cambridge : Cambridge University Press.

_______. 1984. *Illness and Culture in Contemporary Japan : An Anthropological View*. Cambridge : Cambridge University Press.

_______. 1987. *The Monkey as Mirror : Symbolic Transformations in Japanese History and Ritual*. Princeton, N. J. : Princeton University Press.

_______. 1990a. The Ambivalent Self of the Contemporary Japanese. *Cultural Anthropology* 5 : 196~215.

_______. 1990b. Introduction : The Historicization of Anthropology. In *Culture through Time*, E. Ohnuki-Tierney, ed., 1~25.

Stanford : Stanford University Press.

_______ . 1990c. Monkey as Metaphor? : Transformations of A Polytropic Symbol in Japanese Culture. *Man* 25 : 399～416.

_______ . 199la. Embedding and Transforming Polytrope : The Monkey as Self in Japanese Culture. In *Beyond Metaphor : The Theory of Tropes in Anthropology*, James W. Fernandez, ed., 159～189. Stanford, Calif. : Stanford University Press.

_______ . 199lb. The Emperor of Japan as Deity (Kami) : An Anthropology of the Imperial System in Historical Perspective. *Ethnology* 30(3) : 199～215.

_______ . 1994. The Power of Absence : Zero Signifiers and Their Transgressions. *L'Homme* 130(avril-juin, 1994), XXXIV(2) : 59～76.

_______ . 1995. Structure, Event and Historical Metaphor : Rice and Identities in Japanese History. *Journal of the Royal Anthropological Institute* 30(2) : 1～27.

Ortner, Sherry, 1989. *High Religion : A Cultural and Political History of Sherpa Buddhism*. Princeton, N. J. : Princeton University Press.

Ōta, Yoshinobu. n.d. The Ryukyu as the Orther : Discourse and Politics of Representation in Japanese Folklore Studies. Typescript.

Ouwehand, Cornelius, 1958～59. Some Notes on the God Susano-o,

Monumenta Nipponica 14(3~4) : 138~161(384~407).

Parry, Jonathan, 1985. Death and Digestion : The Symbolism of Food and Eating in North Indian Mortuary Rites. *Man* 20 : 612~630.

Parry, Jonathan, and Maurice Bloch. 1989. *Money and the Morality of Exchange*. Cambridge : Cambridge University Press.

Pharr, Susan J. 1990. *Losing Face : Status Politics in Japan*. Berkeley : University of California Press.

Pollack, David. 1986. *The Fracture of Meaning : Japan's Synthesis of China from the Eighth through the Eighteenth Centuries*. Princeton, N. J. : Princeton University Press.

Pouillon, Jean. 1982. Remarks on the Verb "To Believe." In *Between Belief and Transgression*, Michael Izard and Pierre Smith, eds., 1~8. Chicago : University of Chicago Press.

Ray, Benjamin C. 1991. *Myth, Ritual, and Kingship in Buganda*. Oxford : Oxford University Press.

Redfield, Robert. 1953[1959]. *The Primitive World and Its Transformations*. Ithaca, N. Y. : Cornell University Press.

Reich, Michael R., Yasuo Endo, and C. Peter Timmer. 1986. Agriculture : The Political Economy of Structural Change. In *America versus Japan*, Thomas K. McCraw, ed., 151~192, 417~420 nn. Boston : Harvard Business School Press.

Reischauer, Edwin O., and Albert M. Craig. 1978. *Japan : Tradition and Transformation*. Boston : Houghton Mifflin.

Richards, Audrey I. 1961[1939]. *Land, Labour and Diet in Northern Rhodesia*. Oxford : Oxford University Press.

Ricoeur, Paul. 1980. *The Contribution of French Historiography to the Theory of History*. Oxford : Clarendon Press.

Robert, Paul. 1962. *Dictionnaire alphabétique et analogique de la langue Française*. Paris : Socété du Nouveau Littré.

Rosaldo, Michelle Zimbalist. 1974. *Women, Culture and Society* : A Theoretical Overview. In *Women, Culture and Society*, M. Z. Rosaldo and L. Lamphere, eds., 17~42. Stanford, Calif. : Stanford University Press.

Rosovsky, Henry. 1966. Japan's Transition to Modern Economic Growth 1868~1885. In *Industrialization in Two Systems : Essays in Honor of Alexander Gerschenkron*, H. Rosovsky, ed.,91~139. New York : John Wiley and Sons.

Sahlins, Marshall. 1981. *Historical Metaphors and Mythical Realities : Structure in the Early History of the Sandwich Islands Kingdom*. Ann Arbor : University of Michigan Press.

_______ . 1985. *Islands of History*. Chicago : University of Chicago Press.

_______ . 1988. Cosmologies of Capitalism : The Trans-Pacific

Sector of "The World System." *Proceedings of the British Academy* 74 : 1~51.

_______ . 1995. *How "Natives" Think : About Captain Cook, for Example*. Chicago : University of Chicago Press.

Sansom, George. 1943[1931]. *Japan : A Short Cultural History*. New York : Appleton-Century-Crofts.

_______ . 1961. *A History of Japan 1334~1615*. Stanford, Calif. : Stanford University Press.

Santamaria, Ulysses, and Anne M. Bailey. 1981. A Note on Braudel's Structure as Duration. *History and Theory* 21 : 78~83.

Scheiner, Irwin. 1973. The Mindful Peasant : Sketches for a Study of Rebellion. *Journal of Asian Studies* 32(4) : 579~591.

Schutz, Alfred. 1971. *Studies in Social Theory*. Vol.2. in Collected Papers. The Hague : Martinus Nijhoff.

Shack, William A., and E. P. Skinner, eds. 1979. *Strangers in African Societies*. Berkeley : University of California Press.

Shibamoto, Janet. 1987. Japanese Sociolinguistics. *Annual Review of Anthropology* 16 : 261~278.

Shweder, Richard A., and Joan G. Miller. 1985. The Social Construction of the Person : How Is It Possible? In *The Social Construction of the Person*, K. J. Gergen and K. E. Davis, eds., 41~69. New York : Springer-Verlag.

Shweder, Richard, and Maria A. Sullivan. 1990. The Semiotic Subject of Cultural Psychology. In *Handbook of Personality : Theory and Research*, L. A. Pervin, ed., 399～418. New York : Guilford.

Simmel, Georg. 1950[1907]. *The Sociology of Georg Simmel*. Glencoe : Free Press.

Smith, Charles. 1987. The Price of Rice. *Far Eastern Economic Review* 136(29) : 22～23.

Smith, W. Robertson. 1972[1889] . *The Religion of the Semites*. New York : Schocken Books.

Smith, Thomas C. 1959. *The Agrarian Origins of Modern Japan*. Stanford, Calif. : Stanford University Press.

______ . 1988. *Native Sources of Japanese Industrialization*. Berkeley : University of California Press.

Spence, Jonathan. 1977. Ch' ing. In *Food in Chinese Culture : Anthropological and Historical Perspectives*, K. C. Chang, ed., 259～294. New Haven, Conn. : Yale University Press.

Stevens, John. 1988. Rice-Paddy Culture. *PHP Intersect*(November 1988) : 43.

Strathern, Marilyn. 1988. *The Gender of the Gift*. Berkeley University of California Press.

Takakura Shinichiro. 1960. The Ainu of Northern Japan : A Study in Conquest and Acculturation, J. A. Harrison, trans. *Transactions of the American Philosophical Society*(n. s.),

Vol.50, pt.4. Philadelphia : American Philosophical Society.
Takeuchi Satoshi.1988. Hardline Stand Against Rice Imports Softens. *Japan Economic Journal*, October 15, 1988, 3.
Tambiah, S. J. 1969. Animals Are Good to Think and Good to Prohibit. *Ethnology* 8(4) : 423～459.
______ . 1976. *World Conqueror and World Renouncer : A Study of Buddhism and Polity in Thailand against a Historical Background*. New York : Cambridge University Press.
Tanaka, Stefan. 1993. *Japan's Orient : Rendering Pasts into History*. Los Angels : University of California Press.
Thompson, E. P. 1971. The Moral Economy of the English Crowd in the Eighteenth Century. *Past and Present* 50 : 76～136.
Thorson, Larry. 1989. Rice to Roses : Life of Japanese Farmers Changing. *Asahi Evening News*, June 13, p.6.
Tracey, David. 1988. Slugging It Out over Gas and Rice. *PHP Intersect*(October 1988) : 15～16.
Trevor-Roper, Hugh. 1983. The Invention of Tradition : The Highland Tradition of Scotland. In *The Invention of Tradition*, E. Hobsbawm and T. Ranger, eds., 15～41. Cambridge : Cambridge University Press.
Tsunoda, Ryusaku, and L. Carrington Goodrich. 1968. *Japan in the Chinese Dynastic Histories*. Kyoto : Perkins Oriental Books.

Tuan, Yi-Fu. 1986. *The Good Life*. Madison : University of Wisconsin Press.

_______ . 1989. *Morality and Imagination : Paradoxes of Progress*. Madison : University of Wisconsin Press.

Turner, Christie, Jr. 1976. Dental Evidence on the Origins of the Ainu and Japanese. *Science* 193 : 911~913.

_______ . 1991. Report on the 1990 Kyoto Symposium : Japanese as Members of the Asian and Pacific Populations. *Nichibunken Newsletter* 8 : 2~4.

Turner, Victor. 1967. *The Forest of Symbols : Aspects of Ndembu Ritual*. Ithaca, N. Y. : Cornell University Press.

_______ . 1975[1974]. *Dramas, Fields, and Metaphors : Symbolic Action in Human Society*. Ithaca, N. Y. : Cornell University Press.

Valeri, Valerio, 1985. *Kingship and Sacrifice : Ritual and Society in Ancient Hawaii*. Chicago : University of Chicago.

van der Meer, N. C. van Setten. 1979. *Sawah Cultivation in Ancient Java : Aspects of Development During the Indo-Javanese Period, 5th to 15th Century*, Canberra : Australian National University Press.

van Gennep, Arnold. 1961[1909]. *The Rites of Passage*. Chicago : University of Chicago Press.

Vansina, Jan. 1978. *The Children of Woot : A History of the Kuba*

Peoples. Madison : University of Wisconsin Press.

_______ . 1985. *Oral Tradition as History*. Madison : University of Wisconsin Press.

Vlastos, Stephen. 1986. *Peasant Protests and Uprisings in Tokugawa Japan*. Berkeley : University of California Press.

Waida, Manabu. 1975. Sacred Kingship in Early Japan : A Historical Introduction. *History of Religions* 15(1) : 319～342.

Walthall, Anne. 1986. *Social Protest and Popular Culture in Eighteenth-Century Japan*. Tucson : University of Arizona Press.

Walthall, Anne, ed. and trans. 1991. *Peasant Uprisings in Japan : A Critical Anthology of Peasant Histories*. Chicago : University of Chicago Press.

Watson, James L., and Evelyn S. Rawski, eds. 1988. *Death Ritual in Late Imperial and Modern China*. Berkeley : University of California Press.

Williams. Brackette F. 1989. A Class Act : Anthropology and the Race to Nation across Ethnic Terrain. *Annual Review of Anthropology* 18 : 401～444.

Williams, Raymond. 1973. *The Country and the City*. New York : Oxford University Press.

Wolf, Eric. 1988. Inventing Society. *American Ethnologist* 15 : 752～761.

Yalman, Nur. 1989. The Dimensions of Cultural Pluralism. A keynote address to the symposium on *Internationalization and Cultural Conflict*, the Department of Anthropology, University of Osaka, July 1989.

_______ . 1992. The Perfection of Man : The Question of Supra-Nationalism in Islam. A keynote address to the symposium on *Nationalism*, the Department of Anthropology, University of Osaka, March 1992.

Yamaguchi, Iwao. 1987. Maintaining Japan's Self-Sufficiency in Rice. *Journal of Trade and Industry* 6(2) : 40~42.

Yamaguchi, Masao. 1977. Kingship, Theatricality, and Marginal Reality in Japan. In *Text and Context : The Social Anthropology of Tradition*, R. K. Jain, ed., 151~179. Philadelphia : nstitute for the Study of Human Issues.

Yamamura, Kōzō 1988. From Coins to Rice : Hypotheses on the *Kandaka and Kokudaka Systems*. Journal of Japanese Studies 14 (2) : 341~368.

Yayama, Tarō. 1987. Rebellion in a Model Farm Community. *Japan Echo* 14 : 62~67.

Yoshida, Teigo. 1981. The Stranger as God : The Place of the Outsider in Japanese Folk Religion. *Ethnology* 20(2) : 87~99.

Yu-Lan, Fung. 1948. *A Short History of Chinese Philosophy*, New York : MacMillan.

Zimmermann, Francis. 1987[1982]. The *Jungle and the Aroma of Meats*. Berkeley : University of California Press.

역자의 말

이 책은 오누키 에미코(大貫惠美子) 교수의 『コメの人類學—日本人の自己認識』(東京 : 岩波書店 1995년)을 번역한 것이다. 영어판 Emiko Ohnuki-Tierney, 1993 *Rice as Self : Japanese Identities through Time*, Princeton University Press가 먼저 출판되었다. 단 일본어판에서는 구체적인 실증 자료를 대폭 보강하였다.

저자는 쌀이 일본 문화에서 차지하는 상징적 중요성을, 일본인의 내적 아이덴티티, 이데올로기 형성의 역사적 과정(특히 천황제와 관련하여), 세계 체계 내에서 타자와 구분되는 아이덴티티 확보라는 측면에 걸쳐서 설명하고 있다. 원래 영어권 독자를 겨냥하여 쓴 책이기 때문에 전문적인 내용을 매우 평이하게 풀어서 설명하였다. 주안점을 쌀의 상징적 의미와 문화적 중요성에 두고 있으면서도 관념적 측면으로 흐르기보다는 풍부한 사례와 역사적 사실들을 동원한 실증적 연구이다.

이 책을 읽는 한국 독자들은, 쌀에 대한 일본인의 인식이 한국의 상황과 너무도 닮았다는 데 놀랄 것이다. 실은 세계적으로 단립미(자포니카)를 주식으로 하는 나라는 한국과 일본뿐이다. 그리고 쌀에 두는 문화적 가치도 한국과 일본은 놀랄 만큼 닮았다. 쌀이 일본에 전해진 가장 중요한 통로가 한반도라는 데 많은 사람이 동의한다. 벼 재배가 중국 대륙으로부터 직접 전파되었다는 설을 지지

하는 학자들도 있지만 소수이다. 벼가 재배되기 시작한 지 2천 년 이상이 지났고, 각각 다른 역사를 거쳐 온 두 나라가 같은 종류의 쌀에 문화적 아이덴티티를 두고 있다는 면에서 역사인류학적 공동 연구의 좋은 재료가 되리라 생각한다.

경제적인 면에서 보면 현재 일본 사회에서 농업이 차지하는 비중은 매우 낮다. 그러나 역대 일본 정부는 여러 가지 형태로 농업에 대해 '비경제적인' 지원을 해 왔다. 본문에서 저자는 "현대 일본에서는 농민이나 전업농가가 드물어서 인간국보로 지정되는 것은 아닌가라는 농담이 있을 정도이다"라고 하였다. 지금은 이 '농담'이 국정 차원에서 신중하게 검토되고 있다.

일본의 연립 여당인 자유당에서 현재 「농산어촌 전통문화 활용 활동의 촉진에 관한 법률안」으로 의원 입법을 검토중이다. 과소화가 급속하게 진행된 농 · 산 · 어촌의 예능, 연중행사, 기능 등 여러 분야에 걸쳐 정부가 보조를 함으로써 농 · 산 · 어촌의 활성화에 기여한다는 것이 내용의 골자이다. 이것이 농촌에 중점을 두고 있는 것은 말할 것도 없다.

농업에 대한 정부의 보조는 자주 국제 협약시 문제점으로 떠오른다. 물론 이 문제는 일본뿐 아니라 유럽과 한국도 안고 있다. 이미 자국 내의 특별한 산업에 대한 지원이 자국만의 문제로 한정되는 시기가 아닌 것이다. 또한 생산성이 낮은 농업의 지원에 많은 예산이 돌려지는 데 대해 어디서든 국내의 반발도 빈번하게 보인다. 이는 일본도 마찬가지이다.

단지 경제적인 면에서만 보면 전업농어민은 도시 근로자에 비해 윤택하다. 무엇보다 다양하게 정부로부터 지원을 받는다. 그럼에도 불구하고 농촌은 점점 과소화되고 있다. 젊은이들의 이탈을 막기 위해서는 경제적인 면뿐 아니라 직업에 대한 긍지를 갖게 하는 것이 중요하다는 것이 이 법률안의 핵심이다. 즉 최종적으로는 농(산 · 어)민을 인간 국보로 지정하는 근거를 마련하자는 것이다. 일본의 인간국보는 대개가 전통공예나 전통예능 보유자이다. 즉 자신만의 탁월한 고유 영역을 갖고 있다는 점이다. 그리고 종사하는 사람의 숫자가 적다는 면도 크게 작용한다. 여기에 착안하면 농업도 머지 않아 그렇게 될 것이라는 예상은 가능하다.

정부로서도 농업을 지원하는 데 눈치를 보지 않아도 된다. 세계경제 체제에 돌입해 있는 상태에서 예산을 농촌 지원에 쓰는 것은 특히 미국의 눈치를 보아야 한다. 그리고 국내적으로도 도시 근로자들이 자신들의 세금을 농촌에 빼앗기는 데 대한 불만이 크다. 일본은 이미 후기산업사회에 돌입한 지 오래이다. 농촌사회와 인연이 없는 인구가 점점 증가해 왔다. 소위 '고향'이 없는 인구의 증가이다. 이들의 입장에서 보면 농촌에 대한 지원은 자기들의 세금이 낭비되는 것으로밖에 비쳐지지 않을 것이다.

그러나 농촌에 대한 지원의 배경을 경제적 측면이 아니라 '전통문화 보존'이라는 문화적 측면에 두면 얘기가 달라진다. 즉 지금까지의 농 · 산 · 어민 후계자에 대한 보조가 농 · 산 · 어업에 대한 보조가 아니라 전통문화의 계승자인 '인간국보'에 대한 보조로 명목이 바뀌게 된다. 국내외의 공격을 한꺼번에 대처해 낼 수 있게 된다는 것이다.

자유당에서 검토중인 이 법안은, 두 가지 측면에서 해석하는 것이 가능하다. 하나는 대외적으로 식량 시장의 보호라는 측면과, 대내적으로 농업 보호라는 명분이다. 또 하나는 일본의 문화적인 측면이다. 도자기, 칠기, 제지 등 이미 일본의 전통문화로 인식되고 있는 분야에 농 · 산 · 어업이 '새로운 전통문화'로 추가되려고 하고 있는 것이다.

이 책의 본문에서 반복적으로 언급되고 있는 쌀의 상징적 중요성은 이미 일본 사회에 깊이 뿌리를 내리고 있다. 그것이 전통의 창조라는 측면에서이건 일본 본연의 문화이건 간에.

이 법률이 국회를 통과하여 정식으로 입안될지는 아직 모른다. 어떻든 이런 식의 발상이 정부측으로부터 나오는 것은 현대 일본 사회의 시스템을 말해 주는 좋은 예가 되지 않을까 하여 언급해 보았다.

이 책은 일본 문화를 종합적으로 논의한다는 점에서 일본문화론을 논한 학술서 중의 하나로 분류할 수 있다. 지금까지 출판된 일본문화론은 수천 권에 달한다. 이 중에는 일상 생활에서의 경험을 주관적인 견지에서 기술한 것에서부터 충분한 데이터에 기초한 것도 있다. 학술서로 출판된 것만도 수백 종에 달한다. 우리에게 익숙한 것도 상당 수 있다. 예를 들어 루스 베네딕트의 『국화와 칼』, 이어령의 『축소지향의 일본인』, 에즈라 보겔의 *Japan as Number One* 등은 잘 알려져 있는 책이다. 이런 것들은 모두 각기 다른 각도에서 일본 문화라는 것을 바라보고 있고 각기 다른 평가를 내리고 있고, 작자들 나름대로는 일본은 바로 이런 식으로 바라보아야 한다는 주장이 담겨 있다. 그리고 이들 각각은 나름대로의 진실을 포함하고 있다.

그러나 잘못된 사실을 전달하고 독자가 그것을 그대로 받아들일 때는 오해의 위험이 생긴다. 사실 저자가 어떤 주제를 가지고, 혹은 어떤 의도를 가지고 쓴 글이 자신의 의견과 맞지 않을 경우 비판이나 비난은 할 수 있지만 부정할 수는 없다. 그러나 저자가 의도적이든 비의도적이든 간에 잘못된 사실을 전달할 때 문제가 생긴다. 이 경우에는 사전 지식이 없는 독자로부터 판단할 수 있는 근거를 빼앗는 결과가 되기 때문이다.

이 책에서도 그런 부분이 전혀 없는 것은 아니다. 예를 들어 일본인들은 쌀에 혼이 깃들어 있다고 믿는다는 내용은 전전의 민속학에서 널리 논의되어 왔던 내용이지만 상당한 비판을 받기도 했다. 그것은 이러한 관념의 생산이 민속의 담지자인 현지인들의 관념에 기반을 두기보다 바로 민속학자들의 분석 개념에 의해 이루어졌다는 것이다. 지면의 관계도 있었겠지만 이 책에서도 이러한 비판에 관해서는 충분히 논의하지 않았다. 번역의 단계에서 이런 부분에 관해서도 충분히 보충하는 것이 이상적이겠지만 그것은 번역의 범위를 넘어서는 것이라고 생각했다. 그리고 전체적인 지식이 질적 양적으로 향상됨으로써 세세한 문제들은 해결되어 가리라고 생각한다.

책이나 미디어를 통해서 정보에 접할 경우 최종적인 판단에 책임을 지는 것은 당사자일 수밖에 없다. 그러나 어떤 사회의 지식의 총체는 그 사회의 재산이다. 따라서 그 분야에 대한 전문 지식인은 그 사회의 지식 체계에 대해 일정 부분 책임을 지지 않으면 안 될 것이다.

오누키 교수와는 1996년 여름에 도쿄에서 만났다. 한국에서 저서가 번역 출판되는 것을 매우 기뻐하면서, 참고문헌과 한국어판 서문을 직접 전해 주셨다. 번역판 출판이 늦어진 데 대해서 너무나 죄송스럽게 생각한다. 그리고 출판에 흔쾌히 응해 준 한림대학교 일본학연구소에 감사드린다.

2000년 9월 도쿄에서 박동성

저자/오누키 에미코(大貫惠美子 Ohnuki-Tierney Emiko, 1934～)

일본 고베에서 태어나 쓰다주쿠(津田塾)대학을 졸업하고 1968년 미국 위스콘신대학에서 인류학 박사학위를 받았다. 위스콘신대학 인류학부 교수. 프린스턴대학, 스탠퍼드대학, 파리, 이탈리아의 고등연구소에서 연구생활을 했고, 옥스포드, 하버드, 미시건 등의 대학에서 객원교수 등을 역임했다. 인류학적 연구는 디트로이트의 화교 연구로 시작하여 아이누 문화 연구를 거쳐 일본 문화로 시선을 돌려 일본인의 일본인의 병 · 건강에 대한 관념을 연구하기 시작했다. 이후 원숭이, 쌀, 벚꽃 등의 상징을 통해 일본인의 자기 인식을 사회 · 정치적 배경 속에서 폭 넓게 역사적으로 분석, 다수의 저작 · 논문을 발표했다. 일본어판으로 출판된 저서로는 『일본인의 질병관』, 『일본문화와 원숭이』, 『학도병의 정신지』 등이 있다.

역자/박동성(朴東誠)

경남 함양 출생. 1993년 서울대학교 인류학과 대학원 석사를 마치고 1995년 도쿄대학교 대학원에 유학, 「근대일본에 있어서의 지역사회의 형성과 변동: 시즈오카현 시모다시의 사례를 중심으로」로 2006년 박사학위를 받았다. 현재 서울대학교 사회과학연구원 비교문화연구소 선임연구원으로 있다.

한림신서 일본학총서 발간에 즈음하여

1995년은 제2차 세계대전이 끝나고 우리나라가 일본 식민지에서 해방된 지 50년이 되는 해이며, 한 · 일간에 국교정상화가 이루어진 지 30년을 헤아리는 해이다. 한 · 일 양국은 이러한 역사를 되돌아보면서 앞으로 크게 변화될 세계사 속에서 동북아시아의 평화와 번영을 추구해야 하리라고 생각한다.

한림대학교 한림과학원 일본학연구소는 이러한 역사의 앞날을 전망하면서 1994년 3월에 출범하였다. 무엇보다도 일본을 바르게 알고 한국과 일본을 비교하면서 학문적, 문화적인 교류를 모색할 생각이다.

본 연구소는 일본학에 관한 자료를 수집하고 제반 과제를 한 · 일간에 공동으로 조사 연구하며 그 결과가 실제로 한 · 일관계 발전에 이바지할 수 있도록 노력하고자 한다. 그러한 사업의 일환으로 여기에 일본에 관한 기본적인 도서를 엄선하여 번역 출판하기로 했다. 아직 우리나라에는 일본에 관한 양서가 충분히 소개되지 못했다고 느껴지기 때문이다.

본 연구소는 조사와 연구, 기타 사업이 한국 전체를 위해야 한다고 생각하며 한 · 일 양국만이 아니라 다른 여러 나라의 연구자나 연구기관과 유대를 가지고 세계적인 시야에서 일을 추진해 나갈 것이다. 그러므로 누구나 열린 마음으로 본 연구소가 뜻하는 일에 참여해 주기를 바란다.

한림신서 일본학총서가 우리 문화에 기여하고 21세기를 향한 동북아시아의 상호 이해를 더하며 평화와 번영을 증진시키는 데 보탬이 되기를 바란다. 많은 분들의 성원을 기대해 마지않는다.

1995년 5월

한림대학교 한림과학원 일본학연구소